AF409181

【当代华语世界思想者文库】

未来民主中国的制度与政策设计

The Future System and Policy Design for Democratic China

Qingmin Wang

王庆民 著

【当代华语世界思想者文库】

学术顾问：黎安友
主　　编：荣　伟
副 主 编：罗慰年

Academic Adviser：Andrew J. Nathan
Chief Editor：　　David Rong
Deputy Editor：　　William Luo
Published by Bouden House, New York

The Future System and Policy Design for Democratic China

Qingmin Wang

未来民主中国的制度与政策设计

王庆民　著

出版：博登书屋·纽约（Bouden House·New York）
邮箱：boudenhouse@gmail.com
发行：谷歌图书（电子版）、亚马逊（纸质版）
版次：2024 年 1 月 第一版 第一次印刷
字数：211 千字
定价：$35.00 美元

谨以此书献给公民运动领袖许志永先生

希望他早日重获自由

志永赞

——闻公民领袖许志永被重判十四年有感

沃野千里的黄淮海平原
以国父之志命名的民权县
诞生中原好男儿
许志永

沿黄河母亲的脉搏
从豫州到甘陇
求学中一路热忱与艰辛
法治的魅力在召唤他
家乡的苦难在提醒他
中华的历史在激励他

力陈司法独立的价值
伸张教育平等的权利
竞逐代表人民的选举
他是践行公民社会的先驱

自由、公义、爱
公盟的原则
国人的梦想
他在编织和实践

收容遣送的废除
多少法外监禁戛然而止
三聚氰胺的揭露
无数孩童免于重蹈同龄覆辙
皆有他默默的付出

恶难容善
利维坦枷锁紧
公盟散　许生收
四年囹圄

京畿的囚牢酷胜罗本岛
志永的心坚不亚曼德拉
静思哲理人文
忍观狱中横暴
锤炼与升华

从小囚笼到大监狱
抗争与发声
并不止息

冠病袭来中华再难
不再委婉避忌
文字之锤
勇胜博浪沙一击

天网大数据下
许志永、丁家喜
复入狱再被系

三年延宕
重判下还有十一年要居于铁窗斗室
这是权力凶狠的警告
也是恶鬼穷途的征兆

铁窗里的他可曾知道
亿万国人白纸高举
在现代极权下突围呐喊
他和丁并不孤单

长夜或许还要很久
但曙光亦若隐若现
时穷节更贞
丹青墨愈染
陆沉三百载
亦有光复年

许国之志永不灭
中山遗愿必实现
前虽仆后又继
澄清九州再造华夏
自由花开

代序

王庆民

尊敬的诸位学者、前辈、同仁：

我是旅欧自由作家、国际政治研究者王庆民。我看到了"中国民主转型研究所""中国民主教育基金会""人道中国"共同发起的关于未来民主中国制度设计的有奖征文活动公告，还给出了制度设计的具体范围。我非常高兴看到本征文活动，也十分认同对中国未来民主国家制度设计重要性的呼吁。

其实，早在三年前，我就为《中国战略分析》杂志举办的研讨会写过关于中国现状的分析与对未来民主中国发展道路的设想。而我另外一篇更早一些的文章《人民宪章（在"零八宪章"基础上做了大幅改写）》，也提出了自己对于未来中国的制度和政策设计。不过，当时写的制度设计夹杂在其他的时政分析和政策建议中，并不十分的系统完善。

现在我看到你们的征文公告，正好与我一直考虑的就未来民主中国进行制度设计的想法一致，而且，对于政治制度、选举制度，及各国相关制度的比较研究，我算是相对很熟悉了。因此，在看到你们的征文公告后，就即提笔书写。以下我对于未来民主中国的制度设计，既有以前曾经设计和书写过的，也有这几年在各种观察和体会后又不断思考而新产生的念头，以及对旧时设计的修正和补充。

我虽然对政治制度设计的相关知识略有了解，但仍不及诸位学者和前辈们，考虑问题也未必全面系统，尤其对中国高层政治的实际情况及运作内情的了解，还不够深入。因此，设计必然多有不足，还请诸位不吝批评指正。

（在"人道中国""中国民主教育基金会""中国民主转型研究所"共同举办的"未来民主中国宪法/制度设计"征文比赛中，获得二等奖）

目 录

民主中国政治制度设计的总则与概括

我认为，未来民主中国的政治制度，应该基于充分代表性、公平合理性、运转高效性、决策科学性、长期稳定性这五个原则而设计和运行。在具体内容形式上，既要借鉴他国和前人的经验并汲取相关教训，又要结合当今和未来的中国国情进行适当修改和创新，以最大限度符合民主中国的现实需求和中国人民的意愿。

概括而言，对于民主中国的政治制度，我认为应该采用半总统制和两院制外加专家院（也可视为三院制）的政权组织形式，联邦制框架下双轨制的国家结构（中央地方关系），联立制投票和分票方式下的混合选举制（比例代表制+小选区制）的选举制度。此外，还有若干其他制度我也有所安排。在各种制度基础上，我对民主中国的治国理念与政策措施也有筹划和拟定。

政权组织形式（政府架构/政体）

择优选适、权力调和、广泛代表性、稳定与效率兼顾

政体形式

按照权力重心分布的差异，现代国家的政体分为总统制、半总统制、议会制/内阁制/总理制、委员会制等。其中实行总统制的国家包括美国、韩国、菲律宾、拉美大多数国家、非洲部分国家等；实行半总统制的最典型国家为法国，还有阿尔及利亚等部分非洲国

家（多为前法国殖民地）、波兰等部分东欧国家亦实行半总统制，中华民国（台湾地区）的政体有时也被视为半总统制（但也被一些人视为总统制，我认为它更像总统制）；议会制国家最典型的为英国，德国、荷兰、瑞典、印度、加澳新等大部分欧洲国家及英联邦国家均实行议会制，日本也是实行议会制的大国。委员会制典型国家为瑞士，由多名权力等同的委员共享最高行政权。以上四种制度前三种均可以进行更多细分，其中颇有差异。因篇幅问题在此不展开，但会在后文有所介绍。

民主中国选择何种政体，既要看政体本身的利弊、他国的经验教训，也要看政体和中国国情的契合度/排异度。

总统制

过大的总统权力与自由裁量权、助力民粹催化独裁的工具、"胜者全得、败者全输"的不公和激化政治斗争的恶果、高效行政的双刃剑，以美国、韩国、菲律宾等国及拉美诸国为例。

首先是总统制。顾名思义，总统制就是突出总统权力，引申后还可体现行政权的强大、总统个人对权力使用的巨大自由裁量权。在总统制下，总统所持有和代表的行政权相对突出，权威和影响力往往高于国会和最高法院。如果国会和最高法院由与总统对立的政治势力掌控，尚可形成一些制衡；但如果国会也是总统所在政治势力控制，最高法院法官也是同派系，那总统权力就很容易失控。而且，大部分总统制国家，总统既是国家元首，又是政府首脑，同时还是三军领袖，还可以任命各机构主官及最高法院大法官，可谓内政外交军事人事一把抓，整个国家某种程度都系于总统一人。总统可以根据个人好恶行事，甚至可以通过各种方式打倒政敌、掌控国会，操纵最高法院，成为独裁者并不断连任。

　　总统的巨大权力也隐含着一个问题，即在民主选举中，胜选总统代表的政治势力，可以垄断政治权力或起码形成压倒性优势，而失败者最多只能有限的监督政府，无法再参与具体施政。这就是政治上的"胜者全得"倾向，是不利于政治代表多元化的。而且，在对立的两派实力旗鼓相当时，总统制下总统选举结果导致的权力分配完全倒向其中胜选一方，等于是对代表全国近 50%公民的失败一方话语权和参政权力的强烈剥夺，非常不合情理，也不利于国民团结。

　　这一点在美国表现的就非常突出。美国总统选举经常被视为"51%对 49%的胜利"，大多数年份双方得票差距都不超过 10%，有时不超过 3%。而当选总统一方即便以微弱多数胜出，也能"一朝权在手，便把令来行"，其为所欲为且难以被在野一方制约。在野党虽然可以努力在国会选举中扳回一城，但仍然无法与总统的权力抗衡（如果国会也是总统所在政党胜出，那总统胜选所得的权力优势就更加放大了）。

　　不仅美国，同样实行总统制的韩国、拉美和非洲许多国家，均存在类似情形。如 2022 年韩国总统选举，保守派的尹锡悦就以不到 1%的优势（48.56%：47.83%）击败进步派候选人李在明，成为韩国的主宰者。虽然进步派仍然掌握国会，但韩国国会权力远不及总统，韩国将进入新一轮保守时代。同样在今年举行的哥伦比亚大选，胜选的左派候选人得票也仅略超过 50%，败选方的右翼候选人则也有 47.3%的支持率。更近的今年 8 月举行的肯尼亚总统选举，"橙色民主运动"候选人拉伊那·奥廷加以 48.85%得票率，惜败于"统一民主联盟"候选人威廉·鲁托（得票率为 50.49%）。而总统制下胜利方某种程度可以 100%垄断政权（起码完全垄断行政权），失败方一无所有，这对因各种原因（包括很大运气成分）以微弱差距抱憾败选的一方显然是不公平的，也会激化政治矛盾与意识形态对立。（最新一次大型选举巴西大选第二轮选举，左翼的卢拉以 50.9%得票，击败右翼的博索纳罗（49.1%），又是不分伯仲下"胜者全得"的一

例。虽然个人非常欣喜于卢拉的获胜，但这显然是总统制缺点的又一次暴露）

以上所说似乎都是总统制的缺点。当然总统制也有优点，即行政效率很高，总统可以利用其强大的权力推行各种政策、任免各级官员。政令不仅在行政系统内部畅通无阻，如果国会孱弱，也无力阻挡总统的决策。即便国会由反对党把持，很多一般行政事务也可以不经国会由总统迳行处置。如美国总统就经常通过签署"行政令"方式推行行政法案和政策，不需国会批准（国会可以推翻行政令，但门槛很高）。而且如果发生战争或其他紧急事态，全国都可以团结在总统领导下迅速应对（即便总统死亡，也能立即选择另一人继任）。当然，这种"高效"也可以用于推行恶政、误国害民。

通过以上关于总统制优劣的对比，很明显可以看出其劣多于优。而总统制的实践亦是如此。很多人以美国的成功为总统制背书，而忽视了大多数总统制国家的失败。韩国就是总统制悲剧的典型。韩国建国以来所有总统（除卸任不久暂时安全的文在寅）都不得善终，既有韩国政治斗争文化浓厚等其他原因，也有总统制本身的原因。由于赋予总统权力过大，李承晚、朴正熙、全斗焕这三位总统均成为了独裁者。而金大中、卢武铉的悲剧，以及朴槿惠、李明博的入狱，也和他们作为总统权力过大责任亦巨大有关。而且，总统制这种"胜者全得"模式，本身就是导致韩国政治斗争激烈的原因之一。各方没有退路和折中选择，只能拼命争夺总统大位，并在执政时全力使用权力（因为有权不用过时作废），另一方上台后则出于同样原因及此前被压迫的反弹，拼命清算对手，导致政治恶斗频繁，意识形态两极化，对政治稳定与和国民利益都有很大损害。

如果说韩国还有经济奇迹为总统制加分（虽然二者关系不大），同样实行总统制的菲律宾，马科斯时代就证明总统独裁更会造成腐败和经济萎靡。而实行总统制最普遍的拉丁美洲诸国也都很糟糕，各类"考迪罗（军政强人）"即是依靠总统制下总统的巨大权力成为共和制下的暴君。在巴西、阿根廷、哥伦比亚、委内瑞拉、秘鲁、智利等国，无论是代表右翼保守势力的军人独裁者（如皮诺切特、藤森、魏地拉、梅迪西），还是左翼激进势力拥护的民粹强人（如查韦斯、卢拉、基什内尔夫妇（二人均担任过总统）、莫拉莱斯），以及既左又右的拉美民粹集大成者胡安·庇隆及其夫人伊娃·庇隆（伊娃·庇隆虽未担任总统，但其影响力不亚于大多数阿根廷和拉美国家总统），都利用总统所有的大权为所欲为。独裁、腐败、民粹、经济危机，拉美总统制总是与这些丑恶的现实联系在一起。当然，总统制并不是这些悲剧的唯一原因甚至不是主要原因，但总统制的确加剧了这些问题，拉美大多数国家也因此没有一个良性的政治环境。至于这些国家为何在总统制有这么多缺点情况下未修改政体，是因为政体早已在国家根深蒂固，牵涉甚广，涉及各方重要利益甚至身家性命，没有任何人和政治势力有能力更改政体。

而美国的总统制之所以运转较好，是因为其"三权分立"的权力分工与制衡机制相对成功。在美国，虽然总统的行政权十分强大，但国会的立法/决议权与最高法院的司法权同样强大，三权权责清晰、分工明确、各霸一方，而且三权之间有复杂有效的互动与制衡机制。再加上美国相对良好的政治文化（虽然现在越来越不良好了）和完善的法治体系，也能避免美国变成拉美那种"总统独裁"的局面。即便如此，美国的总统制也颇受批评，从"帝王般的总统"罗斯福，到缺乏知识和判断力的小布什，再到美国史上最具颠覆性的领导人特朗普，其利用总统权柄肆意而为的行为都饱受诟病。

总之，总统制由于总统本人权力过大、行政权膨胀，以及大多数情况下制约力量的不足，很容易导致总统（或总统所在的执政党派）随心所欲的胡作非为，甚至出现个人独裁。当然，总统制也有效率较高、便于应对紧急事态等优势。

对于民主中国而言，一方面，中国的确需要一个颇具凝聚力的领袖人物统揽全局，以压制内部的动荡和对抗外部的威胁；但另一方面，也要避免产生新的独裁者，避免权力集中在一人手中后其不受制约胡作非为。如果总统德才哪怕一方面有缺陷，就会将国家带入深渊。而中国历史上包括近现代，因一人独裁导致的悲剧已经有很多，中国不应再经历了。中国也缺乏美国那样成熟的民主宪政政治文化和有效的权力分立与制衡机制，很难驾驭总统制。而总统制"胜者全得"特性造成的政治极化，也是民主中国不堪承受的。

所以，基于总统制本身的严重缺陷和在中国可能出现的不良后果，可以得出结论，总统制不适于中国。

议会制

多元参与、议行合一、集体决策、效率不足、另类垄断，以英国、印度、日本为例

那么，议会制/内阁制/总理制政体呢？某种程度上，议会制政体是与总统制政体相对立的政权组织形式。总统制的权力重心在总统，议会制权力重心显然在议会/国会。相对于总统制的三权分立，议会制则有明显的议行合一/议行合作的特征。一般来说，包括总理/首相和各部部长/大臣在内的内阁全体阁员，同时也是议会议员。虽然议会的立法和审议权与内阁的行政权仍然相对分开，但二者是合作关系而非制衡关系。与总统制另一个重要的不同，就是总统制下的总统除非换届被选下，或极端情况下被成功弹劾（往往需要正当理由和三分之二议员支持弹劾），一般都能任职至届满。而议会制国家的内阁总理乃至全体阁员，则理论上任何时候都可能因议会议员倒阁行动而失去职位、卷铺盖走人。虽然内阁成员和议会议员都有固定的任期，但任期内只要有正当理由并得到多数议员支持，就能解散内阁重选议会。议会往往有多个政党组成（而非总统制国家多为两党制），在各种决策和行政事务中，各党各派都能有所参与，反对党和少数派也可涉足决策，而不像总统制下国会反对派只能对执政党反对和监督。相对于总统制的刚性、极端性，议会制有明显的柔性、调和性。

由于议会制议行合一/议行合作的特点，内阁施政不会像三权分立的国家那样被国会掣肘。但前提是内阁得到过半议员长期稳定的支持。否则，政令一开始就无法通过。内阁不能像总统制国家的总统那样绕过议会发号施令，而要与议会多数达成共识。而议会制下，各种法案、政策、人事任免，相对都能得到更多讨论，决策者和行政者有更加深入和细致的沟通。另外，由于内阁成员一般也是议员，也需要民选才能进入议会和内阁，所以相对更重视民意及民意的变化，而不能像总统制下的各部部长那样只需听命于总统而不顾民意。而议会制下也很少出现独裁者，因为即便是总理权力也是有限的，议会权力、议会多数党权力都高于总理个人，总理对其他内阁阁员也没有太大的约束权，更多是同僚合作而非上下级关系。

以上这些基本都是议会制的优点。但议会制也有不少缺点。相对于总统制很高的行政效率、令行禁止的威力，议会制国家行政效率一般要低一些。因为议会制下作为权力重心的议会是许多人组成的（往往数百人），内阁成员也有十多人至数十人，其实就是一种集体决策，相对民主，有多元声音和充分沟通。但这往往要牺牲行政效率。

相对于总统制"一选定四年/五年"的稳定性，议会制也面临各种不确定性，例如执政的多数党党内不同派系斗争，如果这些人倒向反对党，内阁就可能垮台，就需要重新选举（当然，在内阁垮台后和议会重选前，会有一个一般维持数月的"看守内阁"负责过渡，但大多数议会制国家内阁垮台肯定是要重新选举的）。如果执政党连多数党都不是（即"悬浮议会"），还需要和其他政党组建联合政府，政治就更不稳定。

不过，如果多数党内部斗争但成员不倒向反对派，而是内部妥协重新推选首相，那根本不经重新大选就可更换首相，新首相等于不经民选就可当选上任，这某种程度是对民意的损害。以上这些问题在议会制的典型国家英国都有发生（如今年10月保守党籍首相利兹·特拉斯辞职，议会未经重新大选，就由保守党推选里希·苏纳克为首相）。

还有些情况下，一党一派拥有压倒性的优势，通过议会多数长期把持政权，如日本的自由民主党常年的一党独大（自 1955 年至今，除少数年份外自民党一直拥有众议院过半席位，近年来自民党和其友党相加共占参众两院约三分之二席位），立法和行政权都牢牢掌控，司法权实际上也被自民党操纵，这样的情况下议会制反而不利于政治多元。议会制由于是集体决策，权力分散，也不利于应对突发事件和危急形势。

根据以上议会制的特性，以及中国的国情，对于民主中国来说，议会制/内阁制并不是一个好的选择。诚然，议会制有利于避免个人独裁，防止中国在民主之后再落入政治狂人的股掌之中。但不利影响更多。中国是一个幅员辽阔，人口众多的国家，国情复杂，国内各方利益对立严重、冲突剧烈。无论议会选举制度如何设置、议席如何分配，议会中必然有人数众多的、立场不一的、代表不同群体各自利益的议员。如果实行议会制，把所有决策都交给议会讨论和投票决定，那恐怕在许多争议问题上都会吵翻天，议会每天上演菜市场般吵闹乃至全武行，根本无法正常决策，更遑论高效了。虽说可以制定各种规则以规范议会论争，但在各种极大的利益和巨大的分歧下（有些议题可谓攸关生死），这些规则很难被严格遵守。

何况，未来中国将实行多党制（而非两党制，后文会具体讲），不太可能有一个政党单独得到议会过半席位，议会多数派别需要多个政党的协商联合组成。如果实行议会制，那被议会控制的内阁的不稳定性更强，如果任期内议会的执政联盟瓦解，就需要重新大选，这对地广人稠的中国显然不是便利的事。如果是一个政党或政党联盟以少数派身份单独执政（类似于多次在英国下议院出现的"悬浮议会"），那各项法案都可能难以得到通过（通过法案需议会半数支持），内阁和执政党成为"跛脚鸭"，国家的各项改革和发展议程更无法推进。

在议会制下，行政机构形式是包括总理/首相/首席部长在内的内阁诸阁员（部长）组成的相对平行结构，而非总统自上而下领导，且没有独立的行政权而是更多听命于意见不一的议会，内阁必然是相对孱弱的，行政效率是低下的。而中国国情复杂严峻，既有许多问题需要细致入微、春风化雨的方式解决，也有各种必须以强力手段"快刀斩乱麻"平息的祸乱，还需要强大的政府清除积弊、推进改革和平权。纷乱的议会和软弱的内阁无法负荷这样的重担。

还有，中国不是一个普通的、相对与世无争的"小确幸"国家，而是在世界上举足轻重、有着极大影响力的超级大国。而中国的外部环境不佳，尤其在中国周边，大多数国家尤其几个大国近邻，都与中国有很深的历史仇怨与难以调和的现实利益冲突，对中国不怀好意，会千方百计损害中国国家利益。这在民主化后也不会有根本改变。在这样的情况下，中国必须有强大而迅疾的应对外部威胁的能力，这需要中国有明确的领导核心及高效的外情反应机制。议会制恰恰相对不能满足这种需求，还损害应对紧急事态的效率。

不过议会制也有不同类型，中国也可以效仿德国和印度，实行比较特殊的议会制/内阁制，即总理制，总理在外务上拥有很大的、类似于总统制下总统的权力。例如德国前总理默克尔、印度前总理尼赫鲁和现任总理莫迪，都拥有巨大的权力。但德国和印度的总理制并不是典型的议会制，其形成发展也与其本国特殊的历史沿革与政治特点有密不可分的关系，还和具体政治人物的特点与影响力有极大关联，中国很难简单效仿。

因此，议会制也不适合中国。甚至说，和总统制比起来，议会制更不适合。在民主中国实行总统制的弊端主要是总统制本身的缺陷，而议会制与民主中国的关系则是"衣不合身"，存在严重的适配性问题。议会制的种种优点在中国不能得到有效发挥，而其缺点则会在中国成倍放大。

而只有在瑞士实行的"委员会制"，更是只适合瑞士小国寡民、内部和谐、与世无争的特殊国情，中国当然不应采用。

半总统制

权力分立与调和、行政权拆分、政治多元化、有龃龉但更包容、稳定与效率兼顾，以法国为例

那么，只剩下了一种政体，即"半总统制"，亦被称为"半总统半议会制""双首长制"。"半总统制"政体的基本架构是，总统和国会均由且分别由全民直选产生，互不隶属，各司其职；总统和总理为首的内阁共享行政权，但总统权力略大于内阁，并有一定的分工。总统还拥有任免总理的权力，但一般只能任命国会多数派所推举的人选。总统在军事和外交上拥有绝对主导权。

乍看起来，这样的"半总统制"好像和总统制非常类似。但其实是颇为不同的。相对于总统制下总统独揽行政权，可以随意任免包括总理在内所有内阁成员（像美国连总理这一职务都没有（"国务卿"则是"超级外交部长"而非行政总管），这意味着总统对行政团队是完全和直接控制的。虽然任免形式上需要国会同意，但任免主导权在总统手中，国会只能延宕和协商），"半总统制"将行政权分摊给了总统和总理为首的内阁，而任免总理必须考虑国会的意见、得到国会过半议员的同意。总统也并不直接任命和管理内阁成员，内阁成员由可以组阁的国会多数派商定，由总理提交内阁名单，总统有是否批准的权力。总统虽然在军事和外交上拥有绝对的权力，但在内政方面更多要尊重总理和内阁的权力与独立性，不能过度干涉内阁的施政。而内阁对国会负责，更多听命于国会而非总统，也削弱了总统的权力，避免了总统对行政权的垄断。

而由于总统和国会由选民分别选出，且内阁成员由议会多数派认定和推选，也有效避免了总统制"胜者全得"的问题。在"半总统制"的典型国家法国，经常出现总统和国会多数派不属于同一阵营（甚至往往是对立阵营），所以总统和由国会推选的总理及内阁也分属两个阵营的情形。例如 1986 年法国总统选举和国会选举结束后，左翼的社会党人密特朗连任总统，但国会由右翼胜出，并推选了"保卫共和联盟"的希拉克担任总理；1997 年，希拉克当选总统，而社会党的若思潘被国会推选为总理。因为总统和总理来自左右不同阵营，所以这种情形被称为"左右共治"。

相对于总统制下"胜者全得"垄断行政权，"左右共治"让左右两大阵营都能参政执政，虽然会导致一些矛盾冲突，但因为总统和内阁分工明确，所以不会太影响行政效率，反而让政治权力更加多元、施政更能兼顾多样的诉求，不同阵营间关系相对和谐。即便并非"左右共治"而是总统总理属同一阵营的情况，由于法国是多党制而非两党制，国会中多个党派共同推举的内阁也不会与总统完全步调一致，仍然可以分散行政权和形成一定的政治平衡。而且，选民往往也会在总统和国会选举中分别投票给不同政党候选人，以避免总统所在党派垄断政治权力。这就促成了政治权力分配的相对多元与均衡，也能避免"零和博弈"机制下"你死我活"的政治恶斗。这样的政治权力分配状态，显然远优于胜者为所欲为、败者一无所有的总统制政体。

相对于美国的总统制下"三权分立"、总统与国会及最高法院相互制衡，法国的半总统制中三权更多是分工合作，分立但不对立，制衡色彩弱而合作倾向强，多元包容而非立场极化，减少了冲突和对抗，有利于政治稳定和不同政治派别之间的和谐。

而相对于议会制下将国会作为权力重心，"半总统制"将权责分摊给了总统、总理为首的内阁、国会三方，让彼此形成制衡。议会制另一个特点是"议行合一"，立法/决策和行政混在一起（或者说密切相通），容易导致"议"干扰"行"，影响行政效率。而"半总统制"则将行政从立法/决策中剥离，提高了行政效率。

而"半总统制"还赋予了总统在关键领域的巨大权力及相对超然的地位。军事和外交属于关键且特殊的领域，军事需要令行禁止，外交需要举国一致，议会和内阁的特性恰恰不利于高效和团结。而"半总统制"将军事和外交权力交给总统，是非常明智的设计。"半总统制"更大的一个优点是，总统由选民直选产生，独立于国会和内阁，很少受到后二者掣肘，可以相对跳脱复杂的政治斗争，既不被国会制造的倒阁行为波及（相对于议会制），一般也不会和国会发生激烈冲突（相对于美式总统制），处于相对超然的地位。总统这种超然，不仅利于其个人放手做事，也有利于整个国家政局的稳定。而"半总统制"的典型国家法国，自 1958 年第五共和建立、政体确立后至今，除个别政治时期（"第五共和"初建时阿尔及利亚问题引发的政治危机；1968 年五月风暴"前后的政治与社会动荡），其政体运作相当良好，政治局势一直非常稳定。这充分说明了"半总统制"的成功。

当然，"半总统制"也有其缺点。例如它在三大权力互相制衡方面就表现不佳，行政、立法、司法更多是各行其是而非相互联系和制约。相对于议会制/内阁制，掌握行政权的总统、总理及内阁成员，距即时的民意较远，其政策不能及时修正。相对于议会制/内阁制下内阁成员均是民选议员（且多是需直接投票给本人而非投给政党的小选区议员），总理和内阁主要被国会控制，受总统辖制，但缺乏民意的直接授权。总之，议会制/内阁制的各种相对优势，"半总统制"就不具备或不完全具备。

但即便如此，它的缺点仍然远远少于总统制和议会制，没有导致总统权力失控和独裁、决策和执行效率低下等致命的大问题。而且，它对于非常在意军事、外交领域及政治平衡与稳定的大国，有着独特的好处。

而中国正需要这样的制度。如前所述，对中国来说，如果实行总统制，那可能导致总统个人权力过大和失控，甚至可能造就新的独裁者，让中国的民主夭折。总统制本身的各种缺点如"胜者全得"和政治极化，也会损害新生的民主中国，不利于政治稳定和国民团结；如果实行议会制，因为议会成员的庞杂、集体决策的低效，以及代表议会行事的内阁的孱弱，无法有效解决中国许多棘手的问题尤其利益冲突，还会在面临紧急事态和外部威胁时无法快速反应和团结一致。

"半总统制"恰恰解决了这些关键问题。由于"半总统制"拆解了行政权，将权力由总统和内阁分摊，并将大部分内政和常务交给总理领导的内阁，总统就不能事无巨细的插手，也不能随意任免内阁成员。而总统和国会的权力分立，也让总统不能干预立法权和各项需通过法律程序才能通过的决策。这就很大程度限制了总统的权力范围和具体的管辖事项，让总统不能为所欲为。即便总统掌握军权，但没有行政根基、国会与其并立不受控，仅凭枪杆子是难以在现代社会强行"黄袍加身"发动政变搞独裁的（当然军方也未必听从总统的政变命令）。

而相对于议会制的低效和内阁的孱弱，"半总统制"将行政权剥离出立法和决策，总统、内阁、国会分工明确，避免了议会制"议行合一"体系下"议而不决""边议边决"及"议决反复"等各种弊端，提高了行政效率，有利于推动政策执行。而总统在重大事务上的强大行政权力，尤其在军事和外交上的垄断性权力，可以在面对阻力巨大的重点问题、社会面临重大危机、国家遭遇外敌威胁乃至入侵的情况下，发挥"摧锋拔石"之力、实现"力挽狂澜"的目的。

显然，面对各种艰难险阻、内外威胁的民主中国，"半总统制"是最佳的选择。同为世界大国的法国"半总统制"颇为成功的实践，也证明了这套政治设计的合理性和有效性。当然，除法国外，世界上没有其他实行"半总统制"非常成功的大国，但实行"半总统制"的国家也鲜有因此而政治失败的。在阿尔及利亚、波兰、葡萄牙等"半总统制"国家，政体运转良好。俄罗斯也被认为是半总统制国家（虽然它更像总统制），其政治衰败显然不是政体结构所致。其他许多国家包括很多大国未实行"半总统制"，很多出于对其传统制度的习惯和依赖，及与政体相关的错综复杂的利益连结，已不便更改政体，如美国及拉美诸国、英国及英联邦诸国等。而"半总统制"是明显的建构型政体而非经验型政体，使用的国家的确较少，但并不代表它缺乏普适性。

总之，我认为"半总统制"利远大于弊，且颇为适合中国国情，是未来民主中国政体的最佳选择。当然，现在所说的各种政体的利弊，都只是根据制度本身进行理论分析、在他国的经验教训总结，而非民主中国实行该政体后的现实情况。在不同环境、不同参与者、不同历史条件下，同样的政治制度可能有各种不同的表现和影响。"半总统制"在民主中国的实际运转如何、有怎样的影响和利弊得失，只有真的实行后才知道。

议会制度

议会制度，则是政权组织形式的又一部分核心内容。当代的绝大多数国家，无论实行的是民主制度还是专制制度，都设有议会或性质类似的机构（只有沙特等极少数国家没有），承担立法、审议、决策、监督等重要职能。广义的议会包括国家/中央层面的国会和地方议会，而狭义的议会特指一国中央层面的立法和议事机关。

而根据议会构成形式，议会制度分为一院制和两院制。一院制即中央层面只有唯一一个议会/国会（一般每个地方也只有唯一一个议会），凡是议会的权责均由这唯一的机构承担。而两院制，则是将议会需承担的权责分配（往往是不均等的分配）给两个议事机构，或者说让两个议事机构分别承担不同程度和类型的职责。一院制不需要做特别的说明，以下主要叙述分析两院制的构成、性质、历史沿革、利弊影响。

两院制下各国的两大议事机构，有着不同的名称、特点、职责。有些国家称为上议院、下议院（如英国）；有些称为参议院、众议院（如美国），或参议院、国民议会（如法国）；有的称为联邦院、人民院（如印度）；还有些称呼较特殊，如"联邦委员会"和"国家杜马"（俄罗斯）。而从性质和特点上，一般来说，权力重心都在两院中的下议院/众议院，而上议院/参议院权力相对较小；下议院/众议院一般由普选产生，每个成员一般代表人口比例相近的选民，体现着人民主权原则。而上议院/参议院则有的为普选产生，有的则是通过任命或世袭组成，或普选与任命/世袭混合，其成员往往体现着贵族/精英的地位与话语权，或代表着一国之内不同区域、族群的声音和利益。

而两院制的历史演变过程，也反映着议会制度的变化与特点。以实行两院制历史最悠久、两院性质差异最鲜明的英国为例。英国的两院制议会制度始于 14 世纪，上议院由神职人员和世袭贵族组成，可被称为"贵族院"；而下议院则是各郡和自治城镇推选的代表组成，可称为"平民院"。当时的英国正处于中世纪，神权和贵族权力巨大，平民弱势。因此，当时的上议院权力远大于下议院。且面对国王更大的权力，议会两院都难以抗衡。而随着时代变迁，尤其 17-18 世纪英国一系列革命与改革，如 1640 年英国革命、1688年"光荣革命"、1832 年议会改革、1836-1848 年宪章运动等，民权逐渐胜过王权、平民整体影响力超过贵族，下议院的权力也越来越大并超越了上议院。而此后又经历一百多年的历史变迁，下议院成为了真正的权力重心，而由贵族和神职人员组成的上议院成了只有几乎没有任何实权的谘询性、象征性机构。这一历史演变过程也代表着英国由国王和贵族共治并垄断权力的传统专制社会，逐渐变为全体公民共有权力共享权利的现代民主社会。

而另一种两院制，则反映着一国内各区域的权力平等与联邦主义原则。这种两院制的典型自然是美国。与美国众议院由选民人数接近的数百个小选区选出代表不同，美国参议院是每个州（不包括首都华盛顿特区）不分面积大小和人口多少，均可选出两名代表，50 个州共计选出 100 位议员。这意味着，拥有超过 3900 万人口的加利福尼亚州、2900 万人口的得克萨斯州，与只有 73 万人口的阿拉斯加州、57 万人口的怀俄明州，拥有相同数量的国家参议院议员。

不同于英国上议院只剩下象征性权力，美国参议院拥有颇为巨大的权力。虽然从宏观上看，美国参议院权力略小于众议院，但参议院拥有众议院所没有的政府部门人事任免同意权（有"同意权"也意味着有"不同意权"）、大法官任命同意权、条约批准权，弹劾总统也需要参议院三分之二多数同意。总之，美国参议院掌握着一些独特而关键的权力，众议院无法替代和压倒参议院（相反经常需要参议院的合作）。美国参议院虽然因各议员代表的人口比例相差悬殊、明显利于较小州份和两大党中的一方（共和党），而受到主要来自于民主党和人口大州的各种批评，被要求改革，但州权主义者尤其共和党人，往往以保障与联邦政权相对的各州州权尤其小州代表性为由阻挠改革。美国参议院也就一直保持着现在的成员组成和选举制度。

而其他实行两院制的国家两院的性质和构成及历史沿革，也大都类似于英国或美国的情形。相对而言，现在实行两院制的国家，其上议院/参议院大多数是与美国类似，反映着国家内部各区域的独特利益，代表着地方在中央的声音，并相对照顾人口较少区域、乡村、少数族裔聚居区、边远地区的地位和话语权。这在联邦制国家体现的更加明显。

那么，中国应当实行一院制还是两院制呢？我认为中国应该实行两院制（当然两院之外还要再加一院即"专家院"，不过那是另一回事，后文再提）。

众所周知，中国幅员辽阔、人口众多、国情复杂，是一个多民族多宗教的庞大国家。而中国各地域之间的发展亦颇为不平衡，地域之间的差异与壁垒明显存在。而未来的民主中国，也将实行联邦制（这又涉及到另一个政治制度，同样后文再谈）。因此，中国需要一个能够代表各地区各民族利益、保障国内各地域在中央拥有相对平等话语权的议会。因此，中国也需要效仿美国、法国、俄罗斯等国，设立类似于参议院的议事机构。我在此将该院拟命名为"联合院"。

联合院

区域、民族、少数/弱势/特殊群体的代表机构，体现国家的多元化、政权的包容性，保障弱势者代表性和话语权

不过，我认为，"联合院"不能仅仅代表各区域和民族，而应该代表更多群体，尤其各弱势群体、少数群体，成为具有广泛代表性、联合各群体、保障各类弱势和少数群体话语权和利益的国家机构。具体说来，除地域和民族代表外，"联合院"所代表的弱势和少数群体应包括：女性、老年人、残疾人/身心障碍者、LGBT 群体、宗教人士、农民、非正式工人、个体经营者、非公营服务业者、特殊职业者（如渔民（工作艰苦危险且收入不高）、环卫工人（收入低社会地位更低）、性工作者（饱受污名化和歧视、易受各种身心伤害））、对国家和公众有特殊贡献者（如伤残军警和公务人员、见义勇为公民）、贫困地区尤其贫困农村和山区居民、留守妇女和留守儿童家人、战争/犯罪/自然灾害/意外事故等灾祸幸存者本人和罹难者家人，以及其他处于弱势、属于社会中少数和边缘的群体和个人。这才能够真正让"联合院"代表全国几乎所有弱势的、少数的、特殊的群体及个人，让每类群体尤其弱势群体能够在国家机构拥有代表和发出声音，以维护其基本人权、实现其各种必需必要的特别诉求。（相反，如果仅仅只包括各区域和民族，那"联合院/参议院"反而太狭隘了，存在的必要性也降低了）

根据中国总人口数量及"联合院"所包含的群体数量及各群体特性，中央层面的"联合院"代表总数应为 600 人。其中，每个区域（省/自治区/直辖市/特别市）代表 3 人至 10 人，区域代表共计 250 人。区域代表根据各省级行政单位人口多少分配名额（具体分配中采取四舍五入法确定席位数），人口较少区域总代表席位少，但人均席位多；人口较多区域总代表席位多，但人均席位少（类似于欧洲议会中各成员国席位分配方式）。这样既能避免像美国参议院那样席位与人口比例过于偏离、导致人口大省吃亏，又可以保障人口较少地区有一定的代表性和话语权；

少数民族代表共计 100 人，每个少数民族代表 1 人至 5 人，按各少数民族人口分配席位，同样基于"人口较少民族总代表少、人均多，人口较多民族总代表多、人均少"的原则分配。其中 50 人既是区域代表或其他身份群体代表又是民族代表，另外 50 人则占有专为少数民族设置的代表席位。而"联合院"其余 200 名区域代表均默认为汉族代表，但汉族代表应尊重少数民族代表的各项权利及意见，不能凭借人数优势随意推动议案通过；

区域和民族所占有的 300 席之外的"联合院"300 个代表席位，分配给上面提到的各弱势、少数、特殊群体，各群体代表最多 10 人、至少 1 人。不过，其中女性、老年人代表席位更多是象征性意义，代表主要在参与涉及女性、老年人议题时代表群体发声。更多的女性和老年人，则只是"联合院"及其他议院的普通代表。这 300 个弱势/少数/特殊群体代表，只代表其特殊身份而不代表区域，但如其身份是少数民族，则自动同时成为少数民族代表，并占用分配给少数民族的 100 席中非专设的那 50 席的名额。这些群体代表是从相应弱势/少数/特殊群体中选举或推举产生，没有为区域和少数民族保留的配额。

"联合院"如审议区域和民族问题，则只有 300 名区域和民族代表参与，其他 300 人列席；如是关于区域和民族外的各弱势、少数、特殊群体专门议题和紧密相关议题，相关群体拥有提案、讨论、修订的优先权，通过有关决议和法律时，不仅要得到"联合院"及其他议院半数以上赞成票，还要得到至少一半相关群体代表的支持才能通过（假如"联合院"有 10 名残疾人代表，涉及残疾人权利问题的议案，不仅要"联合院"中 600 人中至少 301 人同意（若有席位空缺或无法履职，则只需超过履职出席者中的半数即可）及"人民议会"过半同意，还同时要得到 10 名残疾人代表中的至少 6 人赞同）。如果是相对简易的、利益牵涉较少的涉及弱势、少数、特殊群体的议案，相关群体代表可自行讨论和通过议案并送交行政机构执行，而不需"联合院"及其他议院全体成员的表决同意（如对个体经营者的一些具体的贷款优惠政策，"联合院"若有5名个体经营者代表，这5名代表对其审议讨论通过后，就可以直接交付内阁执行，不需要"联合院"和"人民议会"全体成员讨论和表决）。

本文所设计的"联合院"，在职权上与英国上议院、美国参议院都很不相同，有很大差异。英国的上议院现在已成为一个谘询性的机构，几乎没有任何实权；美国的参议院则权力巨大，握有人事同意权等政权的命脉，其权限早已不止代表各州争取权利，还可以参与和州务无关的诸多事务，有时可以决定全国/全联邦的命运。本文中我拟设的"联合院"，则应是一个专门处理区域、民族、弱势/少数/特殊群体议题的机构，在这些议题上"联合院"拥有部分决定权和部分否决权。但对于并不明显涉及这些领域和议题的一般性议题，"联合院"没有权限管辖，仅仅可以发表无约束力的意见和声明。

人民议会

政治中枢、权力重心、民意所在

而民主中国国会的权力重心，则在相当于下议院/众议院的"人民议会"。"人民议会"应有750名议员组成（根据中国的国土面积和人口，这个人数是较为合适的），通过全民普选的、联立制投票和分票方式的混合选举制（比例代表制+小选区制）选出，最大限度代表全体中国国民的立场、意愿和利益。"人民议会"拥有审议、讨论/辩论、立法、决策、任免、监督、实行紧急状态等各项权力。其中涉及修改宪法、弹劾（弹劾总统和大法官。大法官由总统任命，需"人民议会"过半议员同意，且非终身制）、倒阁、实行紧急状态等重大行为时，须得到超过三分之二议员同意。对明显涉及区域、民族、弱势/少数/特殊群体的议题，"人民议会"要尊重"联合院"的审议优先权，一般也要接受"联合院"通过的相关决议。如试图否决"联合院"决议，则需超过五分之一议员提议、三分之二议员同意，方能否决。如试图在区域、民族、弱势/少数/特殊群体有关议题上绕过"联合院"通过决议，需超过三分之一议员提议、超过四分之三议员在决议中投赞同票。而在涉及科学与专业的问题上，"人民议会"应尊重"专家院（关于'专家院'，会在稍后详细介绍）"的意见，不能否决"专家院"在重大且涉及专业领域议题的相关决议。

因议员人数过多，难以每件具体事务都由全体讨论决定，所以设置一个由50名议员组成的"人民议会常委会"处理日常事务。但一切重大的和涉及立法与决策的事务，只能由"人民议会"全体成员讨论决定。

而人民有罢免"人民议会"议员的权利。对于小选区议员，若其存在明显过失，所在选区只要有 10%选民联署，再通过司法机构认可，即可发起罢免。若罢免投票率超过 70%、其中过半数同意罢免，被罢免者即失去议员资格。而对于通过政党比例代表制（不分区）当选的议员，则需其所在党派超过 1%党员发起、10%党员赞同且赞同多于反对，即可罢免（非该党成员无权参与罢免投票，但如厌恶该议员和政党，选举时不投票给该党即是一种政治表示）。而如果"人民议会"议员涉嫌触犯严重的、有违社会道德底线的犯罪行为，如杀人、强奸、虐待，则在司法机构判定其有罪后自动剥夺职务。

如前所述，民主中国应实行"半总统制"。而议会/国会在"半总统制"中扮演着与总统分立、与内阁各司其职但紧密相连的关系。"人民议会"作为议会/国会的代表力量（"联合院""专家院"都不能承担这种代表权），将在民主中国政治架构中扮演非常重要的角色。它虽然无法像议会制国家中议会控制总理/首相那样控制总统，但足以对总统形成有效制约；占有"人民议会"多数席位的党派/政治联盟，可以决定总理为首的内阁的去留，对行政权有深度的涉入和控制。而立法和需要立法程序通过的各种决策，都由"人民议会"掌控，使得国家的法律和政策有充分民意授权并反映民心。

而"人民议会"拥有对大法官的任命同意权/不同意权与弹劾权，更反映了法治建立在民主上这一民主政治的重要特征，也避免了大法官个人（乃至群体）权力膨胀、与时代脱节等导致的对国家和人民的损害（参看美国大法官以相对多数（6：3）推翻"罗诉韦德案"判决，禁止妇女堕胎，以及其他一些反人权反科学的判决（如与疫苗问题、气候变化问题有关的判例），就明白以民意和专业人士制约大法官的必要。关于专业人士权力，下面将进行阐述）。

这是我对于未来中国两院制议会制度的设想。但在两院之外，我认为还应设置"第三院"，即"专家院"，全称可命名为"社会自然科学院"。"专家院"在专业领域和专业性/科学性问题上拥有非常有力的参政权和决策权，并与行政机构和司法机构深度合作，成为议会制度和国家机构的重要组成部分。

社会自然科学院（专家院）

民主中国科学理性决策和施政的"中流砥柱"：必要性和重要性；具体人员组成；专业人士不能脱离现实而要密切联系人民、尊奉科学需同时坚持人权/人性/人道主义

我之所以主张设立"专家院"，主要基于以下几个原因：

第一，"科学技术是第一生产力"，科技对于国家和人类发展有着极为重要的推动作用。自工业革命至今，科学理论与知识、专业技术、科学工具，在经济、军事、医疗、文教、通信等各领域及日常生活中，都发挥着巨大的、惊人的、不可替代的作用。科技的进步可以让经济取得跨越式发展、民生得到升维式改善，整个社会可以以几何级速度革新改变。例如借助科学理论和器具的现代医学，攻克了各种古代完全无法治愈的疑难杂症，极大的减轻了大多数疾病带来的痛苦，让人类平均寿命提高了一倍有余；电报、电话、互联网的相继出现和普及，让人类之间沟通交流的便利程度有了难以计量的提高、生活方式有了根本性的改变；供暖设施和空调的出现，让在严寒和炎热中煎熬的人们得到解脱，舒适的生活在寒带和热带……当今人类生命中的一切，都与科技发展及其成果密不可分。科学理念和技术工具的发展，还实现了生产的规模化集约化、服务的公共化系统化。如工业品和加工食品的巨量生产，让人类的物质世界有史以来首次由匮乏变为某种程度的"过剩"。而各国覆盖全民的普惠性教育和医疗，同样是建立在现代教育和现代医疗的知识、理论、工具基础之上的。没有科学技术和相关的实践，就没有我们现在的生活。

科学不仅包括自然科学，人文科学同样是科学的一部分。政治学、法学、经济学、社会学、教育学、新闻学、管理学、统计学、哲学、文学及其他各类人文与社会科学，都推动着人类进步、维系着社会秩序，对人们的工作和生活、物质与心灵有着重要的影响，是现代文明不可或缺的知识与思想。没有人文科学的觉醒、构建和发展，人类就没有思想、价值与尊严，也不可能产生现代的政治制度、法律法规、人权保障体系。人文科学对人灵魂的启蒙（尤其对人的主观能动性的启迪、创造力的激发）和促成的思想解放和政治革新，也是自然科学解除枷锁蓬勃发展的前提与助力。

所以，民主中国必须高度重视自然与人文科学的发展、技术的应用、专业人才的培养，包括在政治上赋予科学重要地位、保障专业人士有充分的话语权。

第二，随着时代发展，无论经济建设，还是民生需求，都变得多样化、复杂化、专业化。21 世纪的人类已不再像农耕文明时代简单的男耕女织的生活，而是要面对各种各样的、没有专业知识很难明白前因后果和是非曲直的问题与挑战。例如医疗制度的设置与改革，仅仅如何兼顾医疗效率质量与医疗资源配置的公平性，就需要许多领域专业人士及社会公众的长期研究和讨论；对于工农业生产消费中排放的污染物，确定其危害的类型和程度，以及如何在发展经济保障就业与保护环境中寻找平衡点，也需要科学家、经济学家、环保人士等共同研究和商讨，给出相对最合理的解决方案；像人工智能与基因技术的发展，一方面极大改善人类生活，却可能带来各种安全风险和伦理问题，这些问题当然需要非常专业的人士才能充分准确认知和提出应对方案；还有互联网和大数据广泛应用下，各种假新闻的泛滥和侵犯个人隐私情形的普遍，也要有专业人士结合公众意见提出科学措施进行治理……总之，当今及未来社会，很多复杂专业的问题，普通人乃至非专业的官员/议员/法律人员都无法厘清是非，更难以合理应对。

这就需要让专业人士参与专业事务的决策、执行、监督。而如果专业人士只有谘询性地位和建议权，是不足的，是缺乏参与度与话语权的。想要实现科学决策，需要由专业人士直接参与政治、在政治机构中有一席之地且有实权。

第三，部分社会大众乃至许多官员/议员/法官，知识和道德素养参差不齐甚至德智皆乏，有着各种反智反科学的价值观，或者由于丑恶的意识形态和错误的政治立场，在这样的价值观和立场指导下做出种种违背事实、违背科学、违背真理、违背良知与正义的行为。大众和官员还往往狭隘和短视，容易为私人利益/自身所在群体利益、眼前利益/短期利益，而损害公共利益、潜在和长远利益，对他人、社会、国家、全人类造成各种伤害。民主政治虽然可以约束政府和官员，但也容易导致民粹和"多数暴政"。而司法机构人员也不一定能阻挡"多数暴政"，甚至因价值观谬误使得自身就是错误决策和侵犯人权的制造者（如美国最高法院大法官在堕胎、劳工权利、医保、疫苗、气候变化等议题相关的案件中的判决）。

大众既有聪慧善良理性的一面，也有愚昧卑劣疯狂的另一面。凡是知晓历史、现实阅历丰富者，都会深知人心之愚、人性之恶。大众在参与政治和社会事务时，经常会过于情绪化、极端化，会被一些表象迷惑，不能理性对待问题，也很少做出折中调和的选择。

这显然不利于政治的多元与公民社会的和睦，反而会造成政治极化和社会撕裂。尤其是大众汇成集体后，更是会在某些情境下被非理性的情绪支配，陷入集体狂热并制造暴力和破坏。

如果大众被野心家、民粹政治人物利用，就可能做出各种极具破坏性的行为，对国家和民族乃至全人类带来灾难。中国的"大跃进"、人民公社化、文化大革命（以及与文革颇类似的清末"义和团运动"），苏联的"农业集体化"、以李森科主义为代表的伪科学思想与实践，以及近年来美国特朗普政权为代表的、全球诸多反智民粹势力的得势及由此导致的各种恶果，都是统治者与民众合力制造的反智主义灾难，导致各国经济社会发展和自然环境受到巨大破坏，许多人甚至直接间接的因之死亡。

何况，民主中国初创期，公民教育尚未普及，民智民德必然皆是匮乏，即便民众有些朴素的正义感和民主精神，但公民素养也还是不足的，很难有理有节参与政治，尤其在一些相对专业和精深的事务上很难做出合理的、符合长远利益的选择。而且，无论民主国家还是非民主国家，都有相当多的民众对政治漠不关心，也不愿意了解专业事物，即便有了政治权利也无热情行使，往往会放弃投票等权利或随意投票，在政治和社会事务上也"随大溜"，这就让少数政治极端分子有了把持民主的可乘之机，以少数民意裹挟多数民众，破坏决策的科学与公正。

因此，为避免未来民主中国发生类似的甚至更大的反智灾难，保持执政的理性与施政的科学，以及确保民主方兴未艾时的社会平稳与政治过渡，应在民选的议会、选举和任命的官员之外，另设由专业人士组成的机构，并拥有很大权力，尤其在专业性的且事关重大的问题上拥有单独决定权和否决权。

基于以上原因，我认为民主中国应在中央和地方设立"社会自然科学院"，简称"专家院"。中央"专家院"应有 400 名成员，成员包括科技（诸自然/理工科学领域与专业）、教育、传媒、法律、经济、医疗、警务、外交与国际关系、社会运动、宗教（宗教问题同样需要科学的解释与规范）、环境保护、文学、社会学、哲学、心理学、历史学、文化学等各界学者及军事领域/军方人士组成，负责涉及以上领域宏观和微观事务的政策制定、建设参与，全面推动和实现经济政治文化社会建设的科学化、理性化、专业化。以上各行各业的专业人士，不能局限于本专业的知识和事务，而需要有通识知识、和其他领域专业人士相互交流，在各种设计、规划、决策中要考虑本专业之外的关联领域问题，做到统筹兼顾。

"专家院" 400 个席位的具体组成上，人文科学界与自然科学界各有 150 个名额，跨人文和自然的领域及学科（如医疗领域需要解决处理的问题中，既有化学生物等理科技术问题，又包括医疗资源分配和人道关怀等人文社科问题，且二者是相关相通而非割裂的）有 50 个名额，具体各专业领域相对平均分配但有所差别（例如教育领域应有最多名额（如 10 人），文学界和心理学界仅各需 1-2 名人士入席），另 50 席分配给军方人士。而成员的地域、民族、性别均不限，亦没有配额，但原则上应考虑到不同区域和省份在"专家院"的代表性和均衡性、吸纳一些有真才实学的少数民族成员、保障女性学者拥有充分和独特的话语权。

因"专家院" 400 人规模较为庞大、专业人士又往往忙于事务（这些"专家院"成员必须密切联系现实和继续钻研专业，不能蜕变成业务不精的政客）而不便随时开会，还应设置一个 50 人的"常务委员会"，处理各种简易的、无重大利益相关的、非决策性的事务。

"专家院"所有成员由各界推荐或界内选举产生，在当选后都需要经过一些必要的道德审查，不能有过大的品质问题（一点瑕疵都没有是很难的，而且不应该因为小问题导致很适合任职者落选，否则将有大量吹毛求疵的举发和指摘），并接受公众、国家机构、传媒的监督。如其道德品质明显无法胜任，则不能担任"专家院"成员（已担任者须辞职，否则强制罢免），并由相同领域符合资格的专业人士替代之。

　　"专家院"不仅有直接参与政治及专业事务的权利，还应有对各专业事务的决策权、决定权、否决权。在涉及到有很强专业性的问题上，"人民议会"都应当听取"专家院"的意见，且相关议案都需"专家院"中涉及相关领域的学者讨论通过，然后再交"人民议会"表决。如果"人民议会"在事关重大的问题上通过反智反科学、严重损害国家利益/人民利益/全人类利益的决议（例如发动类似于"大跃进"、文革这种行为，或阻碍"碳中和"等防治气候灾变的政策），或总统发布类似的行政命令、大法官颁下这样的法令，"专家院"可发起"否决表决"，400 人中若超过 300 人（四分之三）在表决中支持否决，那"人民议会"、总统、大法官的相关决议和政令法令将无效，内阁和地方不得执行。同样，如果"人民议会"、总统、大法官拒绝批准和执行一些极为必要的决定和政策，"专家院"也可对相关决策发起"迳行表决"，若超过四分之三成员通过，则可以绕过"人民议会"、总统和大法官，直接将决策方案送达内阁及各地方并令其执行，其他机构不得阻止。（"联合院"权力小于"人民议会"，当然更需要服从"专家院"，但一般情况下"专家院"不干涉"联合院"各弱势和少数群体与其自身有关的决定，除非其决定严重影响更大范围的公众利益）

　　此外，"专家院"应有实行紧急状态（戒严）的权力，同样是在四分之三成员通过后即可施行。而如前所述，"人民议会"亦有实行紧急状态的权力。一般情况下，由"人民议会"决定是否实行紧急状态；如"人民议会"因故无法履行职权，则由"专家院"决定；如"人民议会"与"专家院"在是否实行紧急状态问题上发生冲突（一者同意一者反对，或对于"紧急状态"内容阐述不同），则以"专家院"意见为是。

　　需要着重补充的一点是，"专家院"虽是以专业主义、理性主义为原则的机构，但绝对不能脱离社会现实和民情民意，而应该密切关注和介入现实、积极与民众沟通交流，将专业知识与客观实践相结合，将科学理性的精神融于人道民主之中。"专家院"的存在，根本上当然也是为现实服务、为人民服务，而不是高高在上、不接地气的空中楼阁，更不是维护自身所在圈子、行业、阶层的精英分赃场所。

"专家院"各领域的学者和专业人士，不能因参政而生疏了专业知识和技能，而是要一边从政一边继续参与专业工作和研究，还要掌握所在领域的最新动向，尤其要重视理论和知识的实践、对现实社会和民生的影响。这些"专家院"成员还要与民选议会议员一样，时常深入基层倾听民意，定期的与民众以面对面或在线方式对话，了解民众对于相关专业领域问题的看法及诉求。

人民大众的知识水平和理性思维能力虽然整体不高，但却有着朴素的是非观和正义感，能敏锐感觉到各种政策措施的好坏是非；如民谚所说，"三个臭皮匠顶一个诸葛亮"，大众的智慧是无穷的，即便愚昧偏狭之人也可能在某些方面有精准判断、独到见解，集思广益才能博采众长（我所写的本文中的一些观点和建议，也是阅读各社交媒体等处贴文和评论区后，对这些普罗大众的声音进行思考、扬弃、加工、补充而构出的）；许多平民尤其底层民众和各弱势群体，有专家学者未必能认知到的俗世知识和生活常识，知晓一些在书斋庙堂不易觉察的隐秘幽微之事、能体验和明白许多绅士淑女难以共患的切肤苦乐之情。最根本的是，"专家院"的一切研究和决策，皆是为人民的幸福，那当然需要充分征求人民的意见，倾听、尊重、满足人民合理的意愿。所以，"专家院"成员制定各种政策，不能闭门造车、想当然的自我发挥，必须基于复杂的实情和变动的民情，并根据民意反馈进行必要的修改调整，并实时接受大众的监督与批评。

另一点需要特别强调的是，我主张科学与理性的重要，并设计"专家院"且给予其极高地位与极大权力，并非主张通过没有感情的纯粹理性思维与机械式的手段治理国家。相反，科学理性必须用来造福而非戕害人民，科学也不应该成为谋取私利的工具。圣雄甘地所批判的"世界的七大错"中，"无人格的学识""无人性的科学"，都是对科学工具化、功利化、暴力化的鞭挞。而启蒙先贤梁启超在目睹各种新式兵器纷纷投入"杀人竞赛"的惨烈的欧战后，也感叹惟科学主义的悲剧。我们要更加深刻、完整的探寻和掌握科学，舍避其害而留用其利，将技术之患害转为科学之增益。这需要制度的构建、法律的约束、教育的导向，以及每个人尤其知识分子保有良知与道义。而"专家院"的一切研讨与决策，也要防止将理性残酷化、将科学工具化，避免走入社会达尔文主义和技术主义的歧途。科学决策本身就要将以人为本、人道主义放在首位，让科学基于良知、用于良善，让人民生活更加舒适、自然、幸福。

总之，"专家院"在保障决策科学的同时，也要充分考虑民主及人道，科学与专业主义皆是为人服务，而非相反。

（我所设计的"专家院"的职权及与"人民议会""联合院"、总统、内阁等机构和成员的相互关系较为模糊，这不是我没有考虑到，而是我并没有想好具体如何处置这几方的关系，尤其是"专家院"和几方冲突时如何处置。我暂时只能设计为"专家院"拥有最终决定权和否决权，但我也不认为应该把决定所有问题的最高权力都归于"专家院"。目前而言我只能设计到此，以后还会补充）

军方的一席之地

由专制到民主的政治过渡和民主中国建设的"定海神针"：必要性（不得已性）、重要性（独特价值）；古今中外军事力量强弱及安内攘外的成败得失、前车之鉴，军方应在"专家院"及中国政坛有一席之地

以上关于"专家院"的设计，赋予了其颇为巨大的权力，尤其是在与其他权力机构冲突时，"专家院"拥有最终决定权。这样的权力显然不是靠"专家院"掌握真理就可以令各方听从的。"行文

事者，必以武事备之"，即便是科学合理、符合法律和程序的决策，想要各方尤其利益攸关方听从，也必须有强大的暴力机器为后盾。

因此，我设计中的"专家院"特意包括军方人员。在"专家院"的 400 人中，应有 50 人来自军方。这些军人在"专家院"，当然并不只是为了处理与军事领域有关的专业问题，更是为了让看起来文弱的"专家院"变得真正强大和具权威。

民主中国当然要实现"军队国家化""军队非党化""军队中立化"，让中国军队（名称由"解放军"改为"国防军"）摆脱现在"党指挥枪"及对领袖和军方强人个人忠诚的状态。但是即便国家实现了民主化，军队也不可能完全超脱现实，它必然受到来自各方的影响。无论是总统、议会、大法官这"三权"，还是各地域、民族、宗教等势力，乃至军方内部的强人，都会试图影响、操纵、控制军队。而人数超过百万的中国军队/军人集团（以及人数更多的退役军人和军人家属），其自身也不会甘于对政治完全置身事外，而是想有所作为和得到各种利益，拥有更多作为军人的尊严与价值。没有了"党指挥枪"的中共对军队的严密控制，又未能建立和完善新的制衡安抚军方的体制机制，军人很难自觉抑制干政乃至政变当权的冲动。这在民主中国刚刚建立、民主政治尚不成熟时更是容易发生。

如果某些势力成功渗透和影响了军方，乃至对军队有了绝对控制力，那中国的民主将大打折扣甚至有名无实。或者，军方依靠枪杆子压制了文官集团，军人直接登上最高权力宝座，会出现类似于 1960-1980 年代的韩国和拉美、现在的缅甸那样的军政府统治中国，或者像巴基斯坦那样政权长期被军人集团深度介入把持，对中国同样是巨大灾难。如果不是一股势力垄断军权，而是多种势力均有渗透，那样也并不是相互制衡而是导致军队山头林立、各自代表一方，政治冲突就可能暴力化，中国甚至可能出现内战。满清灭亡、民国肇始的政治过渡期，中国的军阀趁机割据、相互混战，就是明确的前车之鉴。而 1917 年后的俄国，沙皇退位、罗曼诺夫王朝覆灭后，发生造成数百万人死亡的惨烈内战，以及列宁的布尔什维克党用武力解散民选的"立宪会议"、建立一党专政，导致俄国背离和平走向战争、失去民主转为专制的历史前例，也是未来中国民主转型中需要避免的。追求自由民主，不等于放任国人为所欲为，相反恰恰需要民主派掌握暴力以维护秩序和树立权威，否则恶人和野心家就会趁虚而入。

还有，在中国由专制走向民主的过程中，军方的态度对于中国是否能走向民主化、是否能和平过渡，有着关键性的影响。如果不能许诺军方在民主化后拥有崇高地位和话语权，那军方会更倾向于站在中共一边阻止民主化。相反，如果将道德正义感召和现实利益引导相结合，成功拉拢军方站在民主和人民一边，就会加速民主的来临，并让中国民主化的过渡期相对安定和平。

而实现民主化之后，民主中国也需要军人的存在和作为，军人既要对外保卫主权和国家利益，也要对内捍卫民主体制不被颠覆和维护社会安定、保障文人政府和议会正常运行和施政。如果没有强大和忠诚勇敢的军队对内对外捍卫民主和人权，民主中国就会像历史上文治灿烂但武力孱弱（甚至特意"崇文抑武"）的宋王朝、光明进步但内外交困的民国那样，被残暴的外敌和棘手的内患合力摧毁，让中国陷入黑暗。民主萌芽的古希腊雅典城邦被野蛮尚武的斯巴达城邦征服、兴盛一时的古罗马亡于诸"蛮族"之手、曾经包容开放进取的伊斯兰文明在基督教十字军和蒙古人夹击下走向沉沦封闭，都反映了没有足够武力保障的文明的脆弱与悲剧。

因为武力弱小文明被毁的例子很多，而另一面，军人作为改革进取"定海神针"的成功例子同样不乏前例。如凯末尔·阿塔图尔克领导的土耳其国民军，对外击败英国和希腊的入侵、保卫了土耳其主体领土的存在，对内推翻了腐朽的奥斯曼苏丹王权教权统治，压制宗教保守势力，大力推动世俗科教和发展现代工业，将落后衰败的奥斯曼帝国改造为现代化的土耳其共和国（相反，同时期同样试图实现现代化世俗化的阿富汗国王阿马努拉·汗的改革，就是因为缺乏军队支持，结果其被宗教保守势力推翻，本人流亡海外，改革也告夭折，阿富汗也长期处于贫困落后的局面，成为塔利班崛起和得势的远因）；如二战后的日本，在麦克阿瑟及其继任者领导的驻日美军管制、监督、保护下，由野蛮的封建军国主义国家形态，转变为民主自由的新日本，经济也得以高速发展，民权保障和民生幸福程度令世界绝大多数国家艳羡（相反，曾为美国殖民地的菲律宾，在美军撤出、脱离美国管辖、拥有了独立自主后，却变成强人割据、暴力频繁、经济萎靡、腐败横行的落后国家）。而且，土耳其和日本的改革、转型、发展中，都没有发生大规模致人死亡的暴力冲突，更没有内战，即便转型剧烈也保持高度和平、社会秩序井然，这当然和军队力量为转型与改革做后盾密不可分。

西方各民主发达国家的成功之路，其"文治"也都是在"武功"的护卫和拓展下实现的。"毕相拿翁尽野蛮"，英法德美诸国的经济发展、政治文明，也都建立在政权存在乃至扩张的基础上的。假如英法军力不敌俄国和奥斯曼土耳其，美国工商业主导的北方在军事上完全败给南方奴隶主阶层，那欧美的民主、法治、思想解放、科技进步，也都会随风飘逝或起码大打折扣。第二次世界大战美英法击败德意日，根本上仍然是国力尤其军力的胜利，而非凭借民主自由就可战胜暴政。

"国虽大，好战必亡；天下虽安，忘战必危"，即便如今不再像百年前那样充满战争与杀戮，也时刻要警惕割除敌人的暗箭明枪。何况当今的世界，在和平与发展的幕布下，充满着利益冲突和各色仇怨，民族民粹、宗教保守势力在各处复兴，中小规模的战争也从未在世界完全停息。只要国际政治经济发展仍然处于不平衡的状态，以及各种现实"文明冲突"和历史遗留问题没有妥善解决，冲突就不会止息，大规模战争的阴云也难以散去。

没有文明只有暴力，是邪恶和具危害性的；只有文明而武力不足，则是脆弱易毁的。文武兼备的国家和民族才能生存发展、为人类文明做出贡献。面对这些前车之鉴和历史经验，民主中国显然应在发展巩固武力，保障政权和国家民族的生存前提下，才谈得上民主法治和经济繁荣；只有军人支持和保卫民主和进步，各种转型和改革措施才能得以推行，国家和民族才能涅槃重生。民主中国当然不要侵略扩张，但起码应该能够自保生存。

当然，内政外交最好都要以理服人，但在现实中人与人、群体与群体、国家与国家之间矛盾冲突剧烈，骄横不法的权贵精英、精于算计的中间阶级、野蛮无赖的愚民暴民，都不是只用是非道理就可以说服的，推动触及各方利益的改革更会引发抵制（"断人财路如杀人父母"），外敌更难用法律和道德约束。何况，经历专制暴政荼毒后的中国人，无论仍具优越感骄横心和试图死守既得利益的旧权贵精英，还是复仇和补偿前失心态强烈的平民大众，普遍心理扭曲乃至变态、畏威不怀德、既麻木又暴戾，必然会为私利和个人恩怨破坏民主进程和国家大局。

而且，在中共愚民教育的驯化下，国人没有同情心同理心，对权利和群己权界问题认知错乱，往往只要权利不愿意承担义务，强烈追求个人利益同时不在乎他人和公共利益，甚至习惯于损人利己。例如中国各地经常发生反对建设通信基站、垃圾场、临终关怀中心的"邻避"行为（甚至移民到国外还保持这一习惯，加拿大和澳洲的邻避性质的抗议、杯葛行为，皆是华人尤其华人新移民主导）。而男性反对女权、京沪居民反对外来者享有同等权利、国企工人鄙视农民、正式工歧视临时工并反对同工同酬，都是例子。中国许多网民一边艳羡欧美自由民主，但是对欧洲一些国家为对抗气候危机而向公民征收"碳税"、以法律手段限制国民用电等行为，表达明确反对态度，还认为这是政府及精英敛财手段、是"利维坦"的表现。这样的国民不可能自觉自愿的顾全大局和尊重他者，不可能有序参与政治、合理争取权利。

中共政权依靠高压维稳体制，将社会矛盾尖锐的中国维持在表面相对和平的状态。但这种压制越严重，未来反弹也就会越强烈。中共政权崩溃时，各种被压抑的势力都会涌出，平民大众将由顺民瞬间成为暴民（尤其贫困和痛苦的底层必然出现各种"悍不畏死"之人），权贵精英和各利益集团亦有"死士"，必然不乏许多亡命之徒制造血腥事件（包括在公共场合恐怖袭击和随机杀人、暗杀政要、报复以前当权的仇人、基于宗教和民族的仇杀），以谋取利益或发泄愤怒。即便有些激烈行为情有可原，但很容易破坏正常的转型进程，不利于民主大业，也会导致许多无辜者连带受害。而且一旦暴力泛滥，就会导致人与人、群体与群体间仇恨越来越大，最终陷入残酷的暴力循环（可参考中东和印度等地的情形）。（即便没有以上前提，人性本身也有残忍嗜血一面，无秩序的转型必然导致暴乱），全国局势必然失控，人民也会遭遇大难。没有和平与相对稳定，经济发展和人权保障都必然不能实现，相反会导致经济崩溃和大量人道主义灾难，国家不兴反衰，民主也难以存活。（俄国从 19 世纪中期至今几次在专制高压和无序暴力中反复，人民时则为顺民、时则为暴民的状态，就是典型的前例）

（甚至，即便民主转型相对成功，人们也未必就能拥护民主，反而可能因种种原因对通过民主政治达成诉求丧失耐心，重新拥抱威权。例如"阿拉伯之春"之后的埃及，本来已经推翻了穆巴拉克独裁政权，实现了民主化，并通过普选选出了伊斯兰民主主义立场的总统和国会成员，选举也公正透明，没有舞弊。但在选举中失利的政治势力却不满这种选举结果，继续进行街头抗争乃至暴力行动，以及耍弄政治权谋，国家动荡不安。最终，埃及军方出手干预、发动政变，在部分民意背书下推翻了民选政府，总统穆尔西和执政集团国会议员皆被逮捕、大批相关人士被杀害和判刑，埃及重新回到军人独裁的状态（虽比穆巴拉克时期略民主和自由一些）。再后来，民选总统穆尔西因多种疾病交加死于狱中，而前独裁者穆巴拉克却重获自由安享晚年，埃及革命的成果几乎付之东流。军方虽然是政变的决定性力量，但如果没有民众对民主政权的攻击、反对派做出各种超出民主法治范畴的政治破坏行动，军方就不可能重新得势。

而另一个在"阿拉伯之春"中民主转型相对更加成功的国家突

尼斯，即便一度实现了民主与和平，各政治势力也达成了妥协和实现权力共享，民权民生都有巨大进步。但数年后，民众却选举出了一位威权主义色彩强烈的领导人（凯斯·赛义德），还在最近的修宪公投中赋予总统更大权力、削弱议会权力，让政权的民主成分削弱而威权成分加强。

而已经实现民主化和去军政府统治近三十年的巴西，也选出了为军政府暴行辩护、公然鼓吹独裁、打压女权和原住民权利、削减乃至废除各种社会福利保障及其他各种丑恶言行的总统（博尔索纳罗）。

今年 5 月的菲律宾大选，前独裁者马科斯之子小马科斯以58.77%得票率当选总统。而他在当选前后皆否认其父为独裁者、拒绝为其父亲的罪行道歉，还称赞其父的"政绩"。而即便如此，他仍然以很大优势击败其他多位候选人当选总统。而根据其立场和表现，虽然不至于像其父那样成为独裁者，但起码又是一个威权主义的、敌视自由和人权的总统。

为什么会这样？原因非常复杂，而简单来说就是民众政治素养不高、对通过民主程序达成诉求缺乏耐心、不能体谅和尊重其他群体个人利益、拒绝"利益均沾"而倾向于"胜者全得"、各种诉求贪得无厌得寸进尺、对民主政治不珍惜。以上四例国家的民主化除菲律宾外，另三者在发展中国家可以说已相当成功，不仅政治民主、法治进步，即便经济上也不差于此前专制时期。但是人民却在拥有民主权利和自由后，不珍惜且滥用。在专制威权的暴力与管控下，人民往往噤若寒蝉，即便被各种压榨羞辱都唾面自干，政府给一些恩惠就感恩戴德。但到了民主化已实现、人民获得权利与自由、物质供给也已提高且分配更公平（起码比专制时代公平）后，人们却利用得到的民主和自由试图得到更多利益（包括合理的、不合理的；能实现的，不切实际的），得寸进尺、贪得无厌，而且往往一方面非常强调自身的利益，却又反对其他群体和个人的诉求。尤其发生利益冲突的情况下更是会双重标准、损人利己，如精英追求自由但反对劳工权利（例如中国）、男性捍卫人权但反对女权（例如巴西）、主体民族和宗教信仰者反对专制但对少数族裔和 LGBT 群体施以压制（如匈牙利）、城市中产要民主但抵触人多势众选票多的农民（例如泰国）。

如果政府如果无法满足这些人的欲望与诉求，以及他们觉得政府对各群体中有"偏袒"，就会试图"掀桌"，轻则以民主法治程序滋扰打击执政者，重则通过暴力在内各种手段破坏秩序。而民主政权既不便又不能像专制政权那样肆意镇压和管制舆论（如果是有限镇压和管制，反而激起人们逆反心理，并利用政府"手软"和社会空隙反抗。而无底线的镇压和完全的管制，只有专制政府做得到），于是人民肆无忌惮破坏秩序，政治愈发动荡，转型和建设也就停滞不前，然后人民更加不满，以此恶性循环。经过各种折腾后，人民越发对民主政府失去信心，民主政府执政者也对人民失望，国家治理糟糕，社会秩序混乱。于是各种强人和暴力机构介入，专制时代的旧势力往往也会卷土重来，国家重新变成专制或威权。这时候的人民大多数"折腾够了"，想再"折腾"的又会被上台的强人和军方镇压（他们可没文官主导的民主政权那样宽容），反而不再像拥有充分民主自由情况下那样勇于反对、反抗了，秩序也稳定了。或者更甚的，大多数或起码一半选民直接通过民主程序，选出威权领袖或独裁者，如在菲律宾、匈牙利等国发生的那样。人民得到自由民主后，反而通过自由破坏了民主，用民主扼杀了自由，理性上看是非常讽刺和吊诡，但现实已经发生过许多次了。

还有，即便人民并不激烈的反对民主政权，但是在民主政权面临强权颠覆和暴力攻击时，往往选择袖手旁观而非积极捍卫，这就导致民主政权很容易被颠覆。前述的埃及即是一例。当军方出手解散民选的政府和国会时，除了执政集团的核心支持者，大多数民众并不积极反对军人政变，而是漠然视之甚至幸灾乐祸。民主是来之不易的，但是人民却并不珍惜。即便人民争取到了民主，也并不能始终积极的捍卫民主（尤其民主政权无法满足自身诉求情况下）。

当然，人民的一些行为是应该得到"同情之理解"的。人民在专制时代常年被暴力压迫和剥削，不能自由发声，还缺乏公民素养和参与民主政治的训练。民主化之后，受尽苦难的人民就有强烈的"补偿心理"，想要尽可能弥补专制时期的损失。例如专制下无钱上学和治病、在大城市买不起房养不起老的人，都等待民选政府解决他们的生存问题。但民主不是万能的，民主化后的政府显然也不可能一下子让人民都"幼有所教、住有所居、老有所养、病有所医"，而人民就因此对民主失望，处在痛苦中的人民就会反对政府、破坏民主法治秩序以发泄其不满（难道能指望在病床上挣扎的病患、无钱缴费而焦头烂额的家属冷静的体谅政府、理性的投票而不被胡乱许诺福利的民粹人物蛊惑？哪怕政府并没能力帮他解除病痛、完全免费医疗，而民粹分子和野心家更不可能（但他们可以开空头支票、慷他人之慨、竭泽而渔、寅吃卯粮。这暂时可以满足部分人需求，但是必导致更多祸乱））。越是贫困和暴力，人们越倾向于寻求、参与、支持具有刺激性、极端性、攻击性的组织和相关主张/政策/活动。即便民主政权给了一定福利保障，他们其实仍然不会满足，因为人的欲望是无止境的，以前受到亏欠而有补偿心理的民众更是如此。

民主下舆论管控的放松乃至消失，曾经在专制时期并没有过批判性思维训练的人，不知言论自由边界和节制而肆意发言，各种极端和暴力言论都会出现，从不敢批评变得无论是非对错都批评谩骂。以前专制时任何不满都难以发出，而有了权利自由，终于"翻身""扬眉吐气"，一点不顺心就对执政者投反对票或各种示威游行乃至制造暴力。这些某种程度上并不是人民的问题，而是前面的专制者的暴力与高压、愚民与虐民导致的（虽然也和人性的欺软怕硬、得寸进尺、贪得无厌、非理性的本性有关）。

另外，对于没有经历过专制威权时代和暴力统治的人们，往往并不了解专制和暴力的可怕。他们只看到民主政治下的各种乱象、精英政客当权的虚伪敷衍，就以为这是最坏的，并幻想政治强人、民粹人物、"爱国军人"能够力挽狂澜、亲民和蔼、务实公平。这种寄托有时的确会部分成功，如朴正熙缔造"汉江奇迹"。但其实这种成功恰恰是少数，大多数"僭主"的统治都比建制精英更加残酷无情，对老百姓更无体恤或只选择性的支持一些群体（当然是通过拆东墙补西墙实现的），执政更无科学理性，经济社会一团糟才是常态。亚非拉各种民粹人物，如叶利钦、查韦斯、祖玛、卡扎菲、萨达姆、阿罗约等皆是如此。即便如朴正熙、墨索里尼、皮诺切特、佛朗哥等强人的经济绩效不错，但显然牺牲了自由、民主、人权，更是以一部分政治异见者生命为代价的。如以人权为第一评判原则，那这些政权统治皆弊大于利。

但即便如此，许多国家的人们仍然渴望政治强人和军人政治，如巴西就有包括一些卡车司机在内的许多巴西民众公然要求恢复军政府统治、结束左翼政权的低效和腐败，为军人独裁唱赞歌的博索纳罗也正是借助这些支持在 2018 年当选总统。而根据《卫报》采访，这些卡车司机其实并不真的了解军政府时期的巴西如何，只是将那个他们没经历过的旧时代当成理想的另类"乌托邦"。而 BBC 也曾报道，"阿拉伯之春"后的许多国家民众对民主和公民运动厌倦，认为选举投票换不来美好生活，竟然开始羡慕专制下经济发展较好的"中国模式"。虽然如果他们了解到"中国模式"下，经济虽有发展但大多数民众收入极低（6 亿人的月收入不足 1200 人民币）、社会社会保障低于大多数发展中国家、非国企大企正式工人和农民几乎毫无福利，他们一定不会羡慕。但大多数民众无力了解这些，只是因为厌倦和痛恨所处现实，就不惜选择更糟的制度和人物。

而且，各国人民对民主化后民主政权的不满和反抗，几乎全都有专制时代的既得利益者、各种旧势力的挑唆和鼓动，人民是被利用的。但客观上，人民这些行为破坏了来之不易的民主，最终也会伤害自身。中国民主化之后，此类事情也完全可能发生（其实以前就已经发生过，民国部分时期（1927-1937、1945-1949）民权民生都尚可（相较满清、北洋、日占、中共），但大多数人民还是激烈反对国府、各种暴力和非暴力反抗接连不断，还主动或被动的选择支持共产党）。）

不仅普罗大众会破坏民主，各色政治势力、各路政客，也会为一己之私不惜影响国家发展大局，通过各种合法和灰色手段阻碍政府运作和政策出台执行。例如北洋政府时期，宋教仁领导的国民党即利用拥有国会多数席位的优势，通过各种程序阻碍总统袁世凯的施政，有些出于公心，有些则出于私利。而韩国的张勉政府时期，同样陷于政客们的明争暗斗，政府效率低下，经济建设和国家发展迟迟没有进展，也给了朴正熙等军人政变的可乘之机。权力制衡固然重要，但是如果总是议而不决、延宕拖沓，那对国计民生必然害多于利。

更糟的是，在政治乱局中，宗教极端势力、极端民族主义势力、其他具强烈排他性和危害性的势力，往往会趁乱崛起。这些极端势力往往极具煽动性和暴力性，并以此招揽大众和扩张地盘，对正常的、温和的、宽容的主流政治力量造成冲击和破坏。这些势力无论立场还是行为都非常极端，主张也普世人权、损害社会多元。一个世纪前希特勒和墨索里尼的崛起，以及他们击败温和的民主政党篡夺大位，就是明证。而美国"大卫教派"、美洲的"人民圣殿教"、日本"奥姆真理教"的兴衰和为恶，表明在颇有法治和民主的国家，邪教力量也会兴风作浪。而民主法治和公民教育欠缺的发展中国家，类似组织更多也更为得势，阿富汗塔利班两次夺取全国控制权、索马里青年党在索国横行无忌、尼日利亚"博科圣地"大规模绑架和杀害接受西方教育的中学师生，都是典型的恶例。

而在中国，无论是毛泽东的崇拜者组成的毛派分子，还是基督教福音派基要派信徒、伊斯兰原教旨主义者，以及"法轮功""全能神"教徒，在中国都人数众多、影响巨大。而他们的价值观和言行皆与普世人权严重对立乃至完全相悖。这些势力如今被中共极权压抑而只能蛰伏，一旦中共垮台必定蜂拥而出、四处制造事端和扩张势力。这些势力如果仅仅想保有个人信仰、有自己的圈子，未尝不可。但如果他们广泛介入政治甚至掌权，必定误国害民，中国的民主法治和国民人权必定荡然无存。面对这些由野心家/政治狂人和愚民暴民组成的势力，正常的政党、公民组织，乃至文官政府，都是无法对抗和压制的。

所以，民主中国对这些几乎必然要发生（如果没有采取合适预案）的糟糕情况，只能提前将军方力量拉入民主阵营（更要尽可能拉入民主阵营中的进步阵营）并予以适当安排，以军队作为政权后盾，约束各种政治势力通过和平方式参与转型，慑灭制造恐怖行径的群体和个人，并"杀鸡儆猴"，先杀机凛冽的镇暴、后春风拂面的安抚，分定各方地位和话语权，才能保证国家体制的运转和社会秩序的稳定，公平处置各种纷争、合理分配利益。当然，军方力量不能轻易使用，更多是"定海神针"的威慑和预备，而不是动辄以武迫人。即便不得已需要使用暴力，也必须先礼后兵、穷尽一切非暴力手段无效后再动用军方力量。

我也完全明白，一个政权的生存与发展、国家的治理、人民的权利，不能都寄托在军队或者警察这样的暴力机器上，更不能以暴力治国。任何政权尤其民主政权，应该让人民因爱心悦、使外国为理诚服，而非借助枪弹的淫威逼使他人屈服。"己所不欲，勿施于人"，被暴力伤害和胁迫的滋味是痛苦而委屈的，压迫与威胁会滋生更多仇恨，暴力的体制与环境也会催生更多暴力，并形成欺软怕硬、弱肉强食的社会风气。

但在当今及未来可预见的时代阶段内，暴力却是现实政治与国际关系中不可或缺的手段或后盾。早在先秦春秋时，史家左丘明的《左传》就提出了"止戈为武"。"武"的目的是为了"止戈"，有"武"为后盾才能"止戈"。就像为保卫和平，反而需要发展军备、做好打仗准备一样，想让国家安定祥和，人人遵纪守法，也不得不以暴力为后盾。而依仗军方、讨好军人，对枪杆子表示敬畏，也是现实的不得已。即便不强化军方权力，各种来自其他势力的暴力仍然会让社会陷入暴力与仇恨的循环。当今人类的文明与秩序，既建构在各种理念与制度之上，更是在成建制的暴力机器存在和运转下才得以维持的。

相对于国内秩序混乱、对外设防不严会导致的恶果，给予军人一些利益和尊重，乃至赋予其超出一般公民和文官阶层的荣宠，是一种"最不坏"的选择。何况，民主中国的军方参与政治、影响国家，会基于公平正义的价值观及民主法治的制度规则，要讲道理、有同情心，是"以霹雳手段显菩萨心肠"，而非滥用暴力、以武欺人。而且，在军方促成的秩序稳定、转型平稳的环境下，要保障人民积极行使政治权利、畅所欲言，以及解决各种历史遗留问题和积怨，补偿受害者和帮助弱势，化解仇怨减少戾气，让各方都发自内心支持民主政权和遵从法纪（而非畏于暴力、出于强迫）。

因此，想要让军方支持民主化、化解民主后可能的军人乱政危机、激励军人保卫国家和捍卫民主体制，就需要让军方在民主中国政坛占据一席之地、得到合适的位置、有固定的合作对象，能够通过合法途径获取利益。而让军方代表成为"专家院"的一部分，则既能保障军方在民主中国的地位、话语权和利益，也能为看起来是一帮"文弱书生"组成的"专家院"壮势助力，让"专家院"能文能武，以保证"专家院"各种决策的有效执行。而军方与"专家院"其他成员的关系，是平等合作，各取所需。虽然这样会导致军方与"专家院"中代表各专业领域的社会精英勾兑，有所谋私，但总体看还是利大于弊。而且，如前面所述，如果军方完全"中立化"，名义上不参与政治、不受任何政治势力影响，那反而导致各种势力觊觎和渗透军方、军方通过各种途径影响政治，如中国各公有制/全民所有制企业"全民所有等于全民没有"的现况那样，"不受任何势力影响等于各种势力都能影响""不以特定方式参与政治等于可以任意参与政治"。相反，如果把军方与"专家院"整合捆绑，反而可以让这些相对令人放心的各界学者精英（尤其人文社科学者和专业人士）对军队形成一些影响和节制，遏制其他势力对军队的渗透。

　　而军方利用"专家院"这个载体参与政治，也可以体现军人的崇高与重要地位、保障军人的话语权与参政权，军方也可以通过合法途径达成各种诉求。而且，军方还要受总统节制、听从总统命令，也会服从"人民议会"各项决策与大法官的相关法令，遵守法律法规，"专家院"不可能单独控制军队。

　　此外，"专家院"影响下的军方也会更加重视军事科技的研发应用，推动军队管理的科学化合理化，这些也有利于军队在实战中增强战斗力和提高作战效率、打赢高度工业化、信息化、智能化条件下的现代和未来战争，以及促进军队建设管理更加文明、保障军人的人权和身心健康。军队内部人权的改善、军人思想和言行的文明善良，自然非常有利于军队更好的坚持正义立场和捍卫人权事业，也能成为阻止反人权倾向的军人头领发动政变、建立独裁、屠杀民众行为的重要保障。

　　因此，军方代表作为"专家院"一部分，"专家院"与军方合作互通，是一举多得的设计与选择。有了军方保驾护航的"专家院"，既能够作出科学合理的决策，又能够保证政策得到尊重和执行，不仅是议会三院中的"第三极"，也是和官僚集团、人民大众并列的"第三极"，并让民主中国成为专家治国的科学理性国度。专家治国是抗拒民粹主义和官僚主义必不可少的手段。社会科学和自然科学界的学者，是与反智反科学、歧视、暴力、短视、仇恨与偏见、对弱势者的欺压，以及根深蒂固的愚昧与不平等做斗争的中流砥柱。

　　当然，"专家院"也并不是没有负面作用，其成员即各界学者和专业人士也不是（起码不都是）大公无私之辈，一定会利用"专家院"巨大的权力和话语权做一些谋私勾当。例如一些专业人士会利用业界知识壁垒，使用复杂高深的专业词汇哄骗"外行"，以及裁剪扭曲变造事实，以使自身及小圈子获得不当利益。而作为各行业精英的"专家院"成员与同僚同门同道，也会互相帮衬和掩护，局部垄断专业议题话语权，使得舆论倾向和利益分配有利于其群体乃至整个精英阶层。还有人会因为当今中国各行各业专家学者普遍的腐败、钻营、撒谎、无能，尤其一些"明星学者"的"奇葩言论"，而对"专家治国"产生深深的怀疑，认为民主化后的专家学者也会如此腐败堕落。这类情况在未来民主中国的确无法完全消除。

但即便如此，"专家院"的存在也利大于弊。专制中国的专家学者之所以腐败堕落，是因为专制极权和权力至上对包括专家学者在内所有人的异化，使得专业人士也不得不依附于权力，这样他们才能获取利益。而非常不透明的学术体制和不公正的选拔晋升机制，也会导致学术腐败和各种关系网"近亲繁殖"盛行，专业人士学术不精、尸位素餐。而民主中国会有完善的分权制衡系统、法治体系、公众与舆论监督机制，"专家院"的专业精英并不易于肆无忌惮的谋取私利。各领域专业精英也不是铁板一块，他们之间也会形成某种制衡。民主法治和学术自由的体制与环境下，中国科教事业会焕然一新，有真才实学的专业人士也会脱颖而出、成为真正的国家栋梁、人民代言者。

而且，对"专家院"成员完全可以采用新加坡的"高薪养廉"方式，支付成员极高的薪水和提供完善的福利保障（包括对其家人的保障），令他们不需腐败和勾兑就可尽享种种极为优越的生活，从而心无旁骛的为国建设和为民服务。同理，对军人也应该做到充分必要的优待，以令他们安心和专心的服务国家和人民。（而且，如果不设立"专家院"，精英就不会相互勾结、通过各种手段影响政治了吗？与安排军方人士通过正规渠道参政一样，"专家院"也是对精英参政的规范）

总之，即便设置"专家院"会导致一些负面问题，但瑕不掩瑜，它仍然是未来民主中国政治体制和议会制度重要且必要的组成部分。

所以，我所设计的议会制度，其实是"三院制"，即代表各区域各民族各少数/弱势/特殊群体的"联合院"、权力重心和民意所在的"人民议会"、由人文社科界和自然科学界专业人士及军方代表组成的"社会自然科学院（专家院）"。只不过本次征文中提供的议会制度选项只有一院制和两院制，而且现实中绝大多数国家议会也都只有一院或两院，所以我才将我所设计的制度称为"两院制外加'专家院'"。我认为设置"专家院"是非常必要的，理由前面都已详细说明。不过，如果诸位评委和评论者普遍认为不必设置"专家院"，那就只取前面两院的设计也可。

（关于各地方的议会设计，将在后面关于国家结构/中央地方关系和单列地方选举制度的那两部分予以说明）

（我所设计的军方在"专家院"乃至全国政治中的地位和权力，是有一定的理想主义成分的，是建立在军方人士愿意服从并捍卫民主宪政体制、接受总统和议会节制、支持开明进步政策前提下的。如果军方并不服从民主体制和文官管理，还站在阻碍历史潮流和破坏民权的立场上，以及在国内各派势力斗争中"拉偏架"，那似乎的确没有什么好办法对其制约。尤其如果延续中共权贵"太子党"和"红N代"在军队的主导，那他们几乎必然会和其他领域的亲朋好友、利益相关者勾连，这几乎无法避免。不过，如前所述，即便不设置军方为"定海神针"，军方同样也有能力干预政治、阻止或摧毁民主）

政权组织形式设计原则概括

以上即是我对于未来民主中国政体和议会制度的设计。我选择半总统制政体，既是由于它本身的优点，也在于其很适合中国的国情、符合民主中国国家和人民的需求。而且，"半总统制"调和了总统、内阁、国会等各方的权力分配，不至于让任何一方独大。这正是我设计民主中国制度的一个原则和方向，即权力调和，以保障民主和促成政治平衡。

这样的制度也非常具有稳定性，且兼顾了效率，这是我又一个设计原则。"治大国如烹小鲜"，无论现在还是民主化后，中国内外形势都会非常严峻，治理起来颇为不易。而能够实现有效治理的前提，是政权和制度具有稳定性，稳定才能保证政权生存和正常运转，继而妥善的施政。我强调和设计的具稳定性的制度，不同于中共的"稳定压倒一切"和维稳体制，而是在保障民主自由的前提下，尽可能让制度平稳运转，不被政治动荡击倒，并能够从容推动各种革新与建设。"半总统制"不仅稳定，还将总统、内阁、国会做了明确分工，各司其职而少有掣肘，行政权独立，也保障了施政效率。

而我设计的议会制度，同样基于以上这些原则。此外，议会制度还要强调广泛代表性。我将议会设计为由三个议院组成，就包含了各种各样的群体，尤其在"联合院"中包含了许多弱势/少数/特殊群体代表，就是体现议会具有广泛代表性的典型。

中央与地方关系

联邦制框架下双轨制（全域联邦制＋汉地单一制）的国家结构、中央集权与地方分权的结合、弱省强市县的地方权力结构、全国均等化的管理与服务、进步主义导向的国家政策

单一制与联邦制各自的特点与适用性

从中央与地方的关系角度，当代各国的国家结构形式，可分为两大类，即单一制与联邦制。

首先说单一制。根据定义，单一制国家结构，指中央政府拥有对整个领土的绝对主权并且集中所有政治权力。单一制国家结构的具体表现和特征繁多复杂，在此只简明扼要的说明。单一制最重要的特征，即是主权的唯一性和高度的中央集权。也就是说，单一制国家对内对外都只有一个主权代表即中央政府，中央政府（在此指

广义政府，包括行政、立法、司法、监察等各机构，下同）对地方拥有绝对的控制权，各地方政府必须服从中央，根据中央的决定行事。单一制国家也只有唯一一部宪法，往往也只有唯一刑法和唯一民法，并通行全国。地方政府最多只能颁行适用范围有限的地方性法规，且如与全国性法规及宪法有抵触时，须遵从后者的规定。在单一制国家，中央政府不仅负责国防和外交，还拥有全国各地方的政治、经济、司法、警务、财政、教育、医疗、民政等事务的最高管辖权和最终决定权。

根据单一制国家结构的以上种种特性可以推知，其相对适用于国土面积较小、民族成分较为单一、各区域经济社会条件同质化程度高的国家。现实中也的确如此。实行单一制的国家主要集中在欧洲和非洲诸多国土面积不大的单一民族国家。如波兰、捷克、白俄罗斯、希腊等东南欧国家，埃及、阿尔及利亚、安哥拉等非洲国家，皆实行单一制。而实行单一制的较大国家，有法国、日本、韩国、西班牙等，也都是国民同质化很高（法国虽有大量民族乃至人种都不同的非洲、拉美、亚洲移民，但这些移民普遍认同法国文化和价值观、充分融入法国主流社会）、国内各区域经济社会条件差异很小的国家。只有中国比较例外。中国是唯一一个实行单一制的领土广袤的多民族国家。

而与单一制相对立的国家结构形式，是联邦制。根据定义，联邦制（又称复合制）国家结构，是指由两个以上具有一定主权的政治实体通过签署统一宪法/联合协议，建立一个有共同中央政府的主权实体。联邦制的特性与单一制恰恰相反，其最重要的特征是中央（联邦政府）和地方体制的二元化，国内各联邦主体（州/省/地区/自治共和国）拥有相对独立地位和很大的自主权。联邦政府（中央）与各联邦主体政府（地方）有明确的权力分工，中央不能事无巨细的干涉地方事务，地方政府在本区域的政治经济民生等事务上有部分独特的、不受中央干预的权力（当然也有一部分事务中央有权干涉）。联邦制下不仅有联邦宪法和联邦层面的刑法和民法，各联邦主体往往也有自己的宪法和各种基础法律。在各地方，联邦法律和地方法律一般是同时适用但分开执法和判决的。如果二者发生冲突，则根据建立联邦和立法时的相关规定约定、后期议会和法官的司法解释来决定是非和适用性（而非单一制那样地方法无条件服从中央法）。而在具体的权责上，联邦政府只在国防和外交上拥有唯一的、垄断性的权力，其他如政治、经济、财政、科教文卫等事务，联邦政府与地方都有权责处置，但有所分工。

根据联邦制的这些特性，其相对适用于国土广袤、人口众多、国情复杂、族群成分多元、各区域经济社会条件差异较大的国家。而当今实行联邦制的国家，也往往正有着以上特性。美国、俄罗斯、印度、巴西、加拿大、澳大利亚等大国，均实行联邦制。而例如埃塞俄比亚、尼日利亚、伊拉克等多民族多教派的国家，同样实行联邦制。

中国应实行联邦制框架下的双轨制国家结构

在少数民族聚居区和港澳台实行联邦制，其余地区/汉族聚居区实行单一制；尊重少数民族自决权、保障少数民族自治地方的汉族"再自决/二阶自决"权及分离地区汉族居民合法权利

那么，中国适用于哪种国家结构形式呢？这又要回到中国的基本国情上。中国是拥有十四亿人口、面积近一千万平方公里的超级大国，国情十分复杂。而中国又是一个多民族多宗教国家，且少数民族呈"大杂居、小聚居"形态集中分布在中国的一些区域，且有着相对严重的民族隔阂与矛盾。中国一些少数民族的民族身份与宗教身份也有高度重合之处（以回族、维吾尔族、藏族最为典型），民族问题和宗教问题往往交织在一起，让少数群体的族群特征更鲜明、与主体民族汉族的差异更突出。而中国各地方各区域之间也有比较明显的经济、文化、地理与社会环境差异，各地方之间在有所合作的同时也存在很大的利益冲突，是一个既一体又多元的国家。而如果中国实行民主化，也要妥善处理各区域及民族问题，包括赋予各地方各民族合适的地位、权力，以及在中央层面保障各地方各民族的代表性和话语权。

因此，答案就呼之而出，未来民主中国应实行联邦制。但我认为，中国不应简单的、不加细分的在全国范围实行联邦制，而应该采用双轨制的国家结构。这里的"双轨制"不是指中央和地方"双轨"，而是说在中国境内不同地区，实行不同的中央与地方分权结构。

具体说来，在少数民族聚居区和港澳台，应实行联邦制，每个少数民族自治区和港澳台三地各自作为联邦主体组成中国的一部分，拥有较大的自治权与自主性；而其余以汉族为人口主体的地区（华北、华中、华东、华南、西南、东北、西北等各区域中汉族占压倒性优势的地区），则合成为一个联邦主体，并实行相当于单一制的中央与地方关系结构，坚持中央集权与地方分权结合的原则，发挥中央和地方各自的优势和特性，作为民主中国的主体部分存在和发展。

再具体展开来讲联邦制的构成和内容。中共统治下的中华人民共和国，有34个一级行政区划，包括23个省（包括未实际管辖的台湾省）、5个民族自治区、4个直辖市、2个特别行政区。此外，全国还有若干民族自治地方（自治州/盟、自治县/旗、民族乡/镇）。而未来的民主中国，完全可以借用现有的行政区划和民族自治区域划分。虽然在具体划界上，未来可以再做一些具体的改动，但大体上还是沿用现在的区域划分较好。

民主中国将包括9个联邦主体，即内地汉族统合区、新疆多民族自治区、西藏多民族自治区、内蒙古多民族自治区、宁夏多民族自治区、广西多民族自治区、台湾政治自治区、香港特别自治市、澳门特别自治市。这9个联邦主体都有权制定地方宪法和基础法律，除国防和外交事务由中央政府垄断，各联邦主体在地方层面的行政、司法、财政、经济建设、教育医疗、治安警政等领域皆拥有较大自主权。但其行使相关自主权和执行地方法律时，不能损害民主中国国家利益、其他联邦主体利益，也不能有害于联邦政府（中央政府）的权威与施政。同时，各联邦主体也要履行作为民主中国（国名可为"中华共和国"）成员的责任与义务，遵守联邦宪法和法律，执行属于联邦（中央）职权范围内颁下的各种政令和决议。此外，虽然国防由联邦政府垄断，但各联邦主体可以拥有和管理警察和特别警务力量（相当于中共中国的武警、特警），只能配备轻型武器，负责治安和处置非涉外的冲突。

不过，"内地汉族统合区"虽在法理上拥有与其他联邦主体同样的地位和自主权，但运作机构和成员基本与联邦政府（中央政府）重合，并默认将联邦法律作为自身主体法律，将中央政令作为自身主体政令，包含的各省市与联邦政府（中央）关系实质上属于类似单一制的关系结构。而"内地汉族统合区"这一联邦主体的领导层，除必要情况外，均由联邦政府（中央政府）相应职位人士兼任（但必须是汉族，如相应职位者非汉族，则以一名担任联邦机构副职的汉族人士兼任）。民主中国总统自动成为"内地汉族统合区"主席。

而另外 8 个联邦主体，其自治权主要在于处理联邦主体（所在地方）内部分属于其职权的事务，但不能干涉联邦政府（中央）权责范围内的事务，更不能渗透和影响联邦政府本身。

8 个联邦主体的领导人（主席）皆由各区域全民普选产生。相对于中央的"人民议会"，8 个联邦主体也有相对应的"自治议会"，同样实行普选制。"联合院"和"专家院"亦仿效中央。而各联邦主体的司法机构核心成员由主席提名、"自治议会"过半同意产生，行使司法权时须同时遵从联邦法律和地方法律。若各联邦主体的政府、政党、社会团体、成规模的民众，做出有损全联邦利益的行为，且事态严重、地方无力制止，联邦政府（中央）有权在得到议会授权和总统下令后，在相关区域实行紧急状态，包括暂时收回部分乃至全部自治权力，直到局势恢复正常（国情颇有类似的联邦制国家印度，即如此处置地方危机，如 1984 年旁遮普邦锡克教徒骚乱时，印度联邦政府就在动乱区域实行特殊管制），再将权力还于地方。

以上的措施都是为了民主中国的团结统一。但是，即便实行联邦制和给予少数民族自治权，也未必能够真正让少数民族同意与汉族在同一个国家。我曾经非常支持国家统一和领土完整，但经过几年来对民族问题的观察了解，越来越觉得这并不现实。中国近代思想人物杨度，对民族问题就评价道："凡言语同、历史同、风俗习惯同，则其民自有结合之势力，不可强分。反之而言语异、历史异、风俗习惯异，则虽时以他故相结合，而终有独立之一日"。以前我对这样的观点并不完全认可，但如今我深以为然。

"强扭的瓜不甜"，民主中国各少数民族皆应享有民族自决权。8 个联邦主体拥有退出民主中国的权利，但需要通过公投得到 50%以上赞同票且投票率超过 60%，并与民主中国联邦政府达成善后协议（例如具体如何保障新国家独立后不对民主中国造成威胁、妥善分割中央和地方联邦主体共有的资产与设施等），方可完成退出中国和独立建国程序。但在其拥有退出中国权利同时，也必须履行一个对应的义务，即允许联邦主体内汉族或其他族群聚居区通过同样形式的公投，脱离其独立或并入民主中国，即"再自决/二阶自决"。例如，如果新疆民族自治区的维族试图脱离民主中国并建立新国家，那么新疆自治区境内的汉族占多数的区域也有权通过公投离开这个维族主导的国家，选择独立为又一个新国家或者并入/回归民主中国。

对于少数民族，还有一种退出民主中国的方式，即仅需自治区内其占人口多数的聚居区有 50%以上居民公投选择独立，即可退出民主中国。但退出民主中国、独立建国国家的领土，只包括公投区域，而非整个自治区。例如内蒙古自治区的蒙古族只占区内人口约 20%，很难通过全自治区居民投票独立或并入外蒙，但蒙古族可以选择在本民族占人口多数的自治区所属市/盟、县/旗进行联合公投，若 50%居民选择退出民主中国，则可退出。宁夏的回族、广西的壮族亦可通过此种方式退出民主中国。

如果这些自治区的少数民族在其人口优势区公投独立，其余汉族或其他不愿意独立的少数民族占多数的自治区领土，当然还是归民主中国所有。而且如果这样，这些汉族占人口多数且无意独立的区域，也无必要再保留联邦主体地位。届时，经当地居民公投同意后，这些区域成为民主中国汉族聚居区的一部分，与内地汉族聚居区实行相同的制度和法律。

除了以上 8 个联邦主体，在"内地汉族统合区"少数民族比例较高（如少数民族达 30%）的市/州/盟、县/旗、乡镇，也可以酌情成立民族自治地方，并拥有一定的自治权。但这些地区的自治权力小于各联邦主体，适用在"内地汉族统合区"通行的各项法律，并要接受所属省市县的管辖。如果这些地区邻近少数民族自治区，其有权通过公投与自治区合并，但当地汉族居民也有权从这些地区分离，回归民主中国"内地汉族统合区"。

而港澳台亦可通过类似方式公投独立。但同样，港澳台三地各自的内部亲近民主中国、主张留在民主中国的群体，有权在聚居区公投脱离港澳台、并入民主中国或独立为新国家。（香港和澳门虽仅为狭小的城市，很难二次分裂，但也不是完全不可能。按照街区也是可以分离的，如果港澳独立派一意孤行要独立，那主张与民主中国统一的力量当然也要坚定的从港澳脱离/将港澳各自一分为二，然后并入民主中国或独立为新国家）

此外，即便是独立出去的区域，新独立国家也需要充分尊重独立区域内汉族居民、亲中国意识形态居民的权利与利益，不应受到歧视性对待。而民主中国应给予这些地区心向中国的居民以"归化"中国的权利，经必要的审查后，即可取得民主中国国籍，并安排相关住所和其他公共服务配给。（相应的，民主中国汉族聚居区也会一视同仁对待其他民族身份的中国公民和外侨）

以上所有涉及独立/分离/合并的公投完成后，无论结果如何，20 年内都不能再进行同样性质、类似目的的公投（可称为"公投冷却期"）。否则，各地经常性的公投将严重危害国家安全稳定，也会扰乱当地经济发展和人民生活。

还有一种特殊情况，即各少数民族自治区和港澳台皆通过公投方式离开民主中国，或起码这些地区中反对留在民主中国的各部分（如新疆维族多数的南疆、台湾独派占多数的台湾南部）都独立出去，那民主中国的联邦体制等于在事实上瓦解，再实行联邦制已无意义。到时民主中国应修改宪法和体制，将联邦制的多民族国家改制为单一制的单一民族（汉族）国家，所有关于联邦制的制度、法律、政策也全部废止。

而中国的联邦制及各联邦主体更具体的运作，我就不再详细设计了。美国、加拿大、俄罗斯、巴西等联邦制国家都有非常详细的相关制度设计，也都有相对丰富的运行经验和教训（尤其已实行联邦制二百多年且相对成功的美国），民主中国完全可以大幅借鉴。当然，也要考虑中国的特殊国情加以必要修改，令其适合中国国情。

而我想重点阐述的，则是在民主中国领土面积占比超过 50%、人口占比超过 80%、经济体量占比约 90%的"汉族内地统合区（为方便理解，以下简称为'汉族聚居区'）"各地方与中央的关系、权力与资源分配、相关法律和政策的制定与执行。

中国国家结构/地方行政制度/中央与地方关系的历史沿革与经验教训

历史沿革

中共统治下中国实行的是单一制的、高度中央集权的国家结构模式。这样的制度在中国源远流长，最早可以追溯到秦代。在秦代以前，中原王朝的统治结构较为松散，商代至更早时期甚至没有系统和明确的中央地方关系连接，中原核心政权仅仅靠武力和文化纽带临时性的慑服四方。而周王朝以血缘为主要纽带的分封制体系则明确了王室与封国的关系，各封国权力远大于王室，春秋战国时期各封国更是成为实际的独立国家。

而秦始皇统一六国、征服岭南后，结束了周王朝的分封制体系，实行郡县制的地方行政制度，将全国（天下）划分为 36 个郡，各郡行政、司法、财政、人事等各项事务均由中央决定和管理。而秦朝灭亡后，经历短暂的诸侯割据与楚汉争霸，继承者汉王朝实行"郡国并行制"且名义上延续 400 年至汉朝灭亡。但经过"翦灭异姓王"和"七国之乱"等中央地方冲突且中央胜出，以及"推恩令""附益法"等削弱诸侯国的法令颁布后，汉朝长期实行的是实际上的郡县制（除西汉东汉相交和汉末群雄割据这两个特殊时期）。各诸侯王国的权力并不比郡县大，甚至还有一些额外的约束。此后的三国两晋南北朝，虽然包括国家结构在内的制度纷繁复杂，但大体上和名义上实行的都是郡县制。

而从唐代开始至宋代，郡县制演化为"道""路"制，地方的一级行政区区划面积扩大，地方自主权和实力也相对增强。唐朝后期节度使制度的推行和默认，则是中国历史上少有的制度性地方分权割据时期。而结束纷乱的五代时期的宋王朝，则重新建立起了高度中央集权的国家结构，形式上沿用了唐代的"道"制（改一级行政区为"路"），但实践上更类似于秦汉的郡县制（因为更加中央集权、地方区域划分也更细碎），并通过分拆地方长官的权力于多职（如设立"通判"）、加强文武官员流动性（如"更戍法"），以弱化地方权力和强化中央集权。

而奠定当今中国国家结构和行政区划的制度，是元王朝时建立的行省制。相对于宋朝，元朝疆域辽阔，统辖的各地区之间也有明显的地理分割、文化差异、族群差别。因此，为便于管理，实行了行省制度，将当时元朝疆域内汉族人占多数区域划分为 10 个行省进行管辖（只有岭北行省非汉族占多数；西藏、中亚等地另有其他形式的区划和制度）。但与此前的郡县制、道路制下的地方政府不同，行省制下各行省机构是中央政府的派出机构而非地方政府机构、行省首长身份是中央官而非地方官，且往往在所辖区域巡查而非固定办公（这也正是行省制"行"之意），主要代表的当然也是中央的利益而非各行省地方的利益。而由于元王朝是蒙古人为统治阶层、并将境内国民划分为"蒙古人""色目人""汉人""南人"四个权利义务大相径庭阶级的政权，所以，其政权性质和行省制都具有一定的殖民主义色彩，行省制度是蒙古贵族统治、剥削、掠夺汉人在内各民族的制度工具。也正是如此，行省制度比以前任何中央地方关系制度，都更加强调中央的权威而不顾地方利益。

　　明王朝建立后，逐渐将元王朝的行省制度改为三司/布政使司制度。三司即布政使司、按察司、都指挥司，分别管辖行政区划内的行政/民事、司法/监察、军事事务。相对于行省作为中央派出和巡查机构，三司制度中各地的三司，更接近于郡县制和道路制下的地方固定行政机构。三司制度下，地方仍然要听令于中央。而且由于三司制度将行政、司法、军事分割并交由不同官员管理，就更能分散地方权力、相对强化中央对地方的控制。因此，明朝同样是一个高度中央集权的国家，其集权程度超越了元朝。但到了明代中后期，由于江南等地资本主义的萌芽和地方文化的发展，中央集权有所松动。

　　而清王朝则在形式上基本继承了明王朝包括地方行政制度在内的许多制度（不过"三司制度"名称上逐渐变为"省制"），这也被称为"清承明制"。但其实，清王朝的制度在本质上与明王朝颇为不同。清王朝其实就是满清王朝，是一个异族的殖民主义政权。它的首要任务是维护满洲贵族的统治地位和各种特权，即其自我美化所称的"首崇满洲"。

　　在这样的前提下，清王朝的一切制度包括地方行政制度，都以利于满洲贵族利益为原则。而由于满洲贵族是统治阶层且集中在中央政府，所以其国家结构是比明朝更加中央集权的，且会为中央不惜牺牲各地方的任何利益。清朝的省级首脑被称为"巡抚"，即中央派遣到地方的巡查者，也表现出类似于元朝行省制的特征。在"巡抚"之上还有管辖一省至多省军政事务的"总督"，让"总督"和"巡抚"相互制衡，以进一步强化中央集权（虽然总督制后来反而导致地方势力坐大，但一开始的确是满清中央为了加强集权、控制地方而设置）。而各州/府、县官员，虽然相对省级官员而言有更多地方官色彩，但仍然是由中央任免并为中央服务的"派出官"而非代表当地民众利益的"保民官"。

以前秦汉的郡县制、唐宋的道路制、明朝的三司制，虽然也中央集权，但都要一定程度顾及地方的利益和诉求，相对按照是非和道理来划分中央地方权力和分配利益。而清王朝的国家结构/地方行政制度设计及实践，都不惜一切维护政权稳定和统治阶层（满洲贵族及汉族官绅阶层）利益，并将政治经济资源高度向首都北京倾斜。它也会打压可能威胁到其统治的地方力量，例如对其曾残酷屠杀、经济基础极佳的江南地区，就百般打压。而对于满人之外其他少数民族聚居区的少民反抗，则不惜使用包括种族灭绝在内的各种方式进行血腥镇压和清洗（如对准格尔蒙古人和陕甘回民的灭绝式屠杀），以及挑唆乃至故意制造汉族与各地少数民族的矛盾（如在陕西、青海、甘肃、新疆、四川、西藏等地，制造汉、回、维、哈、藏各族的冲突对立），以维护清王朝在边疆和少数民族聚居区的统治。同时，它也会采取各种措施推动国内各区域实力和话语权的相对平衡，但并非出于拉近发展差距、促进全国同一性的好意，而是为了分化地方从而保障中央对全国的控制。而且，它不仅不会促进全国的同一性，还会通过扶植各省官绅精英，故意分化各区域、增大各区域的差异与对立。如今中国的地域差异与矛盾，很多即是清王朝时期形成、统治者通过各种方式故意造成的。

清王朝这样的国家结构模式，的确令其实现了对版图内各区域的长期有效控制。但由于满洲贵族的统治过于不得人心，各地的反抗运动仍然接连不断。而两次鸦片战争、中日甲午战争、八国联军入侵，让闭关锁国的清王朝被迫打开了国门和进行各种改革，造成了一系列政治经济冲击。这些冲击就包括中国各地方与中央关系的变化。太平天国运动沉重打击了清王朝在长江以南的统治，还客观上造就了湘淮汉族地主阶级的崛起。西北和西南的回民、苗民、彝人的一系列起义，也打击了清王朝在当地的统治、促成了参与镇压起义的汉族地方势力兴起。这时的清王朝中央集权体系，已经出现巨大裂痕且难以弥合。而义和团运动和八国联军侵华后的"东南互保"，以及俄国与日本对东北和内外蒙地区的渗入，则让清王朝的中央集权体系大部崩坏，中央朝廷只能在黄淮以北、热河以南还保持高压控制。虽然后来清政府尤其满洲贵族使用许多手段试图重建中央集权，但反而引发了羽翼已丰的各地方汉族军政强人的恐慌和反抗。最终，在反满反帝制的民族主义暨民主主义洪流中，清王朝覆灭，其"清朝特色的中央集权体系"也一度消亡（之所以说"一度消亡"，是因为后面中共又重拾了这一套，后面会详细讲）。

而替代清王朝的中华民国，从 1912 年成立至 1949 年迁台，从未真正在全国范围内实践过一种固定的国家结构/地方行政体制。在民国建国前，对于民国实行何种制度，就众说纷纭、争论不休。有的认为中国应效法美国实行联邦制，有人主张类似于邦联制的"联省自治"，还有的干脆主张各省独立，将中国分为二十余个国家。大多数设计和建议都倾向于地方的分权自治，只有少数人如孙中山倾向中央集权/更加小范围和分散化的自治（县域自治）。这些争论到了民国建国后也一直没有停止。而在实践上，由于民国多数时期处于诸多政治势力割据的局面，也没有任何力量可以推行一种覆盖全国的地方行政体制。而在 1928-1937 年、1945-1949 年这两段中国较为统一的时期，民国基本是按照清代的省制来划分行政区域的，但其中央集权程度远不如清王朝及历史上大多数王朝。而到了 1949-1950 年，随着国民政府战败迁台、中共建立的中华人民共和国统治中国大陆全域，民国时期的国家结构及地方制度之争也告一段落。

中共统治集团对于中国国家结构的设计与实践，也经历了复杂的演变。在中共尚未统治大陆全域之前，中共大多数领导人倾向于地方分权和自治，甚至主张中国分裂和地方独立建国。毛泽东本人在青年时期就积极参与"湖南自治""湖南独立"运动，并声称希望中国"最好分为二十七国"。而中共在 1927 年发起"南昌起义""秋收起义"等一系列暴动后，在南方建立了许多块根据地，并于 1931 年建立"中华苏维埃共和国"并"定都"江西瑞金。1937 年，转移至陕北的中共又建立了"陕甘宁边区政府"，还在全国开辟了若干个抗日根据地，这些根据地都属中共割据政权管辖。1945-1949 年，又在东北和华北建立了若干军政自治机构。在这些时期，中共当然渴望国内国际承认其割据政权的合法性，因此非常支持利于地方分权的联邦制、邦联制及其他地方自治形式，乃至鼓吹中国各地分离独立。

而由于共产主义的意识形态（与国民党的汉民族主义意识形态对立），中共也一直非常支持少数民族的民族自决，对外蒙古独立运动、新疆/东突厥斯坦独立运动、西藏独立运动，以及非民族性质的台湾独立运动，都表达过明确的支持。中共还为内蒙古自治运动和新疆维族穆斯林的"三区革命"出了大力，蒙古族的乌兰夫（云泽）、维吾尔族的赛福鼎·艾则孜，都是中共高层的核心成员和在边疆地区的领袖人物。

但在中共统治中国大陆全境后，就迅速改弦更张。除在少数民族地区暂时实行过一段有一定真实度的自治（如 1959 年前的西藏就几乎是半独立状态，而新疆、内蒙古、宁夏、广西乃至东北，也都有相对于内地更大的自主和虽然稀薄但远高于内地的自由），对全国其他区域全部实行高度中央集权的单一制结构模式，中共控制的中央政府将处理一切重大事务的权力包揽。不仅涉及全国层面及中央地方共管的领域被中央控制，地方自身的重大事务也都须中央介入和批准。而且，中共治下的中国政治体制是一个双轨制乃至多轨制的权力体制，从中央到地方都有党和政府两套班子，名义上平行和各有分工，实际上党大于政且党领导政。不过，无论是各省级行政单位的省委书记/直辖市市委书记，还是省长/直辖市长，均为中央派出的官员，而非真正的地方官。这与元清两代省级主官的性质一致，省级主官唯中央马首是瞻，而没有对地方事务的自主权。

此外，中共还控制着全国各地的军队，"党指挥枪"的同时，地方党组织和政府却对军队没有管辖权（相反在改革开放前军方反倒能干预地方政务）。公安、法院、检察院等强力机构同样是首先接受党的领导而非政府领导（更非独立行使权力）。而中国共产党这个政党本身也是高度集权和非民主的，所以党的高度集权也意味着行政、司法、军事的高度集权。这种集权既体现在下级对上级的服从、各部门对主管机构的服从，也体现在地方对中央的服从。还有，党纪要求党员不能顾忌自己的地域、民族、性别等出身，要求无条件对党忠诚和服从党纪。现实里党员当然不会大公无私，但也会将党的利益/党利益共同体的利益看的高于自己的地域和民族出身。这当然也会遏制地方主义和强化中央权威。

对于中共统治集团而言，中央集权也是对其最有利的选择。集权不等于专制，分权也不意味着没有了专制，但地方分权的确会挑战中央和其他地方专制者的权威，威胁到统治集团的整体利益。中共之所以能够击败国民党，一定程度就是利用了国民党内部派系林立、人心不齐、地方割据势力和军方各派自私自利的弱点。而中共当然不希望再重蹈国民党的覆辙，所以对地方主义和党内军内的山头主义非常警惕和全力打压。

正是在以上原因的影响下，中共统治中国大陆全域后，放弃了自己在野和割据时期倡导的联邦和分权制，选择建立一个高度中央集权的国家结构形式。后来的历史实践证明，这样的国家结构的确有利于中共对全国的统治及统治的稳定。但这样的集权对许多地区的人民，则是巨大的痛苦甚至灾难。中共制造的各种暴政，如"镇反运动""思想改造运动""反右运动""大跃进"和"人民公社化"导致的经济崩溃和大饥荒、"文化大革命"等，都波及了中国大陆几乎所有区域。面对全国范围内的专制高压和政治清洗，人们既无法反抗，又无处逃离。

中央集权对专制暴政的加持，最典型体现在 1959-1962 年的大饥荒中。由于中共在"大跃进"和"人民公社化"中，违背客观规律和现实情况，采取定高生产和缴纳指标、"外行领导内行"的胡乱指挥、盛行浮夸风和"共产风"等，导致工农业经济全面崩溃，尤其农业生产的恶化。同时，农民还需要缴纳远超正常额度的公粮。这导致了全国许多地区出现大饥荒，以安徽、四川、河南等地最为严重。大饥荒共导致全国约 3000 万人非正常死亡，而皖川豫三省即占到其中的 1500 万人以上。

而之所以这三省出现了如此巨大规模的饥荒和死亡，不仅在于工农业生产的崩溃，更在于强制征粮政策和大量粮食的外运，以及对逃荒民众的围堵和镇压。当激进的农业集体化失败、粮食产量下降后，各农业大省却仍然按照虚报的粮食产量外运粮食。而且，由于全国包括京沪都出现了粮食紧张，所以中央更加要求农业大省将生产的粮食运往京沪津等大城市、东北和河北北部等工业区、山西陕西部分工矿集中区、边疆地带、军队驻地等（也有一些粮食运往省内城市和工业区），以保障这些地区干部、市民、工人、军人的粮食供给。

于是，各农业大省对农民"饿口夺食"，动用干部和军警硬生生将粮食从饥饿的老百姓那里抢走，以完成中央下达的征粮任务，以保卫北京粮食安全、支援外省工业生产。而强制征收省内粮食以保障京沪等大城市粮食供给、导致四川数百万人饿死的时任四川省委第一书记李井泉，还因此得到毛泽东、周恩来等人的称赞。

而当饥饿的民众试图逃荒到外地谋求生路时，也遭到当地干部和军警的堵截和镇压。在历史上，一地发生饥荒后，饥民难民往往可以前往他乡投亲靠友乃至乞讨要饭，以图活命和在未来回乡。如1942 年因战争和蝗灾导致的河南大饥荒，许多河南饥民都逃至隔壁的陕西省谋活路，也确实有很多人因此活了下来。而在 1960 年前后的饥荒中，安徽、河南、四川、甘肃、江西等饥荒严重省份的各级干部和军警，都在中央指挥下堵截试图逃荒要饭的饥民，许多饥民甚至被军警打死打残，或被关在收容站病饿而死。而在堵截和镇压下无法离乡求生的饥民农民，大批在家乡饿死或自杀。

这一切，不仅在于专制极权和极左盲动，还在于中央对地方利益的完全蔑视、对地方自主权的完全剥夺。如果以毛泽东为首的中共中央对各地方自主权和利益诉求有一点尊重，就不会要农业省份连救命存粮都上交以供给他处；如果安徽、河南、四川等省份的官员、干部、军警，哪怕有有限的自主权（而非完全受制和听命于中央），以及顾念本省本地乡亲百姓的基本生命权（而非只谄媚中央领导），都不至于从饥饿的农民那里强制征收几乎所有存粮、连口粮都不留，也不会为全国政权稳定和其他省份政治社会安全而禁止居民逃荒求生。而中共政权之所以能成功"饿口夺食"、阻遏逃荒，以及镇压了各种零星的反抗，也正体现了其集权的强大和恐怖。

而改革开放之后，这样的惨烈灾难未再发生，但专制下的中央集权体制，仍然在损害着中国境内许多区域人民的利益。

一般来说，单一制的国家非常重视国内各区域各群体的平等和同一，全国实行一种制度、一套法律，中央各项政策也会一视同仁的在全国各地施行。当然，单一制国家往往也会对贫困、落后、边缘地区进行一些支持和补助，努力缩小区域差距，实现国家全域的协同发展。

但中国恰恰相反。中国的单一制国家结构与政治体系，一方面高度的中央集权，中央权力覆盖全国各地各领域，各地方都要服从中央的指令；但另一方面，中国却有着严重的制度性的区域和城乡不平等，人为制造了区域之间乃至人与人之间的制度鸿沟，不同地域和身份的国民拥有的权利和享受的公共服务差别巨大。这以极具中国特色的"户籍制度"最为典型。

世界上有不少国家都有类似于户籍制度的身份认证体系。但通过户籍制度将国民划分为许多权利不平等的群体和阶层的国家，现在只有中国大陆和朝鲜。中国户籍制度可追溯到古代的"编户齐民"，是国家控制国民的重要手段，主要用来征调赋税和徭役，以及促成国民对政权的依附与服从，是中国传统封建社会的一个典型特征（"封建"在此取马克思主义史学的涵义，下同）。而中共建政之后，就将"编户齐民"改造为户籍制度，并将其对人身的控制与划分人的等级的作用发挥到极致。

中国的户籍制度，将人的身份与其个人及家属所享有的教育、医疗、住房、养老等各种权利和社会保障的类型及级别高度捆绑。户籍制度对人身份的区分，包括将国民分为干部和群众（群众又被分为工人和农民）、城市居民和农村居民、以省级行政单位区分的不同地域居民。在计划经济时代，户籍身份与资源配给高度捆绑，且通过户籍将人固定在其工作生活的地区，不能随意旅行和迁徙。而改革开放后尤其进入 21 世纪以来，户籍制度有了较大松动，跨城乡和地域的人口流动管理越来越松，不同户籍身份的国民之间的资源配给也不再那么固定，国民户籍身份的变更也变得相对容易，但户籍带来的人与人的不平等仍然广泛存在。

关于城市/非农业和乡村/农业户口的差异，因与本文关联不大，在此不细述，这些完全可以通过各种方式查询。而不同区域（以省级行政区划为界限）的户籍差异，与中国的地域差异、制度性地域歧视、地域矛盾等密切相关，也反映了中国特殊的单一制国家结构所造成的种种不公不义。所以，在此相对详细的谈一下中国的地域户籍差异及与之相关的地域问题。

中共治下中国各地域的概况

中共治下中国的单一制国家结构，与元明清类似，都是以省（或类似规模和性质的行政区划）为单位将全国划分为若干一级行政区。虽然中央在一些重要领域和重大问题上，可以直接管到县级，但大多数事务都是通过省级机构进行管理与处置。而中国的地域及地域差异，也以省为单位划分和比较。不过，在山川地理形势、文化与价值观、历史变迁等因素影响下，往往也会出现一些并不以省级行政区划为界限的区域，如东北地区（东北三省加内蒙东部）、江南地区（一般特指江苏省和浙江省，一般不包括上海、安徽、江西）、岭南/两广地区（广东省和广西省）、西南地区（云贵川，一般不包括西藏）、西北地区（陕甘宁，一般不包括新疆），这些区域也会形成现实的利益共同体，中央也会按照区域来索取和分配利益。

北京、天津

建国至今，首都北京是现行体制和国家结构的最大受益者，得到了独尊的地位和极为丰厚的利益。由于北京是中共中国的首都，是决定全国命运的权力中枢所在，又集中了中共统治集团的各种权贵精英和基本盘，所以获得了最大程度的政策倾斜、资源供给、发展优先权。毛时代的北京，既是政治风暴的中心和政治风向标的所在，更是一切大政方针的策源地。而拥有北京户口的市民，则在那个物质极端匮乏的年代拥有令全国其他任何地区都艳羡的食品和消费品配给，以及免费和相对优质的教育和医疗服务。而这些供给，很多都来源于对其他省份的"抽血"，例如前述的在饥荒年代从农业大省强夺粮食供应北京。北京市民不仅在民生上相对优越，也更易参与和渗透国家政治，起码比其他任何地区都能得到更多更好的政策和资源。

而改革开放之后，北京的政治文化地位仍然在全国首屈一指。虽然经济相对南移，但北京仍然通过行政手段从全国各地获取巨量的资源和利益，全国各地仍然被迫任北京予取予求。无论是南方的税收，还是中原的人才，以及周边河北省的所有有价值资源，都被北京大量吸收。居住在北京的各种既得利益者也在不断增多壮大，并以"北京户口"作为身份认同和利益连结的纽带。拥有北京户口的市民，在教育、医疗、就业、住房、养老及各种公共服务方面，拥有着非常大的优势和特权。例如北京户籍居民高考得到清华北大等全国性名校录取的比例，平均是其他省份的二十多倍。而北京的医疗资源也是全国最顶尖，上海、广州、成都、南京等城市医疗资源相合也不及北京。当然，不同身份的北京户籍居民，其福利待遇也千差万别，如高级干部和普通市民的医疗保障就差距极大，但整体上所有北京户籍居民都是国家的特权者。而国家的内政外交军事民事人事等诸多方面，凡是涉及到北京和其他地区利益冲突时，都优先考虑北京及北京户籍居民的利益。

而这一切，都是北京利用政治地位、通过行政强制力获得和维护的，而非北京及北京户籍居民的贡献所应得。相对于西安、洛阳、南京、杭州、开封等位于汉文明精华区的历代都城，北京偏居北方一隅，经济文化本来都不发达，仅仅是依靠重北轻南、带有强烈军国色彩的政权和割据势力强制开发的城市。它缺乏自立式经济造血能力，文化底蕴也不深厚，政治上更是顽固保守。而行政手段虽然让北京发展壮大，但是以供给资源的其他区域的损失为代价的。还有，北京虽然从全国得到了丰厚的资源，以及受到中央政策的优先照顾，但北京户籍居民内部也被分成三六九等甚至更多等，按照或明或暗的等级秩序领取所得，少数权贵得到了最优质和大多数的资源，越往下所得越少。而没有北京户籍的外来"北漂"，则更是只有义务没有权利的"人肉电池"（当然他们也能蹭得一些北京相对于其他地域的特权利益，但非常有限）。"北京折叠"不止是科幻小说才有的景象，更是现实北京的文学映射，且现实比科幻小说的描述更复杂更残忍。

另外，北京虽然得到了如此优越的条件，但却并未有效带动和辐射周边地区的经济社会发展。相反，周边地区被北京吸走各种资源，在各领域及政策上也首先要考虑和服从北京利益。河北省是北京虹吸效应的最大受害者，河北管辖的北京市外周边地区被戏称为"环北京贫困带"。与北京相连的另一个直辖市天津，既是北京虹吸的受害者，但同时也在吸取河北的资源。

北京和天津不仅在经济上没有带动周边地区发展，在文化、思想、教育等非物质领域，也没有给周边乃至中国带来正面的、文明的、进步的影响。

北京是北方保守主义文化的中心和封建皇权专制主义的顽固据点。历史上，凡是定都北京的政权，都相对专制保守，政策残忍冷酷。相对于文明浸淫日久的中原和关中，以及经济发达社会开化的江南，北京的文化、社会风气、人的价值取向，都相对缺乏人道和公正，而有着明显的等级色彩和非人权倾向，且社会潜规则盛行，官本位严重，崇尚权力而蔑视契约，还在现实中表现出种种冷酷与暴力。北京虽同为汉文化的辐射区，当地居民中汉族也占绝大多数，但却有意吸收借用北方游牧民族的价值观念和言行方式，以及接纳全国各种少数民族人员和势力，来区隔其他地区尤其中原和江南的文化形态和公民组成。

虽然近现代以来尤其改开以后，北京的思想文化及北京人的价值观念相对变得多元，但整体上、与其他区域尤其南方相比，以上这些特征仍然相对突出。而且，北京那些思想开明进步的人，更多是自我享受而非传道受业，也并不是北京文化的主流，并不能给他人他地乃至北京自身带来人文关怀和社会更新，其影响力局限在特定的范围内，还与中下层北京人及"北漂"颇有隔膜。相反，北京各种保守落后的糟粕，却在中央集权和"首崇北京"的政策下，会通过制度、政策、潜规则及人际往来等各种方式影响全国，包括影响国家的治国理念和大政方针。这对于中国显然不是什么好事。

而邻近北京的另一个直辖市天津市，相对没什么需要详细叙述分析的内容。天津由于独特的地理位置（位于渤海湾沿岸、连接东北和华北的水路要塞）及特殊的历史沿革（清末北方军事重镇和租界区、袁世凯等人的苦心经营），以及中共出于发展北方、拱卫北京等经济政治目的，在天津设立了直辖市。天津的地位和获得的利益远远不如北京，但也远超环其周围的河北省，并同样从河北"吸血"。我个人认为，天津并无设置直辖市的必要，未来民主中国也应该废除这一直辖市，将其并入河北（可作为河北省会，也可作为类似于厦门在福建的地位那样的河北城市）。

东北

而中共中国单一制国家结构下，受益仅次于北京的地区，是东北地区。第二次国共内战中，中共之所以能够击败国民党、夺取政权，很大程度就是依靠在东北对苏军和日军武器的接收，以及对伪满军队的大规模收编、对伪满公务人员的全面留用。中共在内战初期不确定能统一全国，甚至准备以哈尔滨为首都，只控制东北地区。而中共取得国共内战胜利后，因为东北籍党政军人员的突出贡献、东北居民对中共的好感与忠诚，以及东北背靠苏联的地理优势，将东北作为国家重点建设地区。在建国最初的十多年，东北以全国八分之一的国土面积、十分之一的人口，获得了约占全国三分之一至半数的工业投资和苏联援助。而日据东北时代（即"满洲国"时期），日本也对此地有很多工矿开发和基础设施建设，这为后来中共统治时期东北工业发展打下了基础。

在全国各地普遍被贫困和饥荒困扰时，东北居民不仅衣食无忧，还享受着质量不算太高但在当时中国已非常优厚的就业、教育、医疗、住房、养老保障。三年大饥荒期间，东北是京沪之外全国为数极少没有大规模饿死人的区域，这也有赖于种种政策和资源优势。而他们享有的这些资源，除一部分为苏联援助及自有自产外，大多数都是从其他地区调集和征收过来的。在这十多年中，东北得到了完全不成比例的资源供给与政策倾斜。直到 1960 年代中苏决裂、苏联威胁入侵中国并在边境陈兵百万，中共推动"三线建设"，才将在东北和京津等地的一部分工业和重要机构迁往内地，稍稍平衡了全国各地经济投入和工业生产严重不平衡的状况。但即便如此，东北的工业化、城市化及社会保障程度，仍然远远高于除京沪津之外全国所有省级行政区域。而文革期间，东北受到的冲击也相对最轻，其他地方大批打死人和摧毁文物古迹时，东北各种历史遗迹包括满清宫殿皇陵几乎完好无损或只受到轻微损害。当其他各地前国民党人士纷纷被批斗甚至杀害时，原伪满出身的人士则普遍得到保全（或只被象征性"下放"）。东北显然是"前三十年"最大的既得利益者。

当然，东北也创造了不少财富，如制造了大量工业品、收获了各种农产品，以及提供了各种矿产资源，几十年来为国家发展做出了很大贡献。但相比而言，其获得还是大于产出，其很多产出也是建立在获得他处支持的基础上。而东北的工业化文化，既颇有可圈可点的值得赞扬之处，也有颇多弊病（下面会谈到）。

改革开放之后，中国经济重心逐渐南移，优先对外开放和实行非计划经济（不完全是市场经济）的珠三角和长三角经济快速发展，社会民生也在改善。而东北虽然也进行了一系列改革，但因计划经济沉疴已久，积重难返，经济开始有所滑落。1990 年代的国企改制和下岗潮，更是沉重打击了东北的经济民生。而对下岗工人安置的不到位及各种贪污腐败，也导致了各种本来可以避免的悲剧。再后来，南方经济进一步发展，东北经济越发没落。东北曾经的辉煌一去不返（起码暂时如此）。

但即便如此，东北获得的各种中央层面的政策倾斜、转移支付、高考录取比例优势、基础设施投资和建设、社会福利保障，仍然明显高于全国除京沪津外其他任何地区。虽然东北经济乏力，但大多数东北户籍居民的教育、医疗、住房、养老都不用发愁（这四方面也是民生的基本内容），这是其他地区大多数居民都梦寐以求而难以得到的。尤其在全国各地民众都陷入"内卷化"的恶性竞争时，东北人可以轻松"躺平"。而这些都有赖于中央集权下中央对东北的偏爱与支援。虽然东北户籍居民的各种相对特权不及北京和上海户籍居民，但北京和上海的人口加一起只有 4000 万左右，东北则有

1.2 亿人。所以从获取优先政策和利益的总量上，东北超越了京沪，成为中共中国单一制国家结构和中央集权政策倾斜的最大受益者。（即便东北最悲惨的大下岗时期，东北人整体和平均生活水平仍然高于全国大多数地区。下岗者也只是东北人的一部分。而全国其他地方大多数人尤其农民阶层在 90 年代也只能勉强温饱，教育医疗养老还是负担不起）

例如高考录取比例，北京和上海明显高于东北三省（东三省高考录取比例也远高于青海宁夏西藏等人口稀少省份外所有其他省份），但每年北京和上海参加高考者人数加一起也远低于东三省（例如 2022 年北京参加高考人数仅 5 万人，上海也是 5 万左右，京沪共计 10 万；而黑龙江有 18 万、吉林 12 万、辽宁 20 万，东三省共计 50 万）。同样，其他如各种教育、医疗、基建等投入，东三省所获的支持从总量上也超过京沪。因此反而是东三省而非京沪获取了利益总量最大的公共资源供给和政策倾斜。而且，相对于京沪许多"后来者"需要拼命打拼才能得到户籍特权、与其他精英残酷竞争，东三省即便平民也能共享各种政策资源红利，不需要多么激烈的与他人竞争（比如黑龙江鹤岗的重点中学很容易上，在北京想上同样高考成绩的学校却需要拼各种资源和关系，仅购买学区房就需花费数百万元）。

更重要的是，东北的政治地位一直都是极高的。在建国后，东北被称为"共和国长子"，在"前三十年"得到了仅次于北京的地位与话语权。而改革开放至今，虽然东北经济一直不佳，但政治地位和话语权仍旧得到了保持。在江浙、中原、岭南等区域被中央予取予夺的情况下，东北却一直可以保障既得利益（起码保障东北权贵集团的既得利益）。而各种全国性政策，也都优先考虑东北利益和关切。在中国的高度中央集权下，东北某种程度有很大的独立性，不被中央完全驾驭，反而有时可以要挟中央。虽然我对中共内部的政治派系与权力斗争缺乏了解，但我可以肯定，东北地域利益集团及其关联势力，在中共决策层必定有着其他各区域都难以拥有的份量和话语权。

而由于东北相对独立于关内的地理位置、相对特殊的历史变迁，形成了非常有地域特色的文化风气、价值体系、思维方式、行为模式。在历史上，东北长期是女真/满族、渤海、契丹等少数民族的聚居区，汉化程度低，缺乏文明的浸淫，因此很大一部分人崇尚弱肉强食、行为残忍暴虐。而且，相对于匈奴、蒙古、突厥等其他民族在征服战争中虽然残暴但也直爽坦诚的特征，女真等东北民族在侵袭内地和统治中国的过程中，不仅手段残忍，还阴险狡诈、流氓成性、背信弃义。这很大程度上也是因为其吸收了汉文化的"术"而缺了汉文明的"德"。而清末民初"闯关东"的大量汉人中的相当一部分人，也颇受这类价值观和行为方式影响。还有许多在东北的汉人，早年饱受异族屠杀奴役，但被征服和融合后，反而相对汉文化更加认同异族身份和文化，价值观和言行举止皆变得异化。虽然这很大程度也是恶劣的自然和人文生存环境催生，而非种族民族的基因和遗传，但客观上的确成为当地各民族共同的文化特征。虽然并不是每一个东北居民都有这些价值观和言行，但整体的社会风气和一部分占人口少数却非常突出的群体所作所为，的确就是如此。

清末至民国汉族人占了东北人口的大多数，但并没有促成东北真正汉化，相反这些汉人某种程度被"满化"了，或者说形成了独特的东北文化。无论汉满蒙回朝各族，都认同相似的逻辑与价值观。而日本在东北建立"满洲国"，更强化了类似的价值观念、思想文化认同。日本人虽然利用"满洲国"残酷对待当地民众、血腥镇压反满抗日人士，但血腥残酷程度明显轻于全面入侵中国后对关内各地的所作所为（尤其和华北、江南相比）。而且，日本人在"满洲国"也有许多建设，促进了当地的工业化与现代化，文化教育事业也颇有进展。"满洲国"的政治实体虽然在1945年灰飞烟灭，但是它遗留下来了很多东西，如经济基础和经济结构、价值观塑造、国族/地域主义认知与立场，至今都在影响着东北的方方面面。

而中共建政后，得益于中共的全力支持及苏联援助，再加之日满时期的基础，东北经济社会得到极大发展，文化教育事业也突飞猛进。东北以短暂的时间取得了文化教育的跨越式发展，社会文明程度起码在表层得到迅速提高。但历史文化的遗留与惯性仍然影响巨大。而东北是高度工业化的计划经济模式，这也形成了极具特色的社会文化和人际关系。东北高度工业化下高度的城市化，让东北各阶层民众都能够有很高的知识储备和素养，人与人之间的平等程度高于其他地区，部分家庭的男女平等程度似乎也较中国其他地区为优（虽然这个是存疑的，不同人有不同说法），作为平民一部分的产业工人也拥有了前所未有的权利与福利保障。东北地区是中共建国后中国最像真正的"社会主义社会"的地区。

但计划经济造就的丑恶相对更多。不同于市场经济中相对较多人员流动和人身自由，计划经济形成了工业化下的熟人社会，与乡土中国的熟人社会类似，人与人之间既有脉脉温情也有勾心斗角。一些东北人常为东北去除宗族的影响自豪，认为是进步的表现。但东北工人阶级和干部阶级（两个阶级共同构成计划经济下的城市居民社会）人际关系的紧密和复杂程度，不亚于南方的宗族社会（而且并非没有宗族，在农村，或者满族、锡伯族等非汉民族家庭，宗族影响力非常大，加上更加暴力化，其对家庭成员的控制力甚至超过许多南方省份的宗族）。相对于宗族以亲情为依托，东北的人际关系更多基于同事间的利益交换，少了温情多了算计、少了论理多了论力。同样，东北人骄傲于没有受儒家封建糟粕影响，这一定程度是事实，但其没有儒家糟粕同时也少了传统文明的礼仪教化和道德积淀。还有，计划经济的封闭性，也不利于形成自由开放的市民社会，反而导致托关系走后门和各种暗箱操作的盛行。改革开放后，东北国企也进行了改制和重组，但并未真正摆脱计划经济带来的各种人文社会影响。（另外，与北京一样，东北的计划经济、官僚主义、保守文化，也导致其经济活力严重不足，缺乏造血能力，其经济几乎都依靠政策扶植和各种输血，其创造的物质与精神财富不及所得）

在这样的历史变迁下，如今的东北有着怎样的社会风气，部分东北人有怎样的价值观念和行为模式，就不言而喻了。而且，部分东北人也通过各种方式在全国开枝散叶，并抱团行事，直接影响了全国各地的德行风气与社会民生。我不希望在本文发泄情绪，所以就点到为止。简而言之一句话，东北的地方文化和民风，以及部分东北人的价值观与言行方式，是非常不利于社会进步、文明和谐的，既伤害东北和东北人自身，也有害于整个中国及中国人民。

需要说明的是，我以上所说关于东北及东北人的问题，并不是说所有东北人都如此，为恶的当然只是一小部分，大多数东北人本质还是好的，有一部分东北人更是非常热情善良真诚的。但即便是一小部分，也足以造成很大破坏和影响。还有，无论在现在的专制中国还是未来的民主中国，东北和东北人当然有权得到其应得的尊严、地位、话语权、利益，但不应该超出必要限度、不能以损害其他区域其他地域居民利益方式获益。东北人如果还自认为是中华民族和中国的一部分，在享有权利同时也要承担义务、得到尊重同时也应遵守公序良俗。

还有，部分东北人的恶行伤害的最大的还是其他弱势东北人。我虽然痛恨那些作恶的东北人，但也非常同情例如东北下岗工人、因维权被虐待者等弱势者，我认为下岗措施虽必要，但起码应该保障他们下岗后吃饱饭、子女和老人得到合理照顾。对于如建三江、马三家劳教机构恶行中的受害人，我更是非常同情并为其略尽微声声援。部分东北人各种恶行，伤害最大的其实也是其他相对弱势的东北人，因为东北人更多的生活在一起，当然是接触越多者受恶人伤害越大。改变现状，最终也有利于东北的文明进步。就像如果八九民运胜利，中国民主化，虽然大抵仍然要推动国企改制，但90年代下岗潮中的失业工人及家庭就不会那么悲惨，可参考东欧各国（尤其波兰和捷克/斯洛伐克）的工人安置和补偿，是非常有利于劳工一方的。即便被国人嘲讽鄙夷的俄罗斯转型，俄罗斯失业工人所得的补偿和保障，也略好于中国下岗工人。而其他方面的人权改善，也是如此。北欧各国的地理位置与东北类似，历史上也曾多次南下劫掠，但 20 世纪以来逐渐成为发达民主国家，国民素质极高，还包容移民难民，被世界称道，也无必要去追索其历史上的丑恶了。中国东北如果能效仿北欧，那也会成为中国和世界有益的组成部分。

上海

北京、天津、东北之外，上海是另外一个相对其他地区而言的受益者。但上海的受益程度和影响不同。上海早在中共建政前，就是中国乃至东亚的明珠，是与纽约、巴黎、东京相媲美（甚至超越了东京、未来发展可能胜过纽约和巴黎（因为背靠的人口庞大）的现代化都市。民国时上海即是与北京平行的特别市，政治经济地位仅次于首都南京和代表北方的北京。而中共建政后，虽将上海划为直辖市并给予特殊地位，但其闭关锁国的政策反而破坏了上海经济的发展、阻碍了上海民生的改善。当然，上海也的确因此得到了各种特权和资源，但远不及北京。改革开放后尤其 1992 年上海全面开放和浦东新区设立后，上海才回归到正常的开放与发展状态。

上海拥有直辖市特殊地位和政策倾斜后，改开以来成为长三角乃至东南沿海的革新进步的领军者，其经济社会的发展带动和辐射了周边地区的发展，和江浙皖赣等地实现了合作共赢。而北京、天津、东北，以及北方和西部其他一些被重点扶植的城市（如西安、成都、武汉、兰州），不仅通过行政手段吸收各种资源，还对周边和其他地区有破坏无建设、拉大区域差距和各地经济发展不平衡。

还有，上海户籍居民尤其"老上海人（上海土著居民）"的确比较排外，上海也有倾向于本土主义乃至自治和独立的思潮，但是一种精致利己的、自保型的排外，是希望与外地人互不干扰，而不像北京户籍居民尤其"老北京"那样，一边排外一边肆意从全国各地及"北漂"那里掠夺各种资源。在做人的修养和言行素质上，上海人也好于北京人。北京的排外程度从表面上不如上海强烈，甚至有时对外人还有些开放包容，但那是在没有触及其利益和深度接触的情况下。如果触及北京市民利益或者长住在一起，以及和北京籍公务人员打交道，那各种矛盾冲突都会爆发，外人就能深刻体会到其排外和其他各种丑恶行径。虽然上海的排外也是错误的，其各种所得都有外地及外地人的贡献，但还算情有可原，冷漠但不过于使坏的排外言行也勉强可以忍受。

不过，相对于北京居民包括户籍居民内部受益严重不均的情况，拥有上海户籍的平民因户籍制度和其他本土主义政策而受益颇大。据说，上海户籍居民一生的福利折合人民币超过一百万元，如得到拆迁补偿款，则不下数百万乃至上千万元。上海平民享有的教育、医疗、住房、养老、家政等资源的平均数量和质量，皆居全国之冠。

（不过，如果从另一个角度而言，虽然上海与北京一样仍然拥有各种政策倾斜，上海户籍居民也享有种种特权，但起码一部分是上海及上海人靠区位优势和自身奋斗而非行政手段就可获得的。甚至，如果没有中共统治，而是民国或其他相对民主开放的政权统治包括上海在内的中国大陆，即便那时的上海并不拥有现在这样的制度性地域特权，其人权保障程度和公民福利水平，也会远好于几十年来在中共治下的相关条件和所得（尤其改革开放以前的阶段）。上海虽然在中共治下得到了一些地域特权，但只是和相对被中共侵害更严重的地区的比较而言。如果没有中共，上海可能相对中国其他地区的相对优势弱化、优越性不那么强，但本身的权利和民生都要更好于现在。这也从侧面更加凸显了中共统治对中国其他地区更深更剧烈的伤害）

一种制度有相对受益者，就有相对受害者。而中共中国的单一制和中央集权下，只有北京、上海、天津、东北是明显的受益者，其余地区除个别城市和区域外，都不同程度受害。（不过，这四地的"受益"主要是指相对于其他区域，如果和1949年起步情况类似的国家地区相比，中国所有地区都是受害的。而且，这四地受益者主要是权贵精英，平民大众与其他地区一样受害，只是程度有所差别。）

江浙

在相对程度上，受害最大的是江南地区/江浙地区，尤其江苏省和南京市。历史上，江浙地区长期是南方政权的核心地带，南京则是作为首都次数最多的南方城市。江浙两省相比，江苏有更加深厚的政治和思想底蕴，浙江则是民间社会更为发达和活跃，共同构成了中华文明南方部分的菁华。

但由于北方在军事和政治上的相对强势，南方政权往往不敌北方而屡次受到入侵与压迫，南京更是遭遇多次屠戮与破坏。民国有十余年定都南京，曾让南京及江浙有了很大发展，政治文化地位也空前提高（经济地位长期都是全国最高）。但 1937 年日军制造南京大屠杀，以及八年占领中对江浙各地的多次屠杀与长期奴役，让大量民国精英尤其出身江浙的精英遇害，南京及江浙许多城市都遭遇严重破坏，对南京及江浙的地位、声誉、经济、文化等各领域都造成沉重打击。1945 年国府还都南京，本来可能重振南京和江浙，但随着国民党在内战中的失败、中共渡江战役的胜利，南京的首都地位再次失去。

中共建政后，南京的地位大大下降，各种资源被夺走、实力和影响力大为削弱。1951 年，毛泽东在"镇反运动"中声称，"南京是一个 50 万人口的大城市，国民党的首都，南京（镇反）杀人太少，应在南京多杀"，可以说是中共政权对南京这个城市命运的残酷宣告（且毛泽东是在明知南京曾在十几年前发生惨绝人寰大屠杀的情况下如此发言，可见其心之恶）。而在 1950 年代初期的高校院系调整拆分中，包括原中央大学在内的南京诸多高校被拆解、迁移、削弱，极大打击了南京乃至江浙地区的教育、人才培养、思想文化发展。在政治地位上，北京拥有了独一无二的、至高无上的国都地位，南京则成了一个普通的省会城市，仅仅可以代表江苏省（甚至在江苏省内，南京的首位度也不高（不过这很大程度是因为江苏其他城市经济文化实力也很强））。中共还有意扶植缺乏政治野心、没有定都历史、文化底蕴不足的上海，以进一步削弱和制约南京。改革开放以后，南京的经济文化有所恢复，但仍然只是一个普通的省会城市，其地位和影响力不仅远不及北京和上海，连广州、西安、成都的区域影响力都不及。

而南京所在的整个江浙地区，从建国至今也都是被打压的对象。而建国后江浙的处境，也是江浙地区几千年来相对北方弱势的格局的延续，是中国大陆南北两个板块军事冲突、政治斗争、文化对立的缩影和例证。

早在华夏文明初兴之时，江浙所在地区就是文明发祥地之一，南方河姆渡文化即是与北方半坡文化并列的华夏文明的源头。而从吴越的崛起、夫差勾践的争霸，到秦末项羽刘邦的奋起抗暴、汉初吴楚七国之乱，再到汉末三国孙氏家族数代的文治武功，千年前的江浙曾是尚武之土、兴兵之地。但后来，一方面是经济重心南移下，江浙文教日益兴盛、民生越发富足；另一方面却是相对北方而言武力的衰弱、战略的守势。由于北方异族入侵、战乱频仍、暴政肆虐，原来繁荣的黄河流域的中原地区多次成为贫瘠的焦土。而地理环境得天独厚的江浙地区，逐渐成为中国经济的核心地区。"苏湖熟、天下足""国家根本，仰给东南"，都在反映着江浙经济的发达与对全国的重要性。

"仓廪实而知礼节，衣食足而知荣辱"，随着经济开发，以及"衣冠南渡"下北方士人阶层的南下、中原文化在江南的传播和与当地文化的融合发展，江南的人文也日益兴盛，并形成了相对独特的、与中原文化等北方文化有明显差异的文明形态与价值观。其文化婉约、含蓄、内敛，思想开明、包容、进取，让汉文明更加丰富与温和。而明代中后期及清前期，伴随资本主义萌芽和商工文明的发展，江浙涌现了顾炎武、黄宗羲、王夫之等"新儒学"思想家，提出了"天下为主君为客""工商皆本""经世致用""有治法而后又治人"等主张，带有一定的民主和自由主义色彩，其进步性可与欧洲启蒙运动相比。这些思想也已经很大程度作用于现实，伸张了许多民权，打击了封建专制，促进了科学发展（如徐光启、宋应星的成就），让明王朝向开明专制乃至更大的革新迈进。如果江浙经济文化社会继续发展，还能推动中华文明的进步转型。

但随着满清的铁蹄入侵和文字狱的铺展，江浙的文明被摧毁、社会的进步被打断。在满清统治的二百多年中，江浙一直是被打压和吸血的对象。"扬州十日""嘉定三屠""江阴八十一日"，仍未让江南屈服。因此从顺治康熙时的"哭庙案""庄廷鑨明史案""南山集案"，到乾隆时的"叫魂案"，满清政权又对江南士人和民众进行了许多次清洗，"屠尽了汉人的骨气廉耻"，让江南沉寂了百年有余。这期间江南经济仍然非常发达，但大多数收益被满清统治者和北方保守势力掠走，政治和文化上更是极为消沉。江南士人连本地重要官职都不能担任，满洲贵族的臣属乃至家仆成为了这里的主官（如曹雪芹父祖及整个家族），从官场到民间皆是腐烂，从官绅到黔首俱若奴隶。而到了太平天国时期，江浙地区成为起义军和清军交战的修罗场，再次受到残酷破坏。在这个过程中，江浙人只是被双方利用和屠杀的对象，自身几乎毫无作为。

直到清末民初，随着满清政权的内外交困尤其对外战争中的一系列败绩，江浙才从压抑窒息统治下得到久违的部分自由。随着国门打开，江浙深厚的人文底蕴与西方及日本的现代思想碰撞，擦出了革命的火花，并逐渐燎原。在思想启蒙和革命浪潮中，江浙涌现了秋瑾、章太炎、鲁迅等革命家和思想家，让江浙的才华与勇气在沉沦许久后重新焕发耀眼之光。"拼将十万头颅血，须将乾坤力挽回"，江浙及江浙人民在民族民主革命洪流中涅槃重生，武昌起义后以光复会为主的江浙起义军在徐州与清军接战，后克复江宁（南京）与杭州，与两广、四川、湖北等地共同迎来光复，实现了夏完淳"毅魄归来日，灵旗空际看"的遗愿。而民国定都南京，发展江浙、经营宁沪杭，让江浙一度成为中国的政治经济文化核心地带。但日寇的入侵再次让多灾多难的江浙蒙难，从社会精英到平民大众都遭遇残酷虐杀。与南京的命运一样，中共对国民政府的取代，也让江浙失去了抗战后再次重生的可能。

击败国民党的中共政权，对江南的态度和作为，除了没有明显的民族压迫（但有"重北轻南"的政治经济歧视），其他方面与满清几乎没有二致。在"前三十年"，中共的闭关锁国和计划经济模式，对适应对外开放和市场经济的江南显然是噩耗。但由于江南工农业基础的优良（哪怕经历了抗日战争和国共内战的破坏），经济仍然优于全国大多数地区。在三年大饥荒期间，江苏和浙江饿死的人较少（但生活水平相较民国大幅下降，苏北和浙江山区也有饿死人现象）。而江南地区的相对富庶，也成了中共政权重点掠夺的对象。

而中共之所以可以肆无忌惮的掠夺，也在于江浙政治权力地位和话语权的失去。由于国民党的核心一大部分都来自于江浙（核心的另一部分来自于两广），国民政府的核心统治区也在江浙，所以作为国民党死敌的中共对江浙严防死守、百般打压。还有，江浙人崇尚自由、反对专制、主张民主民权、营建和参与公民社会、追求法治透明的社会风气和历史行为，都令高度专制、奉行等级制度和个人独裁、迫使民众仰其鼻息而活、习惯于潜规则和密室政治的中共恐惧。在中共专制极权尤其"镇反""反右""文革"的摧残下，江浙在清末民初复兴的人文风貌、士人风骨，都毁损殆尽。

在反右与文革被迫害致死的知识分子中，大多数都来自于江浙。例如有杂志列举文革中自杀的 52 位名人（主要是学者型知识分子，还有一些艺术界人士，也是广义的知识分子），一半以上都来自于江浙。其他各处关于文革的资料，也都能反映出中国受迫害的著名知识分子中，来自江浙的比例几乎超过全国其他所有地区的总和。具体的例子有，祖籍浙江上虞、生于江苏南京的考古学家陈梦家，从建国后就经常被整，文革中又遭迫害，被吐口水和往头上浇剩饭菜，最终不堪受辱自杀；江苏江阴籍戏剧家上官云珠被迫献身于毛泽东，但文革中也未幸免被批斗，最终自杀身亡；浙江杭州的文学家吴兴华，被红卫兵不断批斗、强迫劳动，最终强行灌下污水将其杀害；

江苏南汇（现上海浦东）籍翻译家傅雷被抄家和侮辱，和妻子双双自杀；浙江义乌籍历史学家吴晗，因发表《海瑞罢官》等作品被批斗和逮捕，最终死于狱中；江苏无锡籍的导弹和航空航天专家、研发"两弹一星"的元勋之一姚桐斌，在文革中被红卫兵暴打致死；江苏上海县（现上海市）籍、被称为"大师的大师"的物理学家叶企孙，在文革在被诬陷为"国民党中统特务"，被红卫兵百般羞辱折磨，精神失常，大小便失禁，文革结束后不久即去世（他的同籍贯的徒弟熊大缜，则早在 1939 年即被中共诬为"特务"杀害）；另一位江苏无锡籍钢琴家顾圣婴，被批斗羞辱后开煤气和母亲弟弟一起自杀；同样是籍贯为江苏无锡的历史学家、南京大学教授钱海岳，因赞颂郑成功被指鼓吹蒋介石反攻大陆，被红卫兵杀害于明孝陵……连死去的秋瑾、章太炎的墓葬乃至骨殖都被破坏（可悲的是，这些主要都是江浙本地红卫兵所为，他们这时已经被洗脑的完全是非不分、将家乡的英雄当成罪人批判和污名）。

而幸存的江浙知识分子，绝大多数也都沉默、沉沦、沉寂，在打击和压迫下默默的活着。江苏扬州籍的理论物理学家束星北，虽然历经多次政治运动冲击而幸存，还熬过了文革残酷岁月，但也无法正常进行学术研究，长期在贫苦和被批斗中生活。虽有生之年得到平反，可这难以弥补曾经的创伤。江苏扬州籍的翻译家巫宁坤，其幸存离国后写下的《一滴泪》，就反映着江浙知识分子的种种苦难，以及在暴政下无力改变丑恶现实、不得不忍耐和逃亡的无奈与悲辛。

面对毛泽东和中共的淫威，毛时代的江浙人噤若寒蝉。毛时代中共对江浙的所作所为与满清对江南的屠杀压迫与文字狱何等相似？死于文革的江浙知识分子，与明末殉国的东林党人的悲剧又多么相通？而反右和文革至今江浙的沉默低调，又与满清两江/闽浙总督治下民众的长久沉寂惊人一致。万马齐喑中，只有苏州籍的林昭奋力呐喊，在那泯灭人性的黑暗时代发出痛斥暴君、反对专制、追求自由的伟大啼鸣。但这无法改变当时的专制暴政，江浙人民也只能战战兢兢、浑浑噩噩的生存与死亡。

　　改革开放后，江浙的经济迎来了久违的春天。相对于珠三角更多依靠对外开放和借助港澳台的资本与平台拉动经济，长三角的江浙更多凭借自身的经济社会底蕴恢复和发展。珠三角在经济发展的同时贫富分化严重、治安混乱、各种非法活动猖獗，充满着暴力与动荡。而长三角这几十年贫富差距相对较小，治安更是在全国相对最为优良，公然的过恶的非法活动也较少。相对于珠三角的野蛮生长、东北经济的相对衰落、内陆其他地区的相对贫困落后，长三角是改革开放后中国经济发展最稳健、最扎实、最均衡、最惠民、最具可持续性的地区，域内各地差距和城乡差距都小于其他地区，尤其江浙农村富裕程度冠绝全国。江苏和浙江的 GDP 总量不仅常年位居全国前四，人均 GDP 更是居各省份（不包括直辖市）前三位。江浙上缴中央财政的总量与比例，也同样位居全国前四。江浙地区无疑是京沪之外中国经济最发达的地区。

　　但经济的发达无法改变政治的弱势和文化的不振。改革开放后，中共仍然实行重北轻南的政治方针，鼓励南方发展经济的同时遏制其政治影响力和话语权的增长。虽然中共两任最高领导人（江泽民、胡锦涛）皆出身于江苏省，但这并不能改变中共在地域问题上的原则和政策。北京仍然是中国政治和文化的中心，引领着中国的发展方向和决定着中国的政治特质。中共仍然非常警惕南方出现能够挑战北京权力与地位的地域势力，江浙则是其最为提防和打压的地区。江浙只有在经济上埋头发展和为其他地区"供血"的义务，却没有与付出相匹配的政治权力与话语权利。相反，其地方文化入方言和地方传媒，遭受各种或明或暗的打压，已几乎没有了独特的地方思想价值体系，也没有独立的话语权。

　　历经满清屠杀和文字狱、日寇屠杀和奴役、中共的专制及历次政治运动（尤其是文化大革命），江浙的文风、民气屡遭摧残折辱，虽几度复兴，但起码如今已不再有曾经的盛况。现在的江浙虽仍是理工和人文学者最集中的产生地区（可以看当今中国科学院和中国工程院的院士籍贯，江浙籍的占四分之一，算上受江浙影响的上海、安徽、福建、江西（即华东地区），则占两院院士的一半），但却普遍远离政治或依附强权，不是自私自利耽于享乐，就是成为政权的走狗和喉舌，再也没有"天下兴亡匹夫有责"的家国观念和"国事、家事、天下事，事事关心"的公共意识。历史上的物理与心灵摧残和留下的阴影余悸，以及如今仍然专制和压制思想文化自由的环境、在地域博弈中的相对弱势地位，都让江浙人变得非常低调、世俗、保守，纷纷在物质享乐和靡靡之音中沉醉，无力也无心去效法先贤、秉笔直书、经世致用了。夏完淳、秋瑾、林昭，这些人的光芒太耀眼，江浙人更多是恐惧和远离，而非效仿和超越。江苏人面对相较很高生源质量而言很低的高考录取率（还包括将本省大学录取名额大量"让"给其他省份）、残酷的中考"五五分流"，选择唾面自干的忍受（虽然也有零星的反抗行动，如在江苏籍家长在省内各级政府机构、教育机构门前的和平抗议，都被镇压下去），也反映了他们已经丧失了抗争的意志，现实中也没有抗争的手段和能力。压抑之下，江浙社会风气也逐渐糜烂，当地的人们也被动或主动的沉沦。

在沉沦中，许多江浙人纷纷变成精致利己之徒，只顾个人私利而没有家国天下精神和公民意识，乃至为私利损人利己、狗苟蝇营。曾经注重清廉和操守的江浙籍官员，现在也普遍参与腐败，虽然执政绩效尚可，但也不再那么秉公无私，不仅贪腐，裙带之风也极为盛行；许多江浙中产在教育资源和中高考录取名额限制下，纷纷想方设法不择手段挤进名校，还排斥外来打工子女与其孩子同校同班；在医疗、养老等方面，江浙人也越来越为私利钻营……

而江浙一些知识分子包括一些有话语权的科技医工与人文社科学者，不仅早已没有民国时代"为天地立心，为生民立命，为万世开太平"的理想追求，反而视野狭隘且保守自利，只有知识没有品德，为前途名利巧言撒谎（有些学者甚至在关系到亿万国民生存和人权、国家发展乃至人类命运的一些问题上巧言令色、歪曲事实、误导大众，如在新冠议题上替官方封城隔离政策背书、推荐并不可靠的中医中药治疗新冠的医学界专家钟南山、李兰娟（李兰娟丈夫郑树森亦为浙江人，其在国际期刊发表论文，因无法提供论文中涉及的 563 例器官移植来源的伦理证明而被撤稿，可想而知其参与了多少丑恶）；在气候危机问题上巧言撒谎、误导公众、造成极大恶果的地理学专家丁仲礼），勇于私斗而怯于公争，歧视弱者而默于强者。他们都不是真正的科学家，而是"高级技术员"。如同明清易代后，"国事家事天下事，事事关心"的东林党人消失，代之的是为官人军头做高级仆役的"绍兴师爷"那样，今日的江浙知识分子再次成为体制和权贵的附庸，为作恶者出谋划策和提供知识与技术。他们被丑恶伤害却又参与丑恶，既是历史和时代的受害者，又是相对更弱者的加害者，令人感到可悲可叹。

江浙的沉沦，亦是中共式中央集权的恶果。对南方地域势力的忧虑、对江南自由开放文化和市民社会的恐惧，都让代表北方顽固势力、崇尚北方保守文化的中共不遗余力的打压江浙，扭曲当地的文化民风，让这块人杰地灵的宝地，变成世俗市侩的戏园。这不仅是对江浙人民尤其知识分子的摧残，也是对汉文明的破坏，并让中国走入和困在丑恶的歧途。

广东

广东和珠三角地区的发展沿革和地位，则是中共治下中国的又一种中央与地方关系形态。广东所在的岭南地区，一直都有着相对汉族其他地区强烈很多的独立性与独特性。这既是地理环境造就的，也是广东历代人民主动抗争与坚持的结果。不同于汉族其他地区已大致"同音同文"，广东一直保持着独特的语言--粤语，以及基于独特语言的独特文化。独特的语言，是强化族群认同和凝聚力、拒斥外部同化的重要工具。正是凭借这一点，广东在历朝历代都比中原和江南乃至云贵川地区都有更多自主性。而广东与香港、南洋的特殊关系和连接，也让这里有着对外开放的条件与风气。还有，相对于江浙相对温婉的文化特征，广东的民风粗犷甚至野蛮，既可为公作战前赴后继，也会因私械斗血流成河；既讲求贸易自由社会契约，也五毒皆兴治安混乱。而且，广东只有珠江（西江北江东江合流后那段）沿岸地带较为富有，其他地区贫穷程度不亚于中国中西部（迄今都是如此），这样的相对贫穷和很大的域内贫富差距，也让许多广东人有强烈的名利动机和冒险精神，并为之不惜性命。

正是在这样的特色条件下，广东成为清末民族民主革命的策源地，以及民国南北对峙时期南方革命政府的大本营。不过，不同于紧邻北方、与中原文化密切乃至融合、时而有问鼎中原之志的江浙，广东相对更加倾向于割据一方，保卫自身的文化特色与独特利益。而从广东出兵、志在统一中国的北伐战争，其实是相对例外的。而陈炯明、胡汉民、许崇智在广州的坐镇称雄，更能反映广东作为相对独立的政治区域的特征。

而中共依靠来自东北/满洲及晋冀鲁豫等地的北方军政人员（"南下军人/干部"），击败了南方为基本盘的国民党政权，进占包括广东在内的南方各地，被成为此地的统治阶层。相对于江浙，广东在中共治下有相对略多一些的自主权（虽然重大和决定性事务仍然要听命于中央）。而叶剑英、陶铸等中共元老的坐镇，一方面保证中共对广东的控制，另一方面也让广东有了更多话语权与自主性。大饥荒期间广东饿死人很少，也和其有一定自主、不用像皖豫川那样被大规模强征粮食有关。在"前三十年"，广东一方面与其他省份一样处于专制和闭关锁国之下，但另一方面却有当时全国绝无仅有的对外开放窗口，即"广交会"，以及与香港的特殊关系及联系通道。广交会的前身可追溯到满清乾隆时期的"广州十三行"，二者都是全国闭关锁国下唯一的对外经贸窗口（这又是一处中共与满清相似乃至相同之处）。除了公开的广交会，还有在广东和香港边界私下进行的各种交易。中共政权利用广东与香港、南洋、西方的特殊关系和历史渊源，在闭关锁国时留下缝隙，以为中共特权阶层谋取利益。例如当时毛泽东、林彪、江青等人都从广东和香港的联系通道获得各种西方新式产品（例如淋浴设备），包括他们看的西方影片也是这样进口的。正是出于中共特权阶层的私利，中共才给了广东一定的自主权，这实在是一件讽刺的事。

改革开放之后，邓小平决定在广东和福建等地进行对外开放和市场经济试点，在广东设立了深圳珠海两个经济特区，广东得到了巨大的发展机遇，有了更大的自主权。随着经济的腾飞，以及广东与香港联系的日益紧密（尤其香港回归后），广东及整个岭南地区的特色文化也得以恢复和发展，其在舆论上的话语权也明显增强。以《南方周末》和《南方都市报》为代表的南方系媒体，成为中国舆论界放言百弊、监督政府、关怀民生的领军者。而广东的公民社会及街头运动也一度有声有色。这与同样人文深厚（乃至更加深厚）却在舆论方面沉闷低调、几乎毫无声色的江浙，形成鲜明对比，凸显了广东在文化和舆论上的相对独立和富于特色。

相对于经济上的相对自主和文化上的相对自由，广东在政治上却仍然高度受制于中央。虽然广东的政治自主性和相对独立性高于江浙，但这只是比较而言。另外需要特别提及的是，广东的富裕繁荣的红利，很大程度被中共自建国前夕以来"南下"的北方干部家族所得，南方本土居民获益有限，且处于被这些"南下干部"家族的统治控制之下。

随着 2013 年习近平的上台和中国政治的极速收紧，广东政治、经济、文化、舆论的有限自主自由也很快被剥夺的所剩无几。而 2020 年中共挫败香港反修例运动和颁布《国安法》，则让作为广东外部依托的香港也日益内地化，广东的特殊地位和作用也迅速下降。广东现在变得越来越像江浙，成为供给中共权贵集团和其他财政亏损地域的"肉鸡"。

广东的各领域自主权之所以长期受限乃至最终被剥夺，当然同样是由于中共中国的单一制国家结构和中央集权。在这种体制下，即便赋予地方一定的自主权，也必然是有限的，更是随时可以剥夺的。对中共中央来说，让广东保有一些自主性，只不过为了发展经济，以维护中共政权的存续和利益。当地方的发展变革威胁到政权安全，那当然就会改弦更张，收回下放的权力。而广东地方政府和人民的利益，当然是不需要顾及的。

北京、上海、东北、江浙、广东，是对中共来说最为重要的五个地区。首崇北京、拉拢上海、供养东北、打压江浙、利用广东，就是中共政权对这五个地区的基本政策方针。

陕西省、山东省、湖南省

而其余的地区，中共同样有不同的对待。以上五地之外的汉族聚居区，中共相对看重和扶植的，是陕西省、山东省、湖南省。

陕西省是中原和西部的交界省，一般被划为西北地区（有时也会被视为中部地区的一部分）。而同样属于西北的甘肃、宁夏、青海，体量远小于陕西，新疆则是特殊地区。所以，陕西就成了中共扶植的控制西北的命脉之省，政策上高度倾斜，在此投入的政治、经济、文教、科技等资源，无论总量还是人均，都远超其周边所有省份（包括人口分别为陕西省两倍以上的河南省和四川省）。此外，陕西管辖的延安是中共革命圣地，同样是陕西一部分的榆林则是能源和工业重镇。这两地的特色和价值也是中共扶植陕西的重要原因。但除西安和榆林外，陕西其他地区包括延安都非常贫穷，地理环境也十分恶劣。所以，中共扶植陕西省的结果，是导致西安一城独大（榆林市只有工矿但不适合生活），经济和科教文卫资源高度集聚于西安一地。虽然这种集中也有一定必然性和价值，但即便西安市民，受惠也分三六九等，贫者极贫，富者愈富。而自然地理和人文环境恶劣的陕西其他地区，就越发凋敝败落。显然，这样的扶植并不利于陕西整体的民生发展，只是符合中共的统治需要、有利于西安权贵的利益。

山东省则是中共政权崛起地和高层官员的重要来源地之一，政治经济地位颇高。虽然山东省不是土地革命时代的"革命老区"，但在抗日战争和国共内战期间却成为中共的重要根据地，为中共发展壮大和夺取政权起到重要作用。山东重农的经济特点和保守的文化特色与中共的"农民党"特质合拍，部分山东民众不怕吃苦、坚韧、顺从、蒙昧的特性，也让中共便于对其收买和利用。无论建国之前还是建国后至现在，中共大量军政人员皆出身于山东，山东也是中共军队主要兵源地。

中共政权着力培养山东成为北方经济大省，并试图将之与经济实力强劲的江浙、广东抗衡，以提高北方的经济权重。但正是因为山东省位于北方，官僚主义与保守主义色彩极为浓厚，阻碍了经济的进一步发展，经济成果也难以普惠民众而是被官僚掠走。山东本来也有深厚的人文底蕴，孔孟儒学也颇有可取之处，但中共为巩固统治却故意"取其糟粕、去其精华"，利用传统文化灌输忠君和服从，却故意无视儒学思想中的人道理念与民本立场，从而让山东人文环境更加恶化。

湖南省是毛泽东的家乡，也是中共起家地之一。出于饮水思源等原因，中共对湖南也多有扶植。但与陕西和山东一样，中共的扶植主要是为了巩固统治，其各种建设发展缺乏人道和普惠性。而湖南有"南方的北方"之称，本来风气就相对保守、民众较为愚昧（当然也有许多聪颖刚直之士，但只是湖南人的少数），社会崇尚暴力、官本位思想不亚于山东，精英与平民、城市与乡村（尤其省会长沙与其他市县乡村）有着巨大鸿沟，中共的统治和各种措施更加剧了湖南保守落后、社会不公。

以上三省，中共都对其有大量政策倾斜和各种资源投入。但由于中共政权的性质和特征，其各种政策扶植和资源投入，都无法真正普惠和可持续性的改善民生，也不能促进当地文教的公平有益发展。三省一直都有非常多的贫困人口，很小比例的人集中了大多数财富和资源。而专制下这些省份更不可能发展民权和兴起公民社会了。所以，即便这些得到中共偏爱的省份，在中共治下也是受害多于获利。

而上述的五个地区及三个省份之外中国的其他汉族聚居区，则普遍是被忽视、利用、损害、抛弃的对象。

河北省、河南省、四川省、重庆市

河北省，如前所述，关于它的各种政策和制度，都围绕着为北京服务（有时还包括天津）的原则，是京津的奴仆。它没有享受到邻近首都的任何好处，却受尽了北京的剥削压迫。河北人是最能感受到中国地域不平等和户籍制度之恶的，是制度性地域不公的最大受害者。河北没有自身独特的文化（"燕赵慷慨悲歌"早已被中共残酷的专制磋磨净尽），也缺乏省籍认同和历史自豪感，全省人民都在浑浑噩噩的为北京当"人肉电池"。虽然有许多中央层面的高官出身河北，但是他们几乎从未为家乡带来发展和利益，甚至总是站在中央和北京的利益立场上要求河北牺牲。这更能反映河北籍的上层精英与河北人民大众的割裂乃至对立。同样，那些在衡水中学等高考工厂里"内卷"出来上了名校的"天之骄子"们，也很少会回乡生活，而是千方百计远离河北，不让自己孩子再遭受作为河北人的种种苦难。如果中共政权不倒台、畸形的京津冀地域关系结构不改变，河北就不可能振兴和发展。

河南省，是中华文明的发祥地，曾经有过辉煌灿烂的历史，从商周至唐宋的一千多年中，一直是中华文明与汉文明的核心和精华地带。但是经过无数战争摧残尤其金国/女真、蒙元的入侵和破坏，异族的烧杀抢掠和横征暴敛，以及起义军与统治者的持续交战，曾经的东京梦华和东都繁盛，都化作过眼云烟。明代的河南，已经非常没落和被忽视。明末农民起义和满清入侵，再次重创了河南。这些残酷的战乱与入侵，让中原文明的中心河南，成了被侮辱与被损害的令人厌弃之地。清末和民国的历史变局中，全国许多省份都有枭雄和旗手，只有河南没有可以保境安民、兴建工商文教的政治强人，自然也没有实力雄厚的地方组织和势力。正是因此，河南在近现代继续被侮辱和践踏，人民成为没有主心骨和凝聚力的孤魂野鬼。1942 年河南大饥荒中灾民们在蝗虫、日军、国军的夹击下死亡枕藉，就是典型的写照。八年抗战，河南并非主战区，也无发生特别激烈的战役，但死于战争有关的人数却是全国各省最多，也反映了一盘散沙、无人照管的河南人民的悲惨。

而中共建政后，河南仍然是"朝中无人"。在"前三十年"，河南除了"一拖（洛阳东方红拖拉机厂/中国第一拖拉机制造厂）"和几个依托矿产资源的企业，几乎没有什么像样的工业，是十足的农业省份。但由于集体经济的低效和强制征粮政策，种粮食收粮食的河南人却经常吃不上粮食，除占河南人口很小比例的干部、工人、军人得到定量粮食供应（高级干部还有充足的肉、蛋、奶供应）及衣布配给外，大多数民众吃不饱穿不暖是常态。"足蒸暑土气、背灼炎天光"的辛劳之后，换来的是"遍身罗绮者，不是养蚕人"的"回报"。而河南众多的人口和人均稀少的资源，更是加剧了贫穷落后。当时的中国整体非常贫困，河南省则是贫穷中的贫穷。改革开放后，河南经济有了发展，无论本省二三产业，还是赴外打工群体，都创造了可观的财富，民生也得到改善。但由于中央政策仍然不利于河南，如政治地位低于大多数省份，教育上仅给了河南省一个重点院校名额，人均转移支付也低于其他省份，河南省大多数人民仍然在为基本的生存挣扎。

四川省，是中国兼具庞大人口和广阔面积的超级大省，是西南地区的代表。四川有着独特的地理环境，域内土地肥沃风调雨顺，还和周边尤其中原腹地相对分隔，本来应是安逸和与世无争的天府之国。但实际的历史上，许多中原政权和势力都流亡至此，将蜀地作为休养生息后夺取天下的跳板，多少蜀地儿郎成为外来大人物争雄天下的工具而死于疆场。"终黄土"的不止"卧龙跃马"，更有亲眷们"春闺梦里"才能相思相见的百万千万兵丁。但外来势力的不断涌入，也让四川高度汉化、成为汉民族强固的一部分。保路运动、辛亥革命、抗日战争，近现代的四川人前赴后继的为国家民族的救亡复兴做出了巨大努力和牺牲。民国的四川也有一些能干的地方枭雄，地方自治和经济社会发展也在进行中。

中共建政后，四川丧失了相对的自主，与河南等地一样成了政权的"奶牛"，大饥荒中饿死的人数为全国最多。虽然 1960-1970 年代的"三线建设"让其有所受益，但只是让占人口很小一部分的党政军及公营机构人员获利，整体贫困落后的情况基本没有改观。改革开放后，其发展程度和瓶颈与河南类似。中央集权下，地方的发展饱受制约，中央不仅不给予四川和河南这两个历史上有过独特辉煌的地区更多自主，还有意避免其形成地方势力和自我壮大，以保证四川和河南被中央牢固的控制于股掌之中。四川虽被中共当作西南的领军省份予以重视，但大多数民众获益有限。各种政策扶植和转移支付，与陕鲁湘三省一样，都被省内权贵和依附者瓜分，人民并没有得到什么利益。因为四川人口极多、省土广袤，所以人均分得的转移支付相对以上各省更少。还有，与陕西省的资源高度集中于省会西安一样，四川省会成都在全省独大、市民相对富有，而川地其他县市均非常贫穷（排名第二的绵阳市 GDP 总量仅有成都的八分之一，人均也只是成都的二分之一），发展极不均衡。

从四川省被分出的重庆市，虽然有了直辖市之名，但很大程度上没有直辖市之实。相对于京沪津，重庆受到的政策扶植较少，也没有它们那样的地位和话语权，人民享有的政策红利和社会保障更是远低于前三者。不过，以市而非省看待的话，重庆的政治地位和经济规模，仍然与四川省会成都并驾齐驱，是西南的重镇，在全国也至少是第二梯队的中坚。

安徽省、江西省

安徽省和江西省，自古以来都相对周边贫穷。两地部分区域的民风都相对保守野蛮（尤其和邻近的江浙相比），官僚主义和底层暴力都较严重。这很大程度在于其地理环境不佳，以及地理与经济和人文的恶性循环。虽然两地也人才辈出，如安徽合肥、江西吉安和临川，皆是"才子之乡"，但对皖赣整体人文风貌和社会发展影响有限，人才流失严重。而多次战乱和民变让这里的环境更加糟糕。中共这个单一制政权，没有努力去促进安徽和江西的发展以弥合区域差距，而是以严酷压迫让两地安于贫穷，为其他地区输送廉价劳动力、农产品和矿产资源。江西省还是中共的革命老区，但中共并不怎么照顾江西，曾经的革命老区仍然高度贫穷。甚至出于对蒋介石、蒋经国父子在江西苦心经营的报复，中共还一直强烈打压江西的文教工商各方面。相对于国民政府和土豪劣绅，中共对江西农民的强制征粮征税，也更加野蛮无忌。这也反映了中共政权对人民的叛卖。相对于中共和中央政府的野蛮无情，倒是地理相近的江浙沪对皖赣两省经济社会发展有所促进，两省许多民众也通过在江浙沪务工经商得以温饱乃至发家致富（当然江浙沪也利用和剥削了皖赣的廉价劳动力，也对其人才及其他资源有虹吸并造成一定负面影响。另外，中共在打压江浙同时也对江浙有一定安抚，安抚内容即包括抑制安徽和江西的权力地位，令其在与江浙博弈中处于相对弱势贫乏一方）。

其他省份

山西省、湖北省、福建省、海南省，因为其特殊的地理位置、历史文化、战略价值，相对独立于周边地区，各自自成一体。中共对这四地的态度都是利用，利用山西的煤炭资源、湖北的地理优势和水文资源、福建的战略位置及与台海的连接、海南的独特地理环境与位置。在利用的同时也有建设，但建设少于索取。

云南省、贵州省、广西省（广西壮族自治区，但一般也视为汉地），则是被忽视和边缘化的。相对于中共在东北三省的巨大投入，地理位置相对的西南三省正是反面典型。这三省在中央也缺乏话语权，很难影响政权的决策和执行。虽然近年来三省也有很大发展，但自力更生所得远多于中央的赐予。中共的确在这些地区进行了扶贫开发，但人均每月实际得到的资源和补助，恐怕还不如京沪一般公务员下馆子的一顿普通餐费。相对于平民的贫苦，三省各地的本土家族、少数民族精英，则被中共扶植和"统战"，获得了各种制度和政策的红利，协助中共政权维持着西南的宁定。

甘肃和青海两省，虽然因为地理位置的重要（位于汉族和少数民族交界和混居区，甘肃连通中原、西南、西北，青海位于长江、黄河、澜沧江等河流的源头）、自然资源的相对丰富，得到了中央的一些扶植，又因为人口较少所以人均得到的资源较多，但有限的资源主要被权贵和体制内人士所得，平民大众还是生活在贫穷中，文化教育和社会风貌也长期落后。

总结

总之，在中共的单一制国家结构及中央地方关系模式下，整体普遍受益的地区只有北京、天津、上海、东北四地，陕西、山东、湖南也得到一些相对的好处，但以上各地也只有域内部分人受益，而其余地区整体上都不同程度的受害。而各地的受益和受害，取决于中央的政策导向及各地的话语权。还有，全国所有地区得到的一定程度的优惠政策和资源配给，其利益的大多数皆是被权贵精英及依附者瓜分，平民则都是被侮辱与被损害者（只不过不同地区、不同阶层、不同细化身份的平民，被侮辱与损害程度有所区别）。

　　中共有意采取"分而治之"的策略，将全国各地以省级行政单位分割，一切管理与政策皆分省而行。中共也在不同地域和行政区域故意实行差别待遇，以加剧地域冲突对立、避免各地方团结，以巩固专制极权。而户籍制度则是分化各地的最重要手段。中共建政后的许多年，不仅城乡之间的户口迁移非常困难，跨省的户口变动也被政权紧密控制。虽然现在跨省迁移户口的政策有所松动，但户籍制度仍然在阻碍跨地域的人口流动，尤其京沪津三地的户籍很难取得。虽然不迁移户籍也可以去外省旅行和工作，但往往难以享受在地的各种权利和社会保障，也会在办事过程中面临更多麻烦。正常的单一制国家，国民是完全自由流动的，在哪里就是哪里人。而中共中国则一方面通过单一制强化中央集权、号令全国，却又设置了比各联邦制国家还严格许多倍的区域壁垒，并将人民用户口绑在特定的省份乃至具体的市县乡村。中国这种畸形的单一制国家结构，世间除朝鲜外再无他例。

　　此外，中共政权虽然严格限制地方党政机构和官员的权力，对地方严密管控，打压地方及地方官民自主性，不过这种中央集权主要是用于维护中共政权统治及统治集团利益，对于地方党政机构及官员、公务员、地方强人、农村宗族势力、底层流氓恶霸，以及这些机构、群体、个人的依附者的各种恶行，包括中共中央和国务院在内的最高层却是默许、放任、鼓励的。例如中国自 80 年代起至今人口贩卖问题极为严重，电影《盲山》中的情节迄今还在发生，如2022 年还曝出如"徐州八孩"事件这样的丑闻，但中央政府却对此睁一只眼闭一只眼，对购买妇女和儿童的买家往往根本不予处罚或量刑畸轻。这显然是出于稳住颇具暴力能力的农村男性和宗族势力考虑，而不惜牺牲女性和儿童的权利自由乃至起码做人的尊严。对于各地方其他同样普遍的恶行如贪污腐败、暴力执法、制假贩假、滥砍乱伐，中央也是放任或选择性执法。

　　对于中央统治者而言，放纵地方官员和黑恶势力作恶，对底层种种丑恶不闻不问或有意偏袒强势一方，虽然损害人民利益、影响政权形象、招致民众不满，但却能够变相收买和控制各地官员和强人，既可以通过包庇纵容官员和强人的违法犯罪、满足其各种欲望与利益需求，以拉拢其效忠，又可以借助对他们作恶违法的选择性执法来慑服他们，令其不得不依附与忠诚于中央和最高层的特权者。而各地弱势的民众，则成了中央权贵和地方既得利益者拉拢对方和利用对方的"礼物"和"棋子"。显然，这样的中央集权不仅没有发挥以集权打击地方邪恶腐朽势力的作用，还助长和加剧了各地强人恶人的为非作歹。

因此，中共治下中国的单一制国家结构，有着极大的弊害。它既剥夺了地方的自主权，又设置了区域壁垒"分而治之"，还在不同区域的发展和竞争中"拉偏架"、制造地域矛盾，抑制可以挑战中央权威的地区发展，并且通过户籍制度迫使国民依附于政权。而且中共的中央集权体制下，中央反而放任地方官员和恶霸胡作非为、鱼肉百姓，集权成为维护统治的工具，而非保护人民的后盾。这对于中国各区域尤其江浙和中原的发展、中国全境的革新进步、中国全体国民的自由与平等，都是极大的损害。

未来民主中国汉族聚居区的地方行政制度与中央地方关系

单一制的结构、户籍制度与各种制度性壁垒的废除、全国均一化和先发拉动后进的政策立场、市–县与乡–村为单位的两层地方自治、中央集权与地方自治的结合与统一

基于以上经验教训，未来民主中国的汉族聚居区（不包括港澳台），应该实行怎样的制度呢？根据我前述的这些关于中共中国单一制结构弊害的内容，或许人们以为我主张实行联邦制。但我并不赞同在汉族聚居区实行联邦制，相反我主张实行更接近于单一制的结构。

中国/汉族/华夏自周秦以来，就有着在血缘和文化上高度同质化的国民/族群，全国各区域之间有着紧密的联系，也长期处在同一个政权的管理与服务之下。在周王朝时期，虽然诸侯割据，但"普天之下，莫非王土，率土之滨，莫非王臣"，各诸侯国已实现了实质上的"诸夏亲昵"，"百家争鸣"的各家各派都可以轻易跨"国"游说四方，九州之内交流无碍，华夏版图和文明圈已然奠基。而秦王朝灭诸侯设郡县、"车同轨书同文"、统一钱币和度量衡，实现了全国政治、文化、经济、各领域标准的统一。汉代长达四百年的统治，则让汉民族基本形成、固定、壮大，让中原、关陇、蓟辽、江南、岭南、巴蜀、云贵，都被汉文明浸染而从蒙昧走向开化，成为汉地的一部分。秦汉的大一统为全国各地的往来交流提供了前提条件，全国经济文化也因此极大丰富和发展，尤其是相对边远和落后的地区得到了有力的开发。都城长安之所以"街衢洞达，闾阎且千，九市开场，货别隧分，人不得顾，车不得旋，阛城溢郭，旁流百廛"，长乐未央壮丽无极，是因为汇集了九州的精华，也代表着天下的兴盛。

而三国时期，虽然魏蜀吴三足鼎立，但三方都是汉族政权，都尊奉汉文化和礼教，制度和政策大同小异，即便战乱频仍，经济文化也有所发展，还顺便将以前偏远和地理环境恶劣的区域进行了开发。两晋南北朝时期，北方发生了严重的民族冲突，后来又实现了民族融合。以北魏孝文帝改革为代表的北方少数民族汉化、"衣冠南渡"后南方汉文化的发展与南方人汉族认同的强化，反映了汉文明的吸引力与凝聚力，让战乱的中华没有彻底沉沦而是蓄力复兴。东晋陶渊明咏出"猛志逸四海，骞翮思远翥"之辞，就反映了偏居东南的士人并未沉醉温柔乡和忘却九州山河。而南方资源开发和经济发展，也离不开相对先进的制度政策和文明教化。

隋唐时期，虽然统治者在文化或血统上有少数民族成分，但非常推崇并发展了汉文化，同时还包容了不同民族和文化在隋唐的存在和兴盛，形成了以汉文化为主体、多民族多文化共存的"多元一体"结构，是中华民族的某种雏形。"小邑犹藏万家室，公私仓廪俱丰实，九州道路无豺虎，齐纨鲁缟车班班"，杜甫的名句反映了盛唐国家统一和国内和平下经济的蓬勃发展与人际交流的繁盛。

而北宋时期的宋辽夏并立，宋王朝造极汉文化自不必说，契丹政权也逐渐汉化并以中华正统自居，西夏文明也是汉文化与地方文化结合的产物。女真/金国和蒙元虽然摧残了汉文明并制造民族和地域隔阂，但南北汉人此起彼伏的起义斗争，以及最终推翻异族统治重建中华，就反映了民心所向和汉文明的坚韧顽强。明代的中国也重整了汉地、汉族、汉文明，在秦汉和隋唐之后又一次实现了汉族聚居区政治、经济、文化、行政管辖的统一，并促进了全国各地之间的贸易往来和文教交流，让中华文明登上新的高峰。满清虽然残酷屠杀汉人、摧残汉文化，但无力毁灭历经千年牢固成形的汉文明及亿兆汉族人民。民国各地战乱频仍，群雄割据，但各汉族聚居区都自认是汉地的一部分，不因政治对立而否认民族身份。抗日战争中全国团结御侮，也反映了全国人民尤其汉族人民的向心力和凝聚力。中共政权虽对全国分而治之，但各汉族占绝对多数的地区仍然有着极高的同质性，各地区之间也有巨量的往来交流和人口流动。还有，虽然中国不同区域之间有各种经济文化差异，但共性仍压倒个性、普遍性仍大于特殊性。

而从周秦直至民国，除少数情况下国家分裂或汉族为异族统治之外，大多数情况下中国都是以汉族为主体的、大一统的、文化与价值观同质性强的、世俗主义（非宗教）的国家与民族共同体。它的文明程度与古希腊、古埃及、古印度并驾齐驱，强盛之势又只有古罗马帝国、阿拉伯帝国、蒙古帝国可比，而作为相对其他文明独特且长久存在的历史长度、历经残酷破坏仍顽强存在的坚韧程度，则只有亚美尼亚人与亚美尼亚文化、犹太人与犹太文化可堪共赞。汉文明、中华文明之所以能长久存在，既在于它本身丰富深刻的人文内蕴，也在于统一的国家体制与文化形态对内部的整合、对外侮的抵御。如果华夏各地是零散的政权和迥异的文化，那就会像拉美诸文明和非洲各部落那样，被殖民征服和摧毁，或者像伊斯兰文明被东西夹击破坏后的中东那样，陷入长久的战乱，或者如印度南方原住民那样被种姓制度长久压在底层。只有统一的国家、具向心力的文明，才能长盛不衰。

以上所述中国汉文明的历史变迁，反映了中国汉族聚居区高度同质化和相互往来密切的史实和现状。这样的历史背景和现实条件下，民主中国汉族聚居区更适合实行单一制而非联邦制的国家结构。

之所以更应实行单一制而非联邦制，不仅是历史和现实的应然，也是民主中国文明进步的需要。对于民主中国，其任务应该是建设一个民主、法治、自由、平等、博爱的国度，让每个国民都能相对均等的受惠。如今中共中国的单一制和中央集权是有意制造地域不平等、加剧各地隔阂对立，而民主中国则应用单一制和中央集权消除界限、弥合差异、促进平等；民主中国的经济社会想进一步发展，也需要广阔的内部市场和紧密的交流互动。实行联邦制很容易导致地方保护主义和以邻为壑，不利于全国统一市场的形成与生产要素流动。而通过行政手段将全国划为若干省份，也人为的将本来高度同质、交流便利的汉族聚居区相对割裂，对文化科教发展都显然是弊害。单一制则可以让全国各地起码汉族聚居区内人员、资本、技术完全自由流动，促进经济快速发展。而文化的交流融合也需要破除各种政治壁垒；民主中国也必然面对外部的竞争与威胁，国内越是团结一体，越能在国际竞争与博弈中胜出。

因为中国是一个多民族多宗教国家，边疆情况又与内地差异过大，所以民主中国在位于国家边缘的少数民族聚居区只能实行联邦制，以尊重其自主自治。所以全国的均等化发展，在这些地区只能搁置、缓行了。但在国内连成一体的汉族聚居区，就没有这些顾忌，可以直接实行单一制，以实现上述有关经济民生、社会公平、内政外务等方面的目标。

民主中国汉族聚居区的行政区划，仍基本延续当今中国的省市县区区划划分。但各行政区划尤其省级行政单位的性质将有根本的改变，并实行中央--市（地级市）县（市辖区和县）直通式行政层级划分与权力分配结构。

首先，户籍制度及其他侵犯人权的地域壁垒制度/政策，将逐步并最终完全的予以废除，全国汉族聚居区各地居民可以完全的自由流动，每个公民都有完整的自由迁徙权。而公民参与各级选举投票身份的确定、各种社会保障费用的缴纳和获得，教育医疗养老等各种资源的享有，则以常住地和纳税地为准，具体可参照欧美、日韩、印俄等其他各种没有户籍制度（或起码没有中国式户籍制度）国家的相关身份判定方式和公共资源供给体制。为避免骤然废除户籍制度造成的各种冲击，可采取循序渐进的方式废止户籍制度，包括设置废止户籍制度的缓冲期，允许一些地方暂时保留部分当地常住居民的特殊权利和利益等。但最终，还是要彻底废止户籍制度及一切阻碍人口自由迁徙和自主选择生活方式、破坏社会平等和公正的制度和政策，并建立全国均等化的公共服务供给体系。

这样，全中国或起码整个汉族聚居区的省际壁垒、城乡壁垒都将完全打破，全国真正融为一体，不仅大大有利于经济社会的发展融合，更保障了人的自由权、实现了人与人之间在制度上的平等与所获公共资源的均等。

第二，民主中国中央层面对地方的各种政策和指令，尤其各种优惠措施和经济补助，将不再以省级行政区为单位提供和派发，而是根据具体区域（以地市乃至县乡为单位）的经济社会状况及需求来确定和实行。当今中国中央政府对地方的各种扶助、扶贫及各种政策支持，往往收益都落到了地方权贵的腰包，或者被各省中有相对优势的次级地域势力占有，而最需要帮助的群体却得不到资源或者仅仅只能落下残羹剩饭。就像我前面所述的那些省份如陕西湖南四川河南甘肃等，中央的各种扶助都只是肥了权贵利了官僚，亿万人民还是贫困绝望、自生自灭。

还有，像西安、郑州、成都等各省首位城市，往往抢占了中央下发给本省的大多数资源，而省内其他弱势地区却往往只能得到残羹剩饭。虽然集中发展省会也有一些道理，对全省整体发展也有很大价值，但起码不利于中短期省内其他区域民众生活的改善和就业就学等机遇的平等。长远而言，虽然能带动全省发展，但也会让省会和省内其他地区在马太效应下差距越来越大，地域间越发不平等。

因此，中央应该直接根据全国各地包括各省区内部不同区域的经济社会状况（如地理条件和贫富状况）、每个家庭和个体的特定处境，因地制宜制定政策和分配资源，最大限度帮助最为弱势的阶层、区域、群体和个人，促进民权平等和民生均富。

第三，民主中国汉族聚居区将基于市（地级市）县（市辖区和县）层级进行自治和扩权，而相对弱化省级行政机构的权力及省际壁垒，并构建中央--市县直通体制与关系结构。之所以如此设计，是基于以下几个原因：

一，相对于面积和人口规模都相对较大、各地居民之间关联性弱的省级行政区域，市区和县城及县辖区的规模小，人与人之间的关系更紧密、沟通来往非常便利，更适合于实行真正有民主性和参与度的地方自治。在市区和县镇，甚至可以实行直接民主，人们参与政治活动和决策非常便捷容易，域内居民也能够真正成为一个政治共同体和生活共同体，就各种切身的民权民生事务进行充分讨论和集体议决；

二，以省为单位进行行政区隔和自治，容易导致各省地方势力坐大，形成割据势力，地方强人可以为所欲为，而中央难以制约。而且，地方割据并不意味着地方自治，相对于"天高皇帝远"的中央政府和国家领导人，地方强人和实力派往往更加集权乃至独裁。而如果强化市县权力和削弱省权，面积和人口规模都较小的市县很难对抗中央的权威和政策，更不能割据和分裂，也无法挑战从中央到地方完善的民主体制。这样也有利于中国汉族聚居区的一体化及各地之间形成更紧密的关系和更多经贸文化交流。民国初年孙中山反对"联省自治"而主张"县域自治"，即是出于这样的考虑；

三，如果中央政府希望细密深入和因地制宜的处理地方事务，显然更适于和相对更贴近基层的市县行政机构对接，而非通过省级行政机构这种管辖范围甚广的地方机构。前述的关于推动全国经济文化社会发展的均衡和国民公共服务均等等诉求，也需要中央权力向更基层渗入。而且，中央与市县直接对接，如商品销售"没有中间商赚差价"般，避免了省这一级的官僚权贵"雁过拔毛"式截留各种资源自肥的腐败、歪曲各种政策自利的权力寻租，让中央调拨的各种资源和提供的政策尽可能用之于民。

在中央--市（地级市）县（县、市辖区）二级关系结构的强化下，省这一级行政层级和相关机构将相对弱化，更多起到一种协调与衔接作用，不能再决定省内资源的配置和供给，也没有对市县乡镇官民生杀予夺的权力；各省长官也不再是雄踞一方的封疆大吏，而更多是所辖各市县的"协调员"。各省议会也更多是省内各市县利益和话语权的代表，在保持对国家忠诚和负责的前提下，主要维护市县利益，次之维护所在省份利益。各省在国家"联合院/参议院"的代表，也要均衡的代表所属省份各市县的利益，在提案、审议、决策中要多考虑基层民众利益而非省域特殊利益。

需要特别说明的是，在中央--市县权力结构中，地级市和市辖区/县二者各权力机构相比，前者权力更大，但更多听令于中央、服从大政方针；后者权力较小，但拥有更多自主权、主要考虑基层民意。地级市和区县二元一体、各负其责、密切沟通，作为民主中国中坚性的两个行政层级而存在和运转。

而基层自治原则上以市辖区和县为单位，但多个地理相接、面积和人口规模较小的市辖区可合并进行自治、自治事务由地级市代管；而面积和人口规模都较大、域内经济文化社会发展差距较大的县，可按照县城和乡镇的区划和自然地理界限，划为多个自治区域，分别选派代表参与全县事务。

实行"县域自治"而反对类似于联邦制的"联省自治"，也是中国民主革命先行者孙中山先生的立场和愿望。孙中山先生在谈到地方自治问题时说："唐继尧割据云南、赵恒惕割据湖南、陆荣廷割据广西、陈炯明割据广东，这种割据式的联省，是军阀的联省，不是人民自治的联省；这种联省不是有利于中国的，是有利于个人的，我们应该要分别清楚"；"我言地方分权而以省为单位者，仍不啻集权于一省也。故不为此项问题之研究则已，苟欲以精密之研究，则当以县为单位。国人对于本县，在历史习惯上，有亲昵之感觉"。民主中国也要避免地方强人割据一方、称王称霸，而县域自治既削弱了地方强人的势力范围，又有利于人民直接参与民主，是相对最好的选择。孙中山先生谋虑精深，我们应当实现他的愿望，以造福中国人民。

不过，相对于古代及民国农业为主的社会，如今中国已是高度工业化和城市化的现代社会，地级市市区（及其他同级别和性质的集聚区域）的经济、人口、社会活跃程度，都明显超过县及县以下聚落。因此，"县域自治"应修改为"市县自治"。

（但如果"弱省、强市县"的制度政策实行起来真的不佳，那时也可以修改体制，重新以省为主要地方行政单位、实行中央--省--市--县四级行政体制）

另外，考虑到许多人对于中国中央集权历史上发生的一些悲剧的忧虑，以及社会进一步多元化和国民多样选择的必要，民主中国可在全国汉族聚居区各地挑选面积和人口不超过5%的区域，赋予其国防和外交外的其他各领域的高度自治，与其余汉族聚居区（主体地区）进行对比和竞赛，以比较优劣。不满于主体地区制度和政策的，可以前往该区域定居生活（反过来也一样，这里的人也可随时迁入主体地区）。而且香港、澳门、台湾三个以汉族为主的自治区，也很大程度足以作为与汉族聚居区对比的对象。这就可以让中国汉族聚居区更加多元化，人民尤其不满现实的知识分子也有更多选择）

第四，在中央与地方（省、市、县）权力划分上，坚持中央集权和地方分权相结合的原则，各司其职又互有交叉，共同推进国家各地区的发展和人民权利权益的实现。

在民主中国的汉族聚居区，中央集权优先于地方分权，中央拥有全国及各地方大政方针的制定权和监督权，各地方则对本地的具体事务拥有处置权；地方的人事任命和变动虽有民选及地方代议机构决定，但中央有最终决定权和否决权；全国层面（非地方性）的财税由中央征收和调用，各地方的财税由中央和地方共管并有所分工、收益按照合适比例分成（债务和亏损也以相同比例分摊承担）；除为因地制宜等因素而必要存在的地方性法规外，全国汉族聚居区使用相同的法律，包括相同的宪法、民法、刑法、商法，各地执行法律时原则上也需严谨一致（但现实中可根据各地现实情况差异略有变通，但需得到中央和各地议会及司法机构的许可）。地方司法机构及人员相对地方政府独立、受地方议会监督制约，同时还须接受中央司法机构在法律规定范围内的管理和监督；各地涉外和涉军事务由中央全权决定，但地方也有一定的参与权。

民主中国汉族聚居区的具体民权民生政策

国家干预与公民自组织的结合、扶植公民组织和鼓励公民运动；提供就业、教育、医疗、住房、养老等基本生存发展权利保障；改革收入分配机制和税收政策，基于贡献和付出分定收入并全民申报，税收应发挥调节分配作用并明晰化可感化；促进社会体制环境公正、实现国民物质所得的均衡、非物质权利与话语权的平等；将思想启蒙和文化教育作为国家大计中的重中之重，并将培育公民良好道德品行、公共责任意识与同情心正义感、创新创造能力作为教育重点；以折中渐进原则和涓滴手段促进社会改良和国家变革；对旧政权既得利益者据其过往及现实区分对待，以和缓方式处理历史遗留问题；对政府、警务、教育、医疗等重要领域公共管理服务人员以"高薪养廉/高薪提效"保证基本公共管理服务的高效、公平、优质；借助现代科技与信息技术，推进国家治理现代化、促进管理与服务的透明与平等，并实现互联网社会的法治与安全；中央集权与地方自治的各尽其能与相互配合，"小国寡民"乌托邦的不切实际；民主法治下的中央集权不会导致极权和严重权力寻租，对因列宁斯大林毛泽东体制之害而厌恶大政府与集权立场知识分子观点的不赞同，但保持同情之理解；增加税收和提高社会福利并非极左"大锅饭"和共产主义化下的贫穷低效，而是缓和社会矛盾避免极端势力得势；"平等"与"自由"之辩：平等保障自由而非阻碍自由；"整体主义"与"个人自由主义"之争：当今世界人与人联系的普遍客观多样、社会公正和保护弱势群体需整体主义理念政策（以女权问题为例）；国家干预与整全社会形态下群己权界的划定与对个人权利自由的保障；从国家大政方针到个人态度，皆需一分为二看待和辩证合同对待影响重大且根深蒂固的保守事物：家庭和宗族（以及对激进左翼反家庭反宗族价值观的反思）、宗教和传统文化（以及对现代价值观和世俗主义存在不完善与脆弱一面的承认与评论）、民族和国家（"天下大同"的应然和"人以群分"的实然；个体独立自由的宝贵与族群身份认同的必要，二者的冲突与互利；重点分析国家中的国家机器、建制体系、官僚主义）；从制度政策到思想心灵，均要兼顾传统与现代、兼容东方与西方，并以回溯历史变迁和展望未来的角度看待当今世界的发展与不足，认识到历史变迁的阶段性、钟摆性、螺旋上升性，紧迫又从容的促进社会进步，促成革新与保守、经验与理性、自由与秩序的统一；通过设立制度推行政策、价值观塑造引导、文化教育、促进公民自组织等方式，构建友爱和睦的人际人群关系与和谐安定的人文社会环境；政策的制定与执行，应坚持人权和人道主义原则，但又不唯人权、不完全拘泥人道，达成理想与实效的相对一致、保证全局利益和根基稳定，实现人权人道在现实中的最大化和永固性；在把握宏观方向和坚持基本原则的前提下，对具体问题应具体分析，因地制宜、因时制宜的对待和处置各种微观问题；将对抗气候危机等极重要事务写入宪法并作为基本国策，在国家施政中优先考量并集中资源完成目标；其他政策措施的概述；汉族聚居区各地离合亦应遵从民意、顺其自然，并舍弃排异

之患、强固民族本体

在以上的这些设置和措施基础上，民主中国中央将在汉族聚居区推动各项革新开拓、扶弱平权的政策措施，以实现国家进步、社会公正、人民幸福。当今中国存在种种黑暗丑陋、不公不义，既有中共独裁统治的制度与政策原因，也是各地落后的经济社会状况、低下的国民素质、恶劣的文化习惯与道德风气所致。相对于文明开化和法纪规范程度较高的沿海大城市城区，中国的内陆、乡村、贫困地区、偏远地区，不仅经济落后，往往严重缺乏法治和透明度，有些地方民风败坏，人民愚昧而暴戾，弱势群体生存状况恶劣。即便汉族聚居区，不同区域的经济社会发展水平和文明程度也有巨大差别。

因此，民主中国必须充分利用中央权力、调动全国资源、发挥各地尤其发达地区优势和辐射、示范、引领作用，以及促成全国各地公民自组织的团结互助、国民相援，国家机构和民间力量共同在制度、法律、政策、文化教育、民生投入等各方面发力，推动各落后保守地区向发达进步地区看齐和改变，以及推动劳工、农民、个体经营者、女性、老人、残疾人、LGBT 群体、各种自然灾害和人为伤害受害者及家属、其他身份特殊和边缘者等各弱势群体的权利保护和利益拓展，最大限度实现人与人之间的相对平等；

"免于匮乏的自由"是人的基本自由与权利之一。基本生活需求不能得到满足，必然导致丑恶与犯罪的横行；物质上的不平等，必然导致享有权利的不公、强者对弱者的压迫。相反，哪怕有有限但有力的基本保障和平等措施，就可以弱化强者对弱者的压迫、避免底层惨烈的互害与沉沦。因此，中央在资源调配上应平籴扶弱，以真金白银和各种实惠政策帮助弱势者，尤其推动教育公平、医疗资源配给均等、养老保障普惠化、住房去商品化，提高最低工资标准和低保标准并按时足额发放，还要保障弱势群体可以免费获取基本的公共服务。对中共统治时期亏欠弱势群体的各种历史欠账，也要以物质和非物质形式予以合理补偿。各种转移支付和优惠政策不再像中共统治时期主要惠于权贵官僚，而是发放给最缺乏资金资源的弱势群体、帮助到最需要政策帮扶的劳动人民，并通过经济平等措施促进每个公民政治权利和社会能力的真正平等。

而关于各种社会保障和福利的财富和资源来源，则既要大力发展生产力，尤其通过科技创新促进经济发展和物质供给增加，又要对各种非法收入予以没收取缔、对过高收入进行累进征税，以及将全体人民共有的有形无形资源真正普惠民生（而非像中共时代被政府官僚、名义上"国有"／"集体所有"的企事业单位"工人贵族"及其子女亲属等独占）。民主中国的个人所得税，不能像如今这样主要针对正式工资进行征收，而是根据其多种收入和实际财产征收；而对于企业及其他经济运行体的征税，应该是利润越多、规模越大，征税比例越高，而对于小微企业和个体经营者应减免税收，对于促进就业、有利于弱势群体利益、有利于科技创新、有利于国家利益的产业及机构，则不仅要减免税收，还要提供补贴。民主中国应尽可能减少间接税征收、变相和隐形的罚没，而增加直接税的征收、正规和公开的罚没，既保障国家财政收入、调节分配，又将国民的纳税行为与公民权利和义务高度捆绑，让国人对纳税有强烈而清晰的感知，增强国人的纳税人意识、权利义务意识。民主中国还要建立公务人员收入公开机制、国有产业和机构收支透明化和全民监督机制、全民收入申报机制、全民非工资收入和财产的稽核机制，以保障收入和财富所得的合法、收益的公平。

"不患寡而患不均，不患贫而患不安"，人与人之间的妒忌、歧视、争斗、仇恨，种种阴谋与暴力，社会的不和谐，根本上都在于人与人的不平等。而人的所得所失，与个人奋斗的关系往往很小，更多是出身背景、生活环境、机缘巧合、贵人恶人、时代变迁等外部的且非个人能力的因素决定。在专制社会如此，民主社会大体还是如此。几万年来人类物质条件急速改善，但人们仍然痛苦和争斗，甚至愈演愈烈，问题显然不在于物质不充分，而在于所得不均衡。所以如美国哲学家、思想家罗尔斯所说，"平等即正义"。我们当然不需要毛时代那种追求"绝对平均主义"的"大锅饭"分配方式（其实那时候也不真正平等），但也不要完全自由放任的市场经济和丛林式的社会秩序（连撒切尔夫人那样的非常保守的右翼政治家，都强调作为"梯子"和"安全网"的社会保障体系的必要性），而应该兼顾效率与公平、自由与平等，缩小贫富差距、保障人民基本生计与需求，让人民生活在公正、安宁、富足之中；

开启民智、教化百姓、塑造现代公民，同样是民主中国尤其中央政府应做的重点事务。启蒙先贤严复主张"鼓民力、开民智、新民德"，另一位思想家梁启超也发表《新民说》，从清末民初至今的许多思想家也都有相关倡议，并提出一系列具体措施，但现实中已经耽误了百年。民主中国要补上历史欠账，与发达国家看齐，以及有所创新。在文化教育和舆论导向方面，应该基于现代人文理性科学思想与知识，并结合中国传统的儒、墨、法、道等百家文化中的有益成分，以及世界诸国家民族和文明中值得学习借鉴的文化与价值观，对国民进行启蒙和教育，提高国民的人文素养和科学素养，重点培养国民认清是非、明白善恶、合理为人处世的能力，还要使得国民知晓人与世界的复杂性多样性、懂得尊重多元文化和多样身份群体，树立国民良善、正直、宽厚、博爱、人道的价值观念与行为方式，启迪每个国民探寻生命的意义、实现人生的价值。将国人培育为现代公民，让国人普遍能够积极理性的参与政治和公共事务，构建公民社会并形成良性循环。

"我们生来弱小，我们需要培育力量；我们生来一无所有，我们需要获得帮助；我们生来愚昧，我们需要拥有判断力。我们出生时所没有的和长大后需要的一切，都是通过教育给予我们的。"因此，民主中国尤其要大力发展教育事业，推动教育的公平化、人道化、科学化、实用化、细密化，实现教育资源的公平配置、考试考核录取录用的平等公正，将提高国民人文道德素养与科学文化素养作为教育方向，将帮助国民解决各种现实问题、培育合理处理纷争和维权能力作为教育的重要目的，并将高校和中学作为国计民生的议论场和公民社会的试验田（部分类似于明末思想家黄宗羲所设计的"学校"之形式与目的），青年学生则应成为清除积弊和社会变革的先锋。在启蒙和教育中还要重点培养公民的批判性和创造力，对具有创新意识和能力的青年人才给予各种鼓励和支持。还要通过教育和舆论，改变一些地区反人道非人权的社会风气和价值观念，促使各地向相对发达区域看齐，促使中国汉族聚居区基础和普世思想文化的进步化和均一化（"均一化"指基本的德行和价值取向，如认同民主自由、平等博爱、法治透明，但各地的一些非不损害人权和普世价值的文化习俗是应该保留和包容的，个人的文化爱好和心灵所思是尊重其个人选择的）。

在以上基础上，还要构建结合现代与传统、东方与西方（中国与外国）、自由与秩序的中国文化与中华文明，让中国人民不再沉沦在犬儒主义、社会达尔文主义、虚无主义主导的腐烂的精神世界和现实生活，让新的中华文明成为中华儿女的信仰支柱、凝聚内核、精神动力、智力支持；

在进步政策推行中，国家机构和公民组织应敢于冲破各地方、各行业、各势力、各派系出于利益和价值观念的阻挠破坏，尤其要推动教育、舆论、文宣的革新和下渗，扶植各种推动民权和平权的公民组织，掀起和引导进步倾向的社会运动，要对劳工运动、农民维权运动、女权运动、教育平等运动、民间反腐败运动、反官商勾结与反垄断运动、监督政府和企事业单位收支运动、各类分散和弱势的受害者维权运动、身心障碍者等弱势群体平权运动……及一切促进平等公正和社会进步的运动，进行有力且实质的帮助，如对相关运动提供合理合情的资金支持、人力援助、物资补给等物质保障；建立与之相关的系统性的知识、智力、学术支持；提供平台、帮助建设组织、为他/她们与国际先驱/前辈人士和组织牵线搭桥；深度理性的挖掘真相、客观求实的揭露黑暗，发起务实而又打动人心的舆论呼吁、为人微言轻的弱势者提供话语权的支援……并让这些支持系统化、细密化、常态化、固定化，并打破一切"潜规则"和陋习，终止各种不公不义的发生，"冲决历史之桎梏，荡涤历史之积秽，新造民族之生命，挽回民族之青春"，"去除一切'昏迷'与'强暴'"，让民主中国全体国民都生活在平等、博爱、法治、安全、自由、富足、舒适的社会体制与现实环境中。

需要注意的一点是，在推动各地经济发展的均衡、公共服务均等的过程中，应该通过循序渐进的方式、坚持折中调和的原则，兼顾各方利益，逐渐缩小各区域、各阶层、各群体的差距，以改良手段推动革命目的，以涓滴效应滋润民生，而不应像当年苏共、中共、东欧进行土地革命和工业化那样暴风骤雨、一蹴而就的改变生产关系乃至社会的一切。改善民权和推动平权，要以和平理性非暴力方式为主，多探究真相和寻求社会和解，而非冤冤相报、相互仇恨残杀。对各种历史遗留问题（如前中共权贵的恶行）和现实仍存在的压迫与暴力，更多要补偿受害者而非惩罚加害者，推动"修复式司法"的广泛实践，化解仇怨，促进社会和谐和国民和解共生。

从理论上，统治阶层乃至整个既得利益阶层，都是有罪的，其中很大一部分罪恶极大，即便按照中共法律也应该判处重刑；而受害的人民大众尤其政治抗争者，则需要得到充分的补偿及正义的伸张。但在现实中，由于统治阶层和既得利益者规模过于庞大、罪责深重而普遍，全部处罚或罢免职务，是并不现实的。而人民同样由于人数太多、受害太深，也很难获得完全的补偿。而且，饱受摧残的人民尤其政治犯，很难有能力直接掌管国家。

最重要的是，如果发动试图完全翻转阶级、实现彻底正义的革命，必然会被统治阶层联合各路既得利益者全力阻挠，以免革命成功后被清算而家破人亡。这就让变革难度大大提高甚至让成功几率变为零。因此，出于现实的不得已，在变革中只能免除绝大多数统治阶层和既得利益者的责任，不再追究刑责，甚至同意保留其一部分特权及各种已得到的利益，并在变革后优先改善他们的权利（如让他们从专制时代激烈的黑暗的权力斗争中解脱，就是民主后他们的一种正收益）和保障其自由。统治集团中的官僚和技术人员，绝大多数也将留用，以保障新政权和国家正常运转。而人民的权利利益，则逐步以温和方式实现，原来损失的也分阶段得到补偿，但不可能一蹴而就。而人民要求清算和惩罚的诉求，绝大多数都只能放弃或者仅象征性惩罚了。

这虽然从情理上压抑了人民的利益、有损社会正义，但却可以让转型尽可能减少阻力和流血冲突，并保障国家各领域处在相对稳定和平缓发展状态，利于变革后整个民族的和解共生。

不过也有例外，对于非常弱势的群体如重度残疾者、极贫困的留守妇女留守儿童、在专制时被关押而罹患精神疾病的政治犯，以及其他处境极恶劣、急需救助的群体和个人，都必须在体制建立后迅速而有力的救助帮扶，不能拖延敷衍。各种推动医疗平等（人命关天、身体健康是一切的前提）、教育公平（决定童年和青春幸福与否、影响一生命运）的制度和政策也应迅速铺开，不能延宕拖沓乃至不了了之；对罪大恶极、超出体制惯常手段和限度、使用非常残酷方式迫害人民的前政权权贵和爪牙，必须处以极刑或终身监禁。在这些人和事上，不应折中妥协，而必须坚决的捍卫人权与正义。严惩罪大恶极者，也能警示和震慑其他前权贵。

而且，想让人自愿放弃既得利益（哪怕是完全非法的、损人利己的），那难如登天，对未受进步思想启蒙、长期生活在不平等的等级社会的中国人更是如此。如果完全不流血，那些既得利益者是不愿放弃特权、吐出既得利益的。必须有下场极为悲惨的大奸大恶者做对比，他们才肯"折中"的放弃特权换取安宁。看到斧钺相加的"威"之后，他们才明白一笑泯仇的"恩"多么可贵，让这些前权贵看到跋扈同僚的悲惨下场，再与其自身所得的宽厚对待对比，才愿意服从新政权、遵守新秩序、融入新社会。

另外，虽然民主中国对大多数前中共时代既得利益者不予追究刑事责任，但其必须交出起码一部分非法所得予专门的处置机构（机构及运转受法律约束和社会各界监督），且其中一部分须用于定向帮助中共统治下的各种受害者和弱势群体。民主中国需要通过各种方式削弱和节制旧权贵阶层，不能让他们像苏联解体后俄罗斯及各独立的原苏联加盟共和国权贵那样，在专制瓦解民主勃兴后仍然作威作福、利用旧日积累的资源巧取豪夺。

关于对待旧政权时期的权贵和各种既得利益者，应该根据其历史行为和在民主化过程中的立场表现分别对待。对于在旧政权时期没有主动的做下大恶、积极参与革命/民主化进程者，应该允许其保留大部分资产，还可以继续从政从商乃至保留原职和升迁（而且民主中国将实行类似于新加坡的"高薪养廉"政策，国家公务员和教育医疗等事业单位职工将享有丰厚的收入和保障，且那时将都是合法收入而非现在各种灰色收入。不过其享受高额收入和福利同时，也要遵纪守法、勤于本职、对待人民尽心尽力且一视同仁）；对于作恶无论大小但是真诚改悔者、尤其通过各种方式将功赎罪的，应该予以谅解赦免，或减轻处罚；

而对于在旧时期未做大恶、但反对革命且怀恨新政权、有为旧政权复辟迹象者，应采取类似于历史上秦国商鞅变法中对待旧贵族的方式"虽富贵，无所芬华"，即在剥夺其部分财产同时也允许其保留部分财产、足以令其三代内不劳而有小康生活，但不允许其参与政治和在主流媒体发表言论，以及其他必要的限制，或将其逐出国境，逐渐弱化其影响力。但其即便有较大罪行，也不可置于死地，反而要有所宽容。通过这些方式，可以尽可能减少阻力和流血，分化统治集团，实现相对和平的转型。

在民主中国具体的国家治理和政权运作中，应发挥公务员、警察、教师、医护等基本公共管理与服务人员的中枢与躯干作用，以"高薪养廉（如将公务人员基本工资定为国民平均工资的 2-5 倍，绩效工资为 5-15 倍，并对做出杰出贡献者每次贡献给予国民平均年薪 5-30 倍的奖金）"和强化多方监督的方式，换取这些公务人员的高水平、高效率、尽职、清廉、对公民一视同仁，以实现基本公共管理、服务、供给的高效优质与公平舒适；在治理手段上，在保护公民隐私的前提下，应充分借助互联网大数据等现代科技，以更加高效、公平、智能、细密、完善的提供公共服务；政府的管理与服务应当覆盖社会的每个角落和全体人民，保障人民的基本生活需求；国家应高度重视科学研究和技术应用、将之作为经济社会发展的第一要务，应在行政、法治、教育、财政等多方面予以全力支持和充分保障，尤其要鼓励发明创新和发展民生领域的科技应用，促进科技发展并最大限度造福人民大众；在经济建设中，政府既要尊重个体及企业的自主性，又要提供各种必要的服务与指导，将宏观调控与市场积极性结合起来；国家应保护和扶植各种勇于揭露黑暗、为弱势群体发声的新闻媒体和文艺组织，促进公共舆论的兴盛与文学艺术的繁荣；在发生重大灾害等紧急事态时，政府应保证社会秩序的稳定和集中力量救灾抒难……总之，民主中国政府及公务人员要发挥建构、引导、协调、托底的作用，并尊重人民的权利与民间力量的自主性，实现优质高效的社会治理和公正透明体制运作。

在整体上，民主中国中央和地方各国家机构，应在立法、行政、司法、人事、军事、治安、科技、教育、医疗、就业、住房、养老、交通、财政、金融、文化等各领域，以强大国家、伸张民权、改善民生为基本目的，以人道、平等、高效、进步为原则，辅以现代信息技术和未来科技，建立现代化科学化的治理体系并稳定运转，实现全体国民的安宁与富足。

以上这些所有措施，显然都需要强有力的国家权力、中央集权，才能够实现。如果过于限制政权和中央的权力，只将改善民生、启蒙大众、弱势群体维权、打击犯罪等，寄托于公民自发自力的自我组织，显然是不切实际的，那样也是受益不均的。人民大众尤其弱势群体条件和能力有限，很难凭借自身力量组织动员，倒容易被恶势力利用收编。边远地区和贫困阶层的民众，也难以自主的获取与大城市精英相近数量质量的知识和信息，在受教育程度和话语权上完全无力与后者抗衡。因此，只有国家权力的下渗扶助，才能让公民社会得到呵护、从幼小到壮大；也只有在国家权力和资源的普惠之下，全国各地各阶层各身份的人群，才能相对均一的享受到相关的政策红利与资源供给，尤其让弱势群体可以相对突破自身劣势条件约束，实现全民的富足与安宁。

其他许多国家的革新和进步，往往也都是依靠的国家强权，例如日本明治维新，在天皇的权威和高效的立宪体制下，大力发展教育、学习西方文化、集中资源推动工业化，短短数十年就让日本实现文明开化，工业化水平、国民受教育水平追上了发展数百年的欧洲。二战后日本的经济腾飞，以及全国国民相对平等的享受到经济发展成果，同样有赖于日本中央集权的体制和全国一体化的政治经济形态。而1930年代的美国总统罗斯福推行"新政"促进就业和经济平等、1970年代又一总统约翰逊启动"伟大社会"计划，全面改善医疗、教育、交通、城乡建设，二者都取得了极大成功，也都是凭借联邦政府的强大权力和充分资源实现的。而韩国的朴正熙政权、新加坡的李光耀政权同样利用国家权力推动了本国经济社会的快速发展（很多中国知识分子把韩国、新加坡的经济发展当成自由放任政策的功劳，但其实韩国和新加坡经济高速发展期恰恰是实行强调国家干预和重点扶植的"统制经济"模式（当然基础是私有制和市场经济）），文化教育事业也在国家强制力和巨量资源的挹注下成就斐然，迅速改变了国家贫困落后的面貌，让国家一跃成为世界强国，民生也得到极大改善。民主中国完全可以效仿日美韩新，让饱经苦难、麻木沉沦的人民早日普遍得到物质和精神的双重幸福。

有人可能会质疑，我所设计的民主中国汉族聚居区的制度，过于中央集权，不利于地方自治自主，可能导致全国性的专制独裁。

这样的担心是情有可原的，但其实是不必要的。我前面讲述了中共中国中央集权的危害，但我设计的民主中国中央集权是建立在民主政治基础上的，各级政府和官员的权力是自下而上授予，而非自上而下"赐予"。这就决定了他们服务对象是人民大众而非领导、上级、国家元首。在民主中国，总统/各地行政首长、国会/各级议会均由普选产生，司法也有很强独立性，权力由人民授予并分立于多方，中央权力本身就是多机构的众多人士共掌，而非古代君主制和现代极权统治那样的一人独裁。民主中国中央集权下的决策，是全国人民公共意志的体现，并于宪法和法律框架内实行，足以避免恶政和独裁。此外，国家各权力机构还要受在野政党、公民组织、新闻媒体等方面的制约与监督。在这样的情况下，中央集权就不会变成专制极权，权力寻租与滥用职权也会被抑制，从总统到普通公务员都不能为所欲为。发生在中共中国的各种集权悲剧，例如最近几年为对抗新冠疫情而实施的严厉封城隔离措施及衍生的种种残酷行径，在民主中国的民主集权体制下绝不会发生。

中央集权有好的集权，也有坏的集权。我主张的是民主法治的、进步主义的、扶助弱势的集权，通过中央集权改善落后地区处境、打击地方旧势力和各行各业利益集团并翦灭恶势力、帮助各地各阶层的弱势群体，以缩小全国各地经济文化发展差距、消除（或起码减少）各阶层各行业内部及之间的不公不义，实现人与人之间权利、物质、尊严的真正平等。如果过多放权给地方，不仅无法实现以上目的，还会导致各地权贵和"地头蛇"横行无忌（即分权和自治恰恰会加剧权力寻租和腐败泛滥，因为缺乏监督和约束，公民"法无禁止即可为"的同时，官员和黑恶势力也可利用之为所欲为），各区域间贫富差距拉大、弱势群体被边缘化和欺凌剥削等种种问题，有害于民权民生及国家利益。

许多国人认为各省自治乃至独立、"小国寡民"，才是发展民生、实现和平的正道。这同样是荒谬的。固然大国会将一部分力量用于国防和外务，参与国际争竞，甚至要为整体或一部分人而牺牲国家内部另一部分人的利益。但是并非"小国寡民"就真的能"鸡犬相闻，老死不相往来"的与世无争生活、不需为他者付出代价了。欧洲、中东、东南亚的大多数国家/政权/教派/部落，从古至今都是"小国寡民"状态，但绝大多数时间都战乱频仍，且其分国而治恰恰成为战争和暴力的重要原因（在一国境内倒能相对和平）。即便到了以和平与发展为主流的今天，只有欧洲大体上实现和平（但冷战后仍然发生了波黑内战及今日的俄乌战争），中东和东南亚各国仍然纷争不断甚至发生战争。

中东的冲突众所周知，而东南亚的越南、柬埔寨、泰国、缅甸、老挝的恩怨也都十分复杂，从千年前就相互厮杀的越人、占人、泰人、高棉人、缅人、寮人及其他各民族，今日仍然就土地、河流、矿产及旧日积怨导致的仇恨，而继续明争暗斗。而这些国家内部，也都是有诸多族群和利益集团，并未因为国小人寡而没有内斗。越南北方和南方的差异、对立、博弈，泰国佛教徒与穆斯林的冲突，缅甸的缅族与其他少数民族的长年内战，都反映了相对于中美这样的大国而言已属"小国寡民"的国家，仍然会内部分化并斗得不可开交。

还有南亚现今属于印度的地区，古代曾经有许多小型邦国，即便莫卧儿王朝统一时期、英国殖民时期，也有各地方王公管辖一些"土邦"。但这并没有为印度带来经济发展和思想繁荣，相反这种邦国林立让域外力量轻易入侵和各个击破。尤其在邦国密集的南印度，更是成为外部入侵者压迫最残酷的区域，成为种姓制度中最下等（"首陀罗""达利特"）群体的主要组成部分，遗毒至今犹存。如果印度本土族群组成像中国的大一统王朝，反而就不太可能被从开伯尔山口进入的一批批殖民者不断杀戮和征服。而如今坚持印度统一和印度教民族主义的莫迪，之所以在和巴基斯坦及其他南亚国家冲突中占绝对优势，还成为世界大国、与中国分庭抗礼，也正是在于其"大一统"。如果是"小国寡民"，那巴基斯坦将像历史上的穆斯林入侵者那样，轻易击败一盘散沙的印度教徒。

而中国春秋战国时期，显然不是各国和平相处而是竞相交兵。像鲁国、宋国、郑国等试图苟安的小国，都免不了被大国征伐和吞并的命运。而秦的大一统是历史趋势，且以大的统一战争和对外攻防，相对减少了本来更频繁的汉地各诸侯国之间的战祸。而后来南北朝、五代十国时期的大规模混战，也证明了非大一统下会有多少悲剧。今日虽是和平与发展的时代，但若中国各地独立或高度自治（如刘仲敬所言"诸夏独立"），各地/各独立国之间的冲突对抗，一点不会少于大一统下的当代中国。统一之下的地域博弈尚且以和平为主，分裂之后战争就难以避免。何况国际风云变幻，最近几年民族民粹浪潮复兴，世界秩序有重返丛林之势，如中国分裂，内战完全可能发生，而面对外部强敌则更无力应对。

至于说"小国寡民"可以使民生富足的，就更是错缪的观点。拿欧洲各国的富足当作"小国寡民"成功典范的，是强加因果。亚非拉大多数国家都是"小国寡民"，可是富足的有几个？如中美洲的海地、萨尔瓦多、洪都拉斯、危地马拉等如城邦、如田园般的小国，却都位居全世界经济最落后、治安最混乱、政府最腐败的国家行列。还有国土仅 1 万平方公里、人口不足 700 万的黎巴嫩，国内根据宗教信仰和血缘分成至少五个族群和利益集团，相互对立、仇视、杀戮，内战连年，即便和平了仍然是内斗不断，民生困苦不堪。这样的"小国寡民"，怎么可能富足安宁？而欧洲各国的富裕，一定程度反而有赖于欧洲共同体的政治合作、统一市场、军事协防。这些都是显而易见的事实，告诉我们"小国寡民"乌托邦的不切实际。

民主中国的中央集权，的确会对各地方、各阶层、各领域进行管理与约束，但具体约束对象、管制标准，以及具体的执行，都会在民主法治的框架下设置和进行，并受到各方制约和监督。中央集权管理与约束的对象是为恶之人与损害他人权利自由的行为，是对群己权界的区分，是对相对丛林化社会的矫正、是对人际不公平的平抑。在人权方面，每个公民都享有基本的权利和自由，如选举权与被选举权、言论自由、结社自由、游行示威自由、人身自由等，并可无条件获取基础性的教育、医疗、养老、住房保障。经济方面，民主中国也将实行市场经济，尊重私有财产和保护合法交易。中央集权还会对公民组织和公民运动进行扶植而非打压，注重对公民的"培力（授人以渔）"而非直接干预（授人以鱼），有利于提高社会活力和伸张公民权利。因此，中央集权不会有损各地人民自由和经济社会活力，反而保障了人民基本生存发展和社会公平、促进了人际和谐，为人们追求更加自由富足的生活提供了条件。

除了管理，中央集权还要更多用于服务，通过各种积极的政策措施拓展民权、改善民生，例如派遣中枢机构的政治骨干，帮助地方政府建立科学高效的社会治理机制、协助建设民间组织；调集发达地区教育工作者赴贫困落后地区开展公民教育；将只有国家层面才能研发出的各种科技及产品，无偿或低价的普及于各地方……这些都是有百利无一害的事。

何况，中央集权的同时，地方自治也是实实在在的。民主中国将有强大而有活力的公民社会，各种公民组织也会蓬勃发展。而以市县为单位进行的地方自治，公民可以充分参与与切身利益、现实生活密切相关的各项事务，选举罢免地方官员和议员，在一些事关重大的决策上可以参与区域公投同意或否决，享受直接民主的种种好处。对于中央政府，各地方的公民也可以通过各种方式产生影响，例如选举总统和国会议员，以及参与全国性的政党及公民组织，都可以参与全国政治、约束中央政府，中央政府的决策和各具体机构的执行都需要人民授权，还受人民制约和监督。而新闻媒体与自媒体，也将作为公民社会的一部分，对政府（广义政府，包括行政、议会、司法等各机构及人员）的管理与服务进行曝光和监督，进一步促使政府规范和公平施政。人民在民主体制下，不需要担心中央集权有害于地方自治和公民权利。废除户籍壁垒后的中国各地居民都可自由行动，完全可以无碍的跨界沟通、联合、结社、集体行动，弱化地方政府权力并不影响普通公民的权利与自由，反而避免了各地方各领域各单位具体的利益集团阻挠破坏人民的维权抗争。即便中央真的被某些势力把持而作恶，各地市县也可以通过民主体制下成立的各种公民组织相互串联，组成跨区域的政治力量共同反抗暴政。

还有，我主张的一系列推动平等、平权、社会福利的政策措施，会被人们认为类似于共产主义。我前面已经详细讲了具体内容，显然与共产主义（起码是列宁毛泽东那样的"共产主义"）并不相同。

这些政策是社会民主主义范畴的、连西方右翼自由主义保守主义政党都部分接受和实行的，是建立在民主、法治、和平非暴力、统筹兼顾等基础和原则上的，不会对社会和公民造成毁损和伤害，更不会导致列宁、斯大林、毛泽东时代那样的极权暴政。相反，因为贫困和不平等是极端主义和暴力行为的温床，所以我主张的政策措施恰恰有利于缓和社会矛盾、减少社会戾气、提高人性底线，从根源上遏制极左和极右民粹极端势力的崛起，避免人民被列宁、毛泽东、希特勒、裕仁那类人及其代表的势力煽动和利用。

有人会觉得过多过密的国家管理与服务、平权和社会福利政策，会有损自由。但其实，有了平等、平权、社会保障，人民尤其平民大众才会有更多更真实的自由。自由虽然是人生来就应该享有的（应然），但并不是自然而然就能够拥有的（实然），而是建立在各种物质和非物质条件的基础上的。对每个个人来说，接受了良好的教育，有了知识和判断力，对个人、所处环境、整个世界有了一定的认知和理解，对自身和世事有所探索和思考，才能积极有效的参与公民社会、运用法律与舆论维护权利，以及过好自己的人生；"无欲则刚"不是说人真的完全无欲无求，而是满足了基本生存所需，就可以不依附他人而自主行事。例如有了医疗和住房保障，孩子的教育和老人养老也有社会托底，才能从容的按照本心从事自己喜欢的事业，而非为生存疲于奔命、攀附权贵、受制于人，也不至于为私利徇私枉法、作奸犯科、狗苟蝇营（如《沧浪之水》中的主角池大为，本想清高一生，但因妻子和儿子的幸福，就投身官场、依附钻营、不择手段，最终也成为了新的特权者。如果不愁家人生活尤其医疗教育等保障，就不至于如此。"清高"也是需要条件和资本的）；"有恒产者有恒心"，有了不需"内卷"就可拥有一定收入和空闲时间，才能免于不安全感的困扰、不必为名利而耗竭心力，才有条件使用四通八达的交通工具享受旅行的乐趣，在闲适的环境、平和的心境下释放自然的天性，也能理性的参与政治和公共事务；贫富差距缩小、治安改善、社会平等公正后，有了充分的安全感和平等性，才可能在没有恐惧（起码不会恐惧的完全不敢言说）、没有压力（起码不会压力大到逆来顺受）、不受干扰（不被恶意的骚扰欺凌）下畅所欲言、做自己喜欢的事、自由的实现和发展自身的正当利益……

反之，一个人如果得不到好的教育、没有医疗住房保障、收入微薄、生活在贫富悬殊治安不良的环境，每天为基本生存和种种纠纷而焦头烂额，即便生活在民主体制下，即便从法理上拥有各种权利和自由，又有什么意识和能力去行使、有什么条件去享受呢？如果一个人没权没钱甚至还有残疾，在没有特殊的保障和支援的情况下，日常遭受不公和压榨，被种种热暴力和冷暴力折磨，又如何和比自己有权力、人脉、金钱、体格、话语权等优势的施暴者（如坏的上司、同僚、亲属）对抗呢（甚至连逃脱都不可能）？如果指望个人慈善和私人救助，那等于加剧人身依附，也会让当事人惹上新的恩怨纠葛，等于"刚出虎口，又入狼窝"。没有平等和福利保障，不仅难以实现自由，法治也会脱离平民。各种法律虽然名义上对待全体国民一视同仁，可复杂的法律、繁琐的程序、高昂的成本，足以让知识、财力、人脉皆乏的平民大众对法院望而却步。这是我们要的法治吗？民主中国应是全民的共和国，而不是精英阶层独享权利自由的国度。所以，必须要平权赋权、调节分配、托底民生、提高弱势者地位和话语权，让人民得到充分的物质和非物质供给、促进社会平等，人民才有真正的自由、真实的法治。平等是自由的前提与保障，而非阻碍和破坏。

当然，对于权贵精英等上流阶层及一部分知识分子而言，各种积极平等的政策，的确会一定程度抑制其自由。但第一，抑制的自由往往并不是合情合理合法的自由，而是禁制其违法犯罪、专横跋扈、损人利己；其次，即便各种平权和税收等削弱了其行使自由的能力，但这只是相对于其无约束状态而言，如果和社会平均水平及弱势群体拥有的实际自由度比较而言，这些人仍然拥有远超平均和弱势者的自由度，其仅仅会减少一些奢侈享乐，而作为公民的基础性自由与权利不会受损。例如一个身家百亿的企业主，税收收取其

40 亿收入，剩余的 60 亿仍然足够其尽情享乐，作为公民的各种教育医疗住房养老权利和自由，皆丰富优质而绝不短缺，也聘请得起身价昂贵的律师办事维权。这样的自由还不够吗？

何况，进步主义指导下的平等社会将给予个人更多自由。一方面，它将削弱家庭和宗族、学校和工作单位、宗教和教会等势力对个人的压制控制，另一方面，还会赋予个人更多权利自由，如实现性交易合法化、大麻合法化、同性婚姻合法化等，保障个人在不损害他人和社会利益情况下所有的自由。这比保守派主张的自由更加真实和全面。

还有许多中国知识分子非常反感"整体主义"，而强调个人的自由与解放。这同样是不切实际或自私自利的。人不可能脱离社会环境而存在，其一切思想与言行，皆受到环境和他人的影响与制约。个体很难改变不公不义的现实，人们只有团结和联合起来，共同改变整个社会、国家、世界，个体才能得到真正的自由与解放。

关于"整体主义"的必要性和重要性，以女性受暴力和精神侵害问题及女权主义争议为例，并首先评论一下中国女性知识分子对"整体主义"的麻木乃至反感和否定。有的中国中产阶级地位的女性文艺界自由派活动家，一方面主张女权，日常也非常具有女性主义立场和女性自主意识，批判男性的自大猥琐颇为犀利，还嫁到对岸享受自由民主，但另一方面却反对波伏娃和萨特的整体主义观念，也对其他左翼集体行动主义的女权思想嗤之以鼻，似乎维护女权是个体选择而非社会共同的责任与义务、也不需改变整个社会环境及自身之外他人的处境。这是非常幼稚的，且其反对"整体主义"却支持台湾身份认同和本土独立，也是在逻辑上存在矛盾。而且，其看起来是缺乏阶级意识的、不能与人民大众包括平民女性充分共情的"香槟女权主义者"（当然她关注支持中国大陆人权和女权，仍然值得赞扬。且经过我后来了解，似乎她还是对平民和底层颇有同情和帮助的）；

有的中国知识分子女性，出身贫困地区农村，历经家庭宗族、极权体制、男权社会、外国种族歧视和上层对劳工的压迫，受害于右翼社会达尔文主义和消极自由主义、受益于进步主义、工人运动、女权运动，却拥抱安兰德的极端自由主义思想和坚持保守主义立场，拒绝进步一翼的工团主义和身份政治，反对激进政治运动，对家乡更多苦难的姐妹兄弟没有同情同理、关怀帮助（乃至充满非同情之鄙夷，虽然情有可原，如果不理性思考和纵观全局，的确会痛恨恶劣的生长环境中的人们），父辈们和孩子们的生活与命运也被忽略（虽然同样情有可原，我自己也是无法顾及家人，也对家人一些低下价值观反感，乃至时常激烈冲突），贬抑科学理性（且耽于经验主义）、抵制社会革新，为缺乏恩义品德的人士辩护缓颊，甚至有时支持美国极右倾向的政治人物和保守势力，对践踏人权和罔顾科学的美国最高法院保守派大法官啧啧称赞（当然其记录中国历史劫难、代中国政治受难者发声、为中国人权呐喊，还是非常值得赞扬和敬佩的。她书写和转发的许多好文章也让我受益匪浅。不过这批评她看见后，大抵会将我拉黑的）。这更是令人感到悲哀的现象（如果她没经历那么多苦难，所以不认同对抗苦难的价值观，尚可理解为"不食人间烟火"，但经历那些，却还反对进步，就更显知识和逻辑的不合理。而她善良的本性与错缪的价值观，更是形成强烈反差，且我无法完全理解为何有这种反差（但可以部分理解））。（虽然后来通过更多了解，发现我对她的认知有些偏颇，有些先入为主了）

有的女性，为反叛国家的专制压迫、父权的规训束缚，表达对政权和男权社会及具体群体个体的不满，故意和主流舆论宣传相悖、对父权要求叛逆，原谅曾经在自己家乡制造酷虐杀戮的敌国，乃至称赞对方国政民风，甚至对回避历史责任、美化侵略和悼念战犯的敌国领袖遇刺表达同情，并不在乎同为女性的许多前人，从儿童、青年妇女，到中年女性和老人，都被这个敌对民族极残忍和具羞辱性的方式凌虐，且犯罪者及其遗族乃至民族中大多数人迄今皆不悔罪。

这样的反叛或许在基于个人主义的感性动机上情有可原，但真的好吗？当然作为个体和追求自由的人，有权这样选择，国家和民族不应该束缚个体，父权力量不应该以保护个体为由限制其思想和行为，不能强求感恩戴德、顾及全局。但作为个体，难道不应该考虑同样性别的受难者（以及对加害者嫉恶如仇），不应该为国家利益和民族荣辱考虑吗？不应该努力去呼吁解决历史遗留问题、避免历史悲剧再重演或变相和分散的重演吗？

虽然国家、民族、家庭一定程度是枷锁，但同时一定程度也是庇护。没有国家民族的屏障和滋养，个体女性又如何在和平安定中追求女权？如果是在 1937 年，还能活吗？还有尊严吗？看看中东地带和半岛南部受难民族女权主义将女权与民族解放（伊朗女性挥舞象征波斯民族主义的太阳狮子旗帜追求女权）、国家强盛（韩国妇女民族情绪有时比男性更强烈、更激进的强调韩民族的尊严与利益，也为韩国崛起和参与国际竞争出力甚多）进行结合与统一，以及欧亚大陆西缘对女性权利受害的深彻反思、大洋彼岸女权运动的波澜壮阔，难道不是应感到汗颜吗？（当然她一直为中国人权呼喊，包括救助维权人士、不惜孤身犯险，也值得敬佩）

有的女性，（出于一些原因，如她处在一些纷争和困境中，身心状况不好。我批评似会被认为在落井下石，虽然我并无此意。不过还是省略）（我并没有想冒犯和损害当事人，但是无论怎样身份和经历，即便是相对弱者和受害者，难道不也应该受到合理批评吗（包括我自己）？而且考虑到当事人感受，我已删掉了原来写出的大部分内容。难道我应该批判其他许多人同时，却独独不谈其中个别人？）（当然她也为中外人文繁荣做出了贡献）

还有许多支持女权的女性，日常谈论女权头头是道、言论万千、著作甚丰，但在涉及其熟人圈子的女性被圈子里的更有势力男性或女性伤害时，也都放弃原则和是非，而是按照亲疏和利益选边站队，对受害女性、弱势一方恶语相加乃至落井下石，且很多言论显然是男权社会中谴责与孤立受害女性的典型话语。这些情形令人心寒，也反映了中国女性知识分子在内的妇女界，对于女权问题并没有正确的认识和真正的践行（当然，以上这些女性优点都大于缺点，本质上也都是好人、善良之人，所言所行大多数也都有利于中国和世界的人权与女权。但是，这些缺点乃至负面的东西，已经表现的较为明显，违背了道理、逻辑，与良知和道义产生冲突，是应该修正更改的）。

有许多女性，虽生长于中国大陆，却因在港台欧美日等地求学、工作、交际，逐渐与大陆疏离。她们忘却或淡化了对中国大陆的认同，也不热切的关心祖国人民的疾苦，而是基于对港台欧美日等地的认同，以及与这些国家地区人士的熟稔关系、利益连接，与这些地方的人在情感和利益上同呼吸共命运，在这些地方与中国大陆冲突时，无论是非对错皆倾向于"第二故乡"及那里的人群。即便对中国大陆及中国大陆人民有些关心的，也是非常有限，且在冲突中几乎必然站在现活跃地一方（当然其中还有一些已经站在敌人一方，那这种人就连商榷必要都没有了）。她们一方面反对中国大陆的民族主义，却时常支持其他国家地区的民族主义/本土主义，无论逻辑还是道义上都是谬误。即便中国大陆统治者及许多社会达尔文主义者野蛮残忍，但是大多数中国人民是受难的弱者、被利用的对象，而非当年纳粹德国和军国主义日本几乎全员直接间接参与作恶的国民。而她们却并不完整了解和仔细思考，以致以貌似正确但并不系统完整的价值观，得出错误的结论、做出悖谬的行为。

这样的思想和行为，固然是她们个人自由，有的人也有一些合情合理的缘由与不得已的苦衷，但并不代表无可非议。当然我反对各种感恩之说，但作为中华儿女，难道不应该为祖国的解放、人民的幸福而在国内外奋力而争吗？即便出于无国界的国际主义精神，难道不也应该关心比港台等地苦难更深重、更急迫需要自由与正义的中国大陆人民吗？这些因为种种幸运而得到自由幸福的人，对同胞的苦难置之不理，甚至以鄙夷乃至敌视的态度和言行对待之，难道不是一种应被谴责的态度和行径吗？即便认为中国男性是压迫者，那么对中国各阶层女性尤其中下阶层女性，有过多少真诚的关怀与实际的帮助呢？（而这些人的成功，其实都某种程度借凭了中国大陆的资源，在与其他国人的残酷竞争中胜出，且往往凭借其阶级、家庭、"贵人"、运气等非个人努力因素取得优胜，甚至恰恰是依赖于其反感的体制、痛恨的潜规则、不齿的特权，才有了今天。虽然大多数人也是体制受害者，但是其实相对大多数中国人，反而是相对受益者，是不自觉的在不公不义中取胜的既得利益者，客观上甚至主观上损害了其他中国人民的利益与机遇，有责任反哺和补偿中国大陆人民，尤其当年与其在相同处境下却未像她们那样成功的其他女性，并促进中国民主法治、公平正义）（当然她们也仍然为中国的人权与进步做了许多事，要比大多数人包括大多数男性，都更加对中国大陆和中国大陆人民有贡献）

以上这些只是我认识或略有了解的女性知识分子，但是我想其他我不认识乃至完全没听说过的女性，也好不到哪里甚至更糟，一般而言，不太知名的女性问题应该更多，因为她们更不需要顾忌"政治正确"和言行形象。

我与以上女性皆无仇怨，相反其中一些人还对我有支持帮助。但是为了公共利益、基于是非曲直，我不应避讳其缺点与不足。我不提名字也是出于尊重，而非含沙射影讽刺。她们或许感到冒犯，但是我说的不是事实吗？她们感觉不适，那么因她们立场言行而直接间接受害或起码难以得到支持帮助的更弱势受害者尤其弱势女性，难道没有尊严、不应有话语权和代言人吗？她们的确是相对男性和统治阶层而言的弱者，但是相对于其他女性、低阶层、被伤害和孤立的人士，就又处于相对强者乃至压迫者地位。她们得到一定地位和声誉，本身就意味着需要承担更大责任，接受更多非侮辱式的、非诽谤内容的批评。

还有，我都是据理批评，没有使用针对女性弱点的方式施加羞辱攻击。仅这一点我已经强于绝大多数男性包括绝大多数自由派人士。而且与我批判其他更强势恶毒的男性的激烈言辞相比，我对这些女性批判已经非常委婉温和，颇有保留。我批判过的中国男性不计其数，仅知识分子就有数百人，自由派圈子起码数十人。难道女性就应免于批判了吗？而且，如果她们遭遇更强势一方尤其男性权势者欺凌伤害剥削，我当然也会站在这些女性一方批判那些男性恶人，且已经这样做过、现在还在做、未来也会继续这样做。另外，我也不是什么有权有势、人脉广泛和手段阴毒的人，这些批评并不会给当事人构成压力和打击，相反是类似于公民对公务员、选民对议员的批评那样，是人民对精英既得利益者的一种建言。

最重要的是，即便她们有这些缺点和问题，她们也拥有完全的不受他人侵害尤其男性又尤其有权有钱体格强壮男性欺凌剥削伤害的权利，且无论其自身如何，其他人都应该帮助、支持、保护这些女性，而不应袖手旁观，更不应由于她们这些缺点和理由而冷嘲热讽、羞辱受害者。如果批判这些人，请先批判比她们更强势和有地位的男性。而这些女性知识分子、女权主义者存在问题，并不是否定女权的理由，相反更加证明中国社会需要女权的发展和完善，女性利益也要更积极的伸张，女性及全体国人也应该得到更系统全面的启蒙。我也一直认为，女性整体上的良知和底线，都明显高于男性，中外皆然，且中国相对更明显一些（当然这是整体而言，个体当然因人而异）。

而且明显的，相对于绝大多数中国人、中国知识分子、男性、女性，她们已经是最好的那 0.001% 的中国人或"前中国人"了（以上涉及群体，不包括缺乏反抗能力、知识、地位的弱势者，很多弱者连表达能力都没有，更不可能发出负面言行，无法计入），但是并不是完美无缺，相反同样需要批判。但即便这样的人都有各种严重问题，可想而知中国整体多么肮脏、国人人心多么败坏。尤其是中国既得利益群体，又多么无耻和令人厌恶。还有，在如今的中国与世界现实状况下，我是可以理解她们的局限与不足，以及对她们有限但可贵的、折中和局部化的努力表示赞赏支持的。但是如果从完全的真理和彻底的正义立场，那她们还是有许多需要被批判的。基于以上的前提，我想我完全有权利对这些女性知识分子进行有节制的批判（我承认我的总体德行、贡献、能力，尤其现实言行对国家民族及他者个体的利弊影响，都远不及这些女性，但是我仍然有权利批判））

回归到女性权利问题上。以上这些人的价值观、立场、言行，显然都是有问题的。她们虽然为中国人权与女权做出了杰出贡献，但是仍然存在不足。这些人缺乏对"整体主义"理念的了解、重视、认可。

个体女性如何能在男权社会的结构性压迫下得到自由与解放呢？没有集体组织和行动，女性面对男权社会就如蚂蚁对大象。女性想要反抗身体和精神虐待、各种欺凌和剥削，就需要在政治权力、就业参与、收入分配、舆论话语权、思想文化与价值观的构建和诠释等方面有足够的、能够与男性匹敌的地位与份额，并改变既有的历史传统和现实状况，构建一个男女平等的环境与框架，而不可能只靠个体的自觉和奋斗。还有，男性压迫女性，并不代表只有性别压迫这一种关系，其背后是阶级/阶层压迫、民族/族群差异、整个文化模式与价值观念的保守顽固，仅仅只着眼于女性的部分是不够的。

为什么男性压迫女性？不仅因为男性相对女性有权力、金钱、知识与话语权、体格等优势，更因为男性尤其中下层男性也遭受上层的压迫，利益与尊严受损，饱受伤害，日常充满压力与痛苦，又无力反抗、缺乏条件规避，所以通过家庭暴力、性侵害等方式，将压力和伤害转移和传导给了女性，以抒解其自身的痛苦、用扭曲的方式得到身心的补偿。而上层对权力、人脉、金钱、美色等资源的垄断和巧取豪夺，也导致中下层为了有限的资源而陷入更残酷的相互倾轧之中，中下层女性则必然成为被牺牲的一环。欺软怕硬是人的本性、是不公不义社会中人们的基本生存法则，等级社会和不公环境必然导致"踢猫效应"和"大鱼吃小鱼、小鱼吃虾米"式的欺凌和剥削。

就像尊重女性、不对女性施以基于性的羞辱、不利用女性的弱点欺凌女性，本应是男性的基本道德。但如果大多数男性从小到大都被家庭成员、学校师长、公司老板、政府公务员、公安法检不同程度歧视、冷漠、羞辱、虐待，没有得到过起码的关爱与同情，又如何可能心怀善良、拥有同情心同理心、发自内心的尊重女性呢？相反，遭受各种欺凌和羞辱的"他们"，自然会转而欺凌和羞辱"她们"，以发泄积压的愤懑、补偿受伤的心灵、获得变态的满足。

就像电视剧《不要和陌生人说话》本来是为了揭露家庭暴力、反对家暴的剧作，但许多国人男性却得出相反的观点，并借此赞扬家暴、贬低受害女性。百度贴吧"不要和陌生人说话吧（即讨论该电视剧的贴吧）"充满着对家庭暴力者安嘉和的同情甚至赞誉，以及对女主角梅湘南的侮辱谩骂。而这些恶毒的言辞背后，是多少自己经常受伤、又将怨毒转移到女性的男人。他们可恨，但更可怜。如果不能在关怀家暴女性同时关怀这些男性、解决他们的不幸与耻辱，那家暴问题、仇女问题，就不可能得到真正解决。何时女权主义者可以和贴吧里这些赞扬安嘉和家暴、谩骂受害女主角的男性坦诚对话、互相理解，以及从更根本上消除或缓解家庭中男女双方乃至全家人面临的压力与困境，家暴问题、女性权利问题，才真的可能解决。

还有，在匮乏和不安的生存环境下，人们不能接受良好的教育，知识和道德素养都很差，更要为基本生计焦头烂额，很难有条件冷静客观的思考女权问题，也没有条件善待女性等弱势群体，必然导致中下层女性的生存环境恶劣且难以改变。中国大多数男性，从小生活贫苦，在学校接受高强度应试填鸭教育、工作后为权贵和老板当"人肉电池"，老了退休金不够治病甚至干脆没有退休金。而无论工作单位还是社会上，充满尔虞我诈的算计和损人利己的竞争，"一家之主"的男人每天都要为物价、房价、子女、老人而焦虑压抑，哪里还有心思体谅和尊重女性？相反，高压焦虑之下，女体在其眼里往往就成了发泄的工具，对妻子的家庭暴力、对女同事的性骚扰、对陌生女性的恨意，自然就生发和行动了。

日本导演黑泽明的《七武士》中有一段经典台词："你们把农民当作什么，以为是菩萨吗？简直笑话，农民最狡猾，要米不给米，要麦又说没有，其实他们都有，什么都有，掀开地板看看，不在地下就在储物室，一定会发现很多东西，米、盐、豆、酒……。表面忠厚但最会说谎，不管什么他们都会说谎！一打仗就去杀残兵抢武器，听着，所谓农民最吝啬，最狡猾，懦弱，坏心肠，低能，是杀人鬼。但是，是谁令他们变成这样的？是你们，是你们武士，为打仗而烧村，蹂躏田地，恣意劳役，凌辱妇女，杀反抗者。你叫农民怎么办，他们应该怎么办？"这段话适用于解读一切相对弱势和受害者的肮脏丑陋的原因，伤害女性的中下层男性自然也不例外。中国名著《水浒传》中各种"好汉"杀人越货，反而得到部分人称赞，也是因为"乱自上起"，有了蔡京高俅童贯们的巧取豪夺、高衙内蔡九知府梁中书们的骄横贪墨，才有市井中底层民众对秩序的暴力反叛。

还有北大博士生冯军旗在河南南阳市新野县挂职数年后，在郑也夫教授指导下所书《中县干部》一文，以新野县（"中县"）的政治生态和官风民情为例，对中部县城官场的种种阴暗、既得利益者家族网络的盘根错节，披露的淋漓尽致，也引发了广泛的关注和对相关丑恶的批判。但"中县"之外之上的北上广深，又干净到哪里去？首都和一线城市的权贵精英巧取豪夺更加疯狂，损人利己收益更丰，只是手段更加隐蔽、这些人模狗样的东西表面看来更加衣冠楚楚罢了。"上梁不正下梁歪"，是最高层的既得利益者首先作恶、得到最大利益，才有了下面的效仿。而且，因为高层权贵将全国所有优质资源和大部分财富掠走，导致各地方尤其内地和边疆落后地区更加贫困贫乏，所以下级官员和市县乡村的各色官僚和各大家族只能选择剥削更底层的平民百姓，否则就会在犬儒和社会达尔文化的环境中阶级滑落、家道中落，甚至因为家人生病无钱医治等原因家破人亡（仅仅靠工资的确是无法负担医疗费用的，即便报销比例90%也无法负担）。对于体制内人士而言，如果不同流合污，也会被排挤欺凌，无法立足。如果不去解决整个体制的问题和改变社会结构、不惩罚最高层的权贵精英和剥夺其非法的有形无形所得，就不可能改变"中县"的种种丑恶现实。新野县的官员把《中县》作者冯军旗称为"圣人蛋（故作清高、装相逞能、'不食人间烟火'之意）"，也颇有几分道理。冯军旗并不真在仕途（只是挂职调研），当然不用顾忌那么多。他又是北大博士、被名师提点，在北京顺风顺水，也不需要忧愁各种生存的苦恼。可新野的官民能这么洒脱自由吗？（当然我对冯军旗的成就和品质还是称赞的，也认为《中县》是极佳调查报告，但新野人在内的"中县"人也有权利批评他）

同理，前几年贵州独山县的债务问题、形象工程问题、腐败问题，也是"上行下效"的结果。很多人批评独山县而无视京沪广深和全国各主要地区的腐败和浪费，同样是"柿子捡软的捏"。仅首都北京一地，其丑闻件数和靡费数量，就比独山县多出起码几百倍。顶层统治者骄奢淫逸，如何能理直气壮的处罚各地的"腐败分公司"？各地方和基层的贪官污吏，也正是以此作为道德开脱和对上层的要挟，而中央核心和各部委那些衣冠楚楚的权贵，也知道这样的事实和道理，所以才互相结成利益共同体，相互包庇和掩护，内部虽也有歧视链和残酷斗争，但都欺压人民大众。不改变整体尤其顶层，局部和基层就不会真正清廉公正。

而最近热播的政法电视剧《底线》，其中影射"货拉拉案（货拉拉司机疑似试图性侵女乘客、致其跳车死亡事件）"的剧集遭到男性铺天盖地的谩骂，不仅反映同样的逻辑，更是直接涉及女权问题。中年男性司机侵害年轻女性，的确是犯罪，应该谴责。但是，那些高高在上的法官检察官，以及整个司法系统，又是干净的吗？仅仅公开落马的司法系统人员就不胜枚举，还包括绰号"政法沙皇"的中共政治局常委周永康、绰号"上海法枭"的上海市人民检察院检察长陈旭这样的顶级司法官员。而没有在政治斗争中落败的贪赃枉法者则更多更普遍。而且男性司法官员几乎都曾经玩弄女性（周永康就被曝和央视主持人叶迎春、沈冰存在不正当关系）。而那些女性法官，有些同样依靠性而上位（当然她们在被上层玩弄同时，也可以居高临下玩弄比她们"低级"的男性），还有一些则是依靠父母亲属荫蔽而获职和"独善其身"，无论哪种都充满肮脏龌龊（甚至后一种更龌龊）。就像宋雨霏、叶芯以及另外一部著名电视剧《人民的名义》中类似的人物陆亦可、钟小艾，皆是一路货色。她们直接间接攫取民脂民膏，内部各种勾兑，然而却大义凛然的以妇女捍卫者自居，判罚平民性侵案时一副为弱势者伸张正义的模样（当然某种程度也的确是伸张正义）。

但"胸中不正，则眸子眊焉"，当官员、法官检察官们自己都不干不净，乃至整个体制都是败坏的、政权是不合法的，其任何决策、判罚、宣讲，都变得缺乏威信乃至滑稽，即便是正确的言行，也不再那么光辉，还容易引起反弹。中国的女权不能伸张，就在于整个政权的非法让其司法执法难以理直气壮，只好迁就相对强势的男性。那些女性法检官员，更多也是站在特权阶级立场而非女性性别立场。当"货拉拉案"男性被判有罪时，涉嫌性侵弦子的央视主持人朱军却得到无罪判决。许多年前另一央视主持人赵忠祥也涉嫌性侵和虐待且证据确凿，但受害者四处上告却不被受理，赵同样是得到了体制的庇护。而中共政治局常委张高丽对网球名将彭帅的"权势性侵"丑闻，更是在中国国内互联网上被完全封杀。在西方国家，"metoo 运动"主要针对的是权贵精英和知名人士，对平民反而没这样高的要求（其他许多运动如环保、动保亦是从上层做起），中国则是相反，对平民重拳出击，对权贵轻轻放过。

政权的非法性、统治阶层的压榨、法官检察官乃至相关影视剧拍摄机构和人员道貌岸然背后的肮脏龌龊，显然不会让中下层男性对"货拉拉案"的判决结果及《底线》的剧集内容"心悦诚服"，而是愤怒和逆反。他们不会认可判决，更不会反思和忏悔，不会变得尊重女性，甚至会逆反的更加猛烈的攻击女权和诋毁女性、以更加隐蔽阴险的方式侵害女性。而如果女性为"货拉拉案"的判决及《底线》的播出而沾沾自喜，忽视了体制之恶和特权阶层的剥削压迫，那女权事业也不会再有进展甚至导致反弹。这次《底线》中关于女权的剧集，以及现实中的判罚，也并不是女权的真正胜利，而只是统治集团的一次（或数次）选择性支持、对女性的有限"统战"，根本上仍然是会站在男权一方。（当然，我是支持女权的，也认为货拉拉案应判决司机有罪。而且在目前，可以在忍受政权和特权阶层统治的情况下，利用现行体制改善女性处境、处罚侵害女性的罪犯、宣讲女权的理念与价值。但是根本上必须改变体制，并与中下层男性共同反对特权阶层的男女既得利益者）

以上这些例子都反映了整体主义的重要，以及伸张女权必须推动整个社会变革的原因。如果女性不体谅、关注、解决男性所受的各种创害，不能从根本上改变包括男性在内中下层普遍受害的状态、几乎全民互害的环境，不去改变整个社会结构性的不公不义，不去从物质和非物质方面提高中下层男性的所得和保障，那么男性转而家暴和性侵女性（乃至家暴和性侵同性的弱势男性）及其他侵害女性权利与尊严的倾向和行为，无论用怎样的道德规范和法律约束，以及女性个人的努力反抗，都无法阻挡。

而与女权相关的民族/族群问题的关联逻辑也一样，被压迫民族的男性在利益和尊严受挫后，也几乎必然会转而伤害同族女性或更弱势族群的男女。例如四次中东战争各阿拉伯国家皆败于以色列，就有不少遭受战争创伤的阿拉伯男人殴打虐待妻子儿女等家人。而困在加沙地点的巴勒斯坦人普遍被以色列以各种方式压迫，而加沙的巴勒斯坦女性，则是多重压迫的共同受害者（因此她们的抗争也更为可歌可泣）。甚至，即便并不是战败者，参与国家和民族冲突的男性军人，也会家暴妻子、虐待子女。参与过越南战争、阿富汗战争、伊拉克战争的美军，服役期间和回国后很多都出现了创伤应激障碍，家暴和犯罪比率远高于美国平均。而中国军人参与的中越战争，很多参战军人幸存后也存在对妻子等弱势男女家人的家暴，这些军人家庭子女也饱受直接间接的折磨。而在性暴力方面最为臭名昭著的日军，之所以制造各种极为残忍变态的性暴行，同样与日军严酷的军纪、军内层层的压迫虐待、在战争中的残酷经历有直接关系。张纯如的《南京真相——被遗忘的大屠杀（TheRapeofNanking（南京大强奸））》即对此有叙述和说明。

而被侮辱与被损害的族群中低阶层的女性，承受了男权、阶级、民族三重压迫。美国政治家希拉里有句被断章取义的言论"女人是战争的主要受害者，她们失去了丈夫、父亲和孩子"。这句话经常被反女权者嘲讽，并以此攻击希拉里。而其实，希拉里想表达的，是战争对女性的传导伤害。男性在战争中还有一些自主权，既是猎物又是猎手，而女性如果没有武装，那就是满足胜利者性欲和虐待欲的战利品、被动承受一切伤害的活的乃至死的"物品"。但另一方面，这句话及前后文也隐含者人们对男性在战争中主动牺牲期许的事实，即男性也是受害者，在战争中相对女性有主动权但也有更大压力和风险（而这一面又被女权主义者忽略），其"主动"也包括主动去面对危险甚至赴死（主动面对受伤和死亡和被动逃避下的伤与死所需的心理承受力，完全不是一个量级）。男性是战争的直接受害者，而女性则是二重受害者，男女乃至其他性别取向的所有人类，都是基于阶级、民族、个人野心等原因导致的暴力冲突乃至战争的受害者。如果不能解决阶级和民族压迫，不能捍卫和平，不能让中下层男性也得到平等、尊严、安宁，那这些男性所受身心创害必然转移给更弱势的女性，女性仅仅追求自身权利、女性性别和身份的权利，是不可能成功的。女性想要获得自由解放，不仅要伸张妇女权利，还要反对阶级和民族压迫（包括关心被压迫的男性的权利与正义）、反对战争与暴力并致力于世界和平（这正是西方女权主义与和平主义、女权运动与反战和平运动高度重合的原因）、促进社会平等与多元包容。

此外，女性想要争取自身权利权益，也需要兼顾其他群体的利益、支持同样处于弱势和权利受损状况的群体的抗争，这样才能得到更多力量的支持。这个世界上有各种各样身份的群体，各自有各自的难处和诉求。人们不仅希望自己的问题得到关注和解决，也往往会与其他群体的处境相比较。如果某一个群体只顾及自己或自己群体利益，而罔顾其他群体的关切，甚至试图独占利益和优先权、在得到利益后洋洋自得乃至炫耀并鄙夷未得益者，那必然导致其他群体的不满和嫉恨，无法得到同情甚至被诋毁和破坏。中国和世界许多国家的女权运动被孤立和围攻，很大程度就是在于其过度强调自身权利和利益诉求，而忽视甚至鄙夷其他群体的关切和需求（如底层男性、农民、LGBT 群体），这样的自私冷漠，自然不会换来支持而是加剧孤立（虽然支持其他群体也未必能够换来回报，但如果冷漠乃至鄙夷其他群体的抗争甚至嘲笑其苦难，那几乎必然不会得到好的反馈）。

就像前述的那样，中下层男性，虽然仍然比中下层女性有更多优势和便利，但不仅和女性都是专制体制、阶级压迫的受害者，还往往因为其男性身份，而被从亲朋到社会陌生人对其能力、尊严、地位有更高期待和要求，更要直面许多男性才会面临的压力与苦楚。如果女性不能体谅这些、不能推动中下层男性权利与尊严的维护，那绝大多数男性也又怎么可能在女权问题上对女性回以善意呢？还有一些女性反对更加弱势的跨性别者（所谓"反跨激女"），虽然具体争议可以就事论事商榷，但从整体上歧视跨性别者显然是错误的。所以，女性争取女权的同时，要尊重各群体的利益诉求，根据社会整体的环境和各色群体的立场和利益，来修正自身的定位和需求。这又是要求立足"整体主义"的一个原因。

在追求民主、民权、利益的过程中，男性往往因为有较多资源和条件，所以往往会在民主化和相关利益争夺中占得先机。这对于女性的确是不公平的。但是，如果此时的专制或其他形式的制度压迫对女性更为严酷、从长远对女性更加不利，那女性应该暂时先接受男女并不完全平等、女权诉求未被完整接纳的阶段性民主法治成果，以开拓民主政治的体制和空间，让女性能够得到虽不如男性但好于专制时期的政治红利，为进一步的男女平等参与政治、逐步达成各种女权目标提供基础。如果在民主化初期乃至尚未民主时女性就强烈要价、要求和男性获取平等的权力与权利，乃至以拒绝参与民主变革甚至反过来支持政权为要挟，那最终男性女性都将无法得到民主成果，专制高压还会继续。因此，在特定条件下，女性需要暂时的"顾全大局"。这对于女性来说的确是一种伤害，很多女权人士会激烈反对。这样的反应是正常的，女性当然有权拒绝"顾全大局"。但女性要明白现实并不完美，争取权利不是一蹴而就的事，"袋住先"才是正道。

而在关于民族独立和国家发展方面，女性则更是需要暂时支持男性主导的独立自强运动。在外敌入侵、民族压迫、殖民主义下，弱势国家和民族的女性往往遭受内外多重压迫，战争中更是成为强奸和虐杀的对象。中国经历满清和日本的殖民与入侵，且这两个入侵与殖民者皆对中国女性极为残酷，因此中国女性更需对民族独立与国家强大的重要性有认识和支持，并且支持男性主导的反抗民族压迫和外敌入侵（尤其暴力反抗）。有了独立富强，女性才有可能得到基本的安全与尊严，才能进一步伸张女权。即便在这个过程中女性与男性不完全平等，但是为了长远和未来，女性只能暂时做些"相忍为国"之事，而男性也要不负女性的期待和支援。（当然，如今中国的部分区域和部分男性，压迫女性程度超过外人，这的确是现实，也是中国的耻辱，这样的情况下，女性倒是完全有理由不爱国家、不支持男性，乃至寻求有善意的外部力量支持女权）

此外，虽然男女平等是根本的，但是也的确有一定的分工。男女自然都有选择做任何工作、做任何事情的权利，但有时为了一些重要的整体目标，以及受制于特殊的环境处境，需要其中一方为另一方做出一些特殊的牺牲。例如男性就应该在家庭、宗族、家乡、民族、国家、人类面临各种危难尤其暴力和物理伤害的情况或可能性情形下，比女性更加的挺身而出，承担各种惨烈的直接伤害，利用自身在物理上的优势，抵抗外敌、保卫共同体，尤其保护妇女儿童。而女性在类似处境下，则应该在后方大力支援，以及做其他许多女性更加擅长的事情，以保障后方、鼓舞男性士气勇气，最终保护整个共同体的安全与利益。不仅战争/械斗/暴力冲突时如此，和平下的各种争竞、维权、社会运动，也是需要男女有类似的分工。且在这种面临重大危机和高压复杂严峻的环境下，女性对于一些问题（即便侵犯了自身利益乃至重大利益），也还是需要有所忍耐，这样共同体得到保全、斗争目标达成，才能免于更大更多伤害、获取维权和革命的成功。

这的确一定程度剥夺了男性和女性的自主权和损害其他一些权利权益，尤其对女性不利，根本上是错误的，是对男性女性尤其女性个人自由权和自主权的侵犯。但这是人类历史惯性及现阶段客观环境下不得已的分工和强制分配，如果不这样，无论男女都将受到更严重侵害，即"破巢之下，安有完卵"。所以，男性女性都需要明白这样的现实，做出并不完美甚至要主动遭受痛苦，但有利于根本、整体、长远利益的选择，当然这最终也利于包括女性个体在内的承担责任与履行义务者自身（不过的确会有一些人在这个过程中死去、伤残、发疯，再也见不到明天，无法见证胜利，更不可能享受共同体的胜利果实了）。

而整个社会的价值观念、文化形态，同样塑造了女性处境的基本框架。就像特别针对女性的各种身份定位、言行规训、赞誉与羞辱，皆深植于社会结构和文化传统之中，浸在每个人的基本"三观"中。很多人根本意识不到自己和他人的许多思想和行为是侵犯女性权利、导致女性受压迫和伤害的。"男主外女主内""荡妇羞辱""女子无才便是德"，不仅存在于中国传统文化，世界许多文明的历史传统皆有类似内容。这些规训尤其羞辱性的性别指责，让女性在社会中无时无刻不受束缚、任何环境下都无法摆脱相关约束与污名。这绝不是个体可以挣脱的，也不是不在乎就不存在的。而改变这些，也不止要改变这些具体的价值取向和价值选择，还要从根本的思想与哲学层面挖掘本源，批判、解构、重构社会文化与价值观的核心部分，才能让女性摆脱各种有形无形的压迫束缚，享有性别平等与解放。（而且，男性同样受相关的价值观和传统的规训与束缚，一样是受害者，如对男性的责任、义务、尊严、形象的各种要求，也会让男性不得不遵从和受到束缚，面对各种特异的规训与压力，导致身心受害。所以，就更需要从整体而非局部、全面而非片面的批判和改变保守落后的价值观与文化，实现真正的性别平等与个人自由）

还有，女性权益的维护和拓展，也需要各身份各阶层的集体行动和全社会的共同构建。"解放女人的是男人，解放黑人的是白人"，虽然是片面的说法，但某种程度的确是事实。近现代以来世界各国（包括中国）女性处境的改善和地位的提高，离不开认同女权的男性的支持努力；美国黑人一百多年来从奴隶成为公民的进步，也有赖于反种族主义的白人的奋斗牺牲。在弱势身份群体和个人处于不利境地时，很难有资源和能力去改变不公，而需要既得利益者及其他不同身份和阶层的群体协助平权。面对侵犯女性权利乃至严重伤害女性的各种恶行及施暴者，也需要包括男性在内的人们去阻止和对抗。

无论是反家庭暴力，还是反性侵害，如果大多数男性不能站在女性一边加以支持保护，那恶人就会肆无忌惮。在家暴问题上，面对男性的体格的强壮，以及往往主导着家庭财产、影响着其他家庭成员立场、受到公权力偏向或"中立"的优势，显然需要包括男性在内的他者阻止家暴，以及惩罚家暴者和安置受害者，否则女性自己如何反抗和逃避亲密暴力呢？而女性控诉性侵害的"metoo 运动"，如果男性尤其控诉者身边的男性都是冷嘲热讽乃至"荡妇羞辱"，而非支持鼓励，那女性的发声控诉只会招致更多嘲讽与羞辱（哪怕只有百分之一的人、五百个熟人中五个人羞辱嘲讽，其他 495人都沉默，当事女性也会痛苦不堪，责任人不仅包括侵害者、五名嘲讽者，其余 495 人也都是加害者的帮凶），各种被"穿小鞋"和报复也会接踵而至（这同样是建立在大多数人沉默和附和加害者前提下的）。一些极端女权主义者所认为的、所有男性都是性侵害者或帮凶的说法，起码在高度男权主义、从官方到民间普遍拒斥倾听和帮助受侵害女性的中国社会，一定程度是正确的。大多数沉默的男性，就是伤害女性的男人的帮凶。

因此，维护女权需要集体行动，需要第三方和社会公众的参与，需要公权力的介入。尤其对与女性性别相对的男性，应该认真的审视女性的处境和诉求，听到她们的"喊叫与耳语"、看见她们的"无可见挫伤"，再自我反思作为男性对女性是否有歧视与暴力，并改进自己、扶助弱势，才能让女性得到保护、女权得到伸张，而男性自身及全人类也能因此得到更多幸福与安康。

如果男性及主流社会拒绝支持女权、保护女性，固然可以通过压迫女性得到各种利益，但也会遭遇反噬。女性因为生理与体格、社会结构与环境、实力与话语权的相对弱势，的确无法单独和轻易的击败男权。但是就像农奴制社会下农奴往往通过消极怠工、破坏生产工具、逃亡和背叛等方式反抗领主压迫那样，女性也会以各种方式消极抵抗男权社会的迫害，如通过恶毒语言和流言伤害他人、损害人际关系和家庭和谐；将所受痛苦转嫁给更弱势的群体如晚辈（儿媳（"多年媳妇熬成婆"）、孩子）；攀附比丈夫/男友/父亲/男性长辈更有实力的男性强者，挑唆男性之间为其竞争，而后渔翁得利；放弃学习工作和参与社会，完全"躺平"只靠男性供养，影响社会生产力和活力……这些无论对男性还是整个社会，都是或明确或潜在的损害。压迫必定导致反弹，而平等平权才能让男女公民都能健康向上、积极善良，承担责任和履行义务，而非破坏家庭和社会、让怨毒遍布世间。雨果奖获奖小说《三体》中的主要人物之一叶文洁，就是绝望痛苦中选择毁灭地球的被侮辱与被损害者。而《悲惨世界》中的主角冉阿让，虽然是孤儿并饱受苦难，但得到了主教米里哀的帮助、感受到世间的善意，于是也变成了一个善良而有责任心的人，并将爱与责任传给更多人。我们每个人都应该付出一点爱，让世间少些"叶文洁"，多些"冉阿让"。

不过，男性支持女性和女权的过程中，要尽可能尊重女性的自主性，不要越俎代庖、颐指气使、充满"爹味"。这不仅是因为，女性自己最知道自身的痛苦和诉求，更是因为女性根本上当然是独立的人，而非男性的附属品。

追求女权，也需要女性的自立自强和承担义务。男权主义者经常指责女权的一点，就是说女性只想要权利而不承担义务。一概而论的话这当然是诋毁女权的不实之辞，但如果具体到每个女性，的确是有许多女性只想享有权利乃至享受物质，而不愿意承担与所享匹配的义务（并非是需要屈辱和不必要受苦受难的义务，而是正常合理合法的义务）。前面已经提到男性面对的各种独特的压力与痛苦，这些往往和男性承担了更多公共和社会义务有关。虽然女性也承担了其他许多独特义务，尤其在家庭和支援领域做出了极大贡献，但在男权社会中的"义务"标准下，女性承担的义务与付出的代价被严重低估，也就意味着当今女性被认为未能承担与男性相同程度的义务。

在男权社会、整个尚未完全平等的社会结构和价值取向没有根本改变之前，女性也应该尽可能承担现行社会要求的义务、做出在当今价值体系下与男性匹敌的贡献，才能在当今社会完全理直气壮的拥有权利和保障权利。就像韩国男性反对女权，一个理由即是韩国男性除残疾等特殊情况可得豁免外皆须服兵役，而女性则大多数都不须服兵役，因此男性认为女性不应享有与男性平等的权利、地位、利益，更认为女权是追求特权、压迫男性。这样的观点虽然并不正确（女性有没有履行义务都应享有权利，且女性也承担了更多其他义务，如做家务、带孩子等），但是也有其现实根源，需要包括女性在内的各方理解和正视。

另外，女性虽然相对男性是弱势者，但是也不能在与男性的纷争中肆意而为。女性要勇敢反抗男性的各种侮辱欺凌，但不便变成完全不讲道理的"泼妇"。而如果一些女性一方面以自身是女性、相对弱势而博取同情，一方面凶悍阴毒胜于男性，常常撒谎、污言秽语、暴力相向，且无充分必要理由、也并非出于不得已。那这样的女性，就不值得同情。权利义务是统一的，女性所受尊重和宽容，也应与品性德行匹配（当然，即便德行不检，也不是暴力对待女性的理由，只是说对其个体而言，相对不那么值得尊重了）。

严格说来，即便女性不承担义务，也应该享有一些基本的人权和女权（男性也一样，任何人类即便没有尽任何义务，也都有基本生存权和发展权），但女性要想进一步争取更多物质利益和非物质权利并达至男女平等，显然是需要更多付出的。此外，承担更多义务往往也意味着更多跻身社会和公共场域，参与更多国计民生事务，接触和得到更多资源与机遇，有更加广阔的视野和自由选择。如两次世界大战中妇女走出家庭走入工厂，为国家社会贡献的同时也得到了独立的工作和收入，获得更多议价权和话语权，继而女权也得到更多拓展和保障。因此，女性自强不息和承担义务，才能从根本上改善女权或起码为女权强基固本，男性及其他势力对女性也会有更多支持帮助而非鄙夷诋毁。这同样是"整体主义"在女权问题中的体现。（当然，如今女性在各领域都面临被歧视和压制的"玻璃天花板"，无法得到与男性比例相同的重要地位和作用的职位，这也是女性"无法履行义务"的重要原因，本身就是男权社会压迫女性的一个表现）

当然，不止女权，工人、农民、LGBT 群体、残疾人、少数和弱势族裔等的权利维护，也都需要社会精英、异性恋者、健全人、主流和强势族群去参与平权事业、为其伸张正义。"奥斯维辛的道路由仇恨筑成，但路上铺满了冷漠"，历史上各种被侮辱与被损害者的悲剧，往往都是在沉默的大多数的放任下发生的。恶人之所以能作恶而不被阻止，一是在于他们相对于势单力孤弱者的强大和抱团（就像黑社会的特征那样）。二是旁观者和大众一盘散沙、对恶人的恶行做壁上观。如学者刘瑜所说，"10 个相互配合、并肩作战的人，力量可能足以压倒 100 个、1000 个一盘散沙的人。相比之下，模糊的声音、迟疑的声音、中间的声音比较难以形成观念共同体，因为你缺乏激情，懒得行动，也不抱团"，这就是一小撮恶人能够横行霸道的原因。如果社会各界、全国乃至全世界的人们都团结起来，往往只能利用"局部优势"在一隅暗处兴风作浪的恶人，当然就会被众志成城的、集全国甚至世界之力的正义力量击溃了。因此，无论为弱势群体发声和支援，还是推动和保卫民主自由，都需要全国乃至全人类的共同努力。"不谋全局者，不足谋一域"，共同努力不是各自为战，而是团结协作，并且着眼全局和统筹兼顾，以及通过国家权力的干预与协调。这一切都离不开"整体主义"。

虽然一部分上层的、精英的个体包括女性，的确可能凭借自身优越的家庭、物质、教育、视野等条件，部分摆脱男权主义的压迫，追求到个人的自由解放。但这只有极少数人可以做到，绝大多数中下阶层的男女，都无法获得真正的自由，也无力维护自己的合法权利。精英只追求个体自由、反对"整体主义"，是一种自私自利的行径。而且，这些精英追求的个体自由所拥有的前提条件，恰恰是建立在对更加弱势者的相对优越地位和剥削基础上的，自己本身就是社会不公的构建者和参与者。这显然不值得提倡而应摒弃。

最重要的是，从根本上说，整个世界是一个相互联系的整体，联系是普遍的、客观的、多样的，任何人与任何人之间都有着某种直接或间接的联系（如中国深圳市民和巴西亚马逊雨林的原住民，就有消费和生产的关系，也都面临气候变化危机的严重影响；中国河南郑州"富士康"工厂员工，和美国中部"锈带州"劳工既有竞争关系，也都面临智能机器人取代人工导致自己失业的风险），每个人既享有作为国家公民、世界公民、人类成员、生物一员的各种权利，也应承担对国家、世界、全人类整体的责任，以及对每个其他个体生命的义务。在现代文明社会，人不仅要做到不直接为恶，还要参与维护公序良俗和社会正义。尤其是 20 世纪下半叶以来，非暴力的公民集体行动（如游行示威、罢工罢课罢市、对特定对象的"杯葛（抵制）"等）成为主要的对抗强权和暴行的抗争手段后，更是需要尽可能多的公民广泛参与，包括同质群体的同声共气和异质群体的互助支援，形成足够的声势和影响，对加害者及公权力造成足够压力，才能达成相应目的。而集体行动的启蒙和动员，自然也需要其树立对"他者"和"集体"的共情和认同，以及明晰自身在微观处境（如家庭、学校、单位）和宏观环境（国家、民族、世界）中所处的位置、须负的责任。邻里们守望相助，义人们遥相呼应，家国才可安定，世界才能太平。

因此，在解决阶级、民族、性别等议题时，必须以整体的、宏观的、统筹的视角和手段，切入和解决各群体及每个个体面临的问题，通过"顶层设计"来从根本上促进公平正义，以及公民社会中全民的联动和互助（乃至国际层面的合作与声援），维护权利权益，实现个体的自由和解放。当然，在依凭"整体主义"的世界观和方法论看待和解决民权民生问题时，不能走向极权主义和为整体随意牺牲局部和个体的情形，要尊重个体的选择权。更要明白的是，集体的组织和行动，各种宏大的思想理念，根本目的皆是为了每个个体的权利与自由，而不能将手段和目的倒置。

需要特地说明的是，我所主张的中央集权与国家干预、"整体主义"和人与人普遍的联系、团结、协作，并不是主张人们放弃私权、个人独立自由、隐私。相反，在强调社会的整全性、世间万物的普遍联系、人与人之间的团结互助同时，更要强调群己权界的重要。第一，公权力必须尊重个人权利、自由、财产、隐私，其介入个人生活必须有充分的理据和经合法的程序，并且适度和有节制；第二，国家干预主要在于提供服务和保障，而非禁制和约束。换句话说，公共机构主要是为国民提供自身所没有、不及、不足的资源和服务，而非剥夺国民本就拥有的物质和自由；第三，人与人之间存在联系乃至责任义务关系，是指在公域的、共同涉及的利益和问题，而每个人私人的、不直接和间接损害他人利益的言行及其他活动，都属于个人的隐私与自由，他人无权干涉（甚至也无权公开评判，除非当事人是公众人物）。第四，人与人之间的互助合作，以及所构成的公共关系和空间、形成的利益与价值观连接，归根结底是为了每个个人的权利、自由、利益，前者只是实现后者的手段，后者才是目的，而非相反。

第五，也是最重要的一点，进行恰当的国家干预、管制、服务，构建广泛连接和互助的民族乃至人类共同体，以及每个人对他人的关切和对社会公共事务的参与，正是更好的厘清群己权界、实现个人自由发展的前提和方式。秩序与自由是一体两面，没有良好的秩序和适当的管制，人类就是一群穿着衣服的野兽，世界就是钢筋水泥铸造的工业丛林。如法学教授罗翔所说，"如果自由不加以限制，就会导致强者对弱者的剥削"，丛林社会中强者可以随意侵入弱者的空间、践踏弱者的尊严、夺走弱者的财富甚至生命。没有国家权力的介入，极端宗教势力、保守宗族势力、地方头人和黑恶势力，以及每个学校、企业、单位、家庭里的强人恶人流氓人物，也会在其地盘上建立它的"管制"与"干预"，弱者更无从反抗，大多数人也没有条件和能力逃离（逃离也需要成本。如果大环境恶劣，受害者逃离后往往又陷入一个新的恶劣处境。而互联网时代，即便一个弱者逃离旧环境，恶人也可以通过各种合法或非法获取的信息，追击至其新环境）。

中国一些反体制的政商学精英人士非常忌惮国家权力的压迫和侵害，而大多数民众尤其工人、农民、女性、少年儿童、老人、残疾人等弱势群体，更恐惧身边的宰制者。""县官不如现管"，对一般工人，工厂里边的老板比帝王更能拿捏自己，工厂雇佣的安保人员凶恶也甚于军警；对农民，面对村长族长尤其有黑帮联系的地头蛇，就只能逆来顺受，自己的家"国王""总统"乃至县长局长都没兴趣进，但村里恶霸随时都能进（哪怕有法律禁制），家暴弱者的家人更是就在家里居住。即便县长局长为利益而派人私闯民宅登堂入室（如强拆），也只是偶尔，而家庭的恶人则时时刻刻、起码一天 10 个小时都在身边；对女性、儿童、老人、残疾人，身高体壮正当壮年且脾气暴躁的男性，就是她们的梦魇，各种暴力殴打、性侵害、财产剥夺、人身控制，让这些弱者只能忍气吞声、予取予求，成为虐待和发泄的对象。自由派精英称道的"小共同体"的头面人物，起码一部分对弱势平民如同奴隶主般邪恶。相反，代表"大共同体”的国家机器，起码部分时候可以成为其庇护和主持公道之处，也不会随时随地侵入弱者个人空间。虽然“大共同体”统治者和“小共同体”主宰者有勾连，但也有一定矛盾。所以中国才有上告“青天大老爷”的传统。而民主中国的“大共同体”则代表全民意志、保护弱势群体，打击那些在工厂隔间、田间地头、家庭厨房里施暴的各种恶人，是弱势者的屏障，能够让弱者摆脱各种恶人的掌控和折磨。所以，国家干预、管制、服务，正是通过物质供给、治安维持、统筹调节，尽可能保障个体的权利不受侵犯、自由不被剥夺、私域不被闯入。

而基于“整体主义”理念和策略的人与人合作互助、相互承担责任义务，同样是为了这样的目的。如前所述，弱者是孤单的无助的，恶人是强大的抱团的，如果仅仅希望通过个人奋斗和明哲保身来保障自身利益，对于绝大多数人是不可能的。而即便少数人看起来可以凭借自身条件独善其身，其实也是建立在他/她有各种资源和助力的前提下的（例如家庭的支持和保障），而非真的凭借单打独斗。只有人与人广泛的联合，从邻里的守望相助，到国际上的合纵连横，才可保障个体的利益不被损人利己者侵害。而且，人都有结党抱团的天性，现实世界又要求人必须合作才能生存，所以积极的理性建构和主动的结社互联，是符合人性和现实的。如果听凭自发自愿、自由放任，那有更强动机和能力互助联合的强者与恶人就能把持利益、为所欲为，一盘散沙的大众尤其力量与话语不足的弱者，必然会被各个击破、成为被宰的羔羊。强人恶人更是会利用家庭、学校、工作单位、特定区域等相对封闭的空间和盘根错节的关系网，一手遮天作威作福而没有曝光和制约，受害者面对恶人的强横和周遭的冷漠乃至鄙夷讥讽，只能逆来顺受。在这样的情形下，弱者哪里还能正常行使各项权利、享有作为公民的自由呢？？即便那些似乎“独善其身”的旁观者，难道不也是通过生活中谨小慎微乃至讨好恶霸强人，以及各种圆滑世故、打点钻营，才得以苟活的吗？这样的环境下，个人的权利和自由自主又从何说起？

只有通过各种积极和强制（而非消极和自任）的方式将尽可能多的群体和个人进行连接和统筹，以集体的力量屏卫每个成员的安全与利益，才能让良善（起码是"非恶"）者的团结战胜邪恶者的勾连，在保障集体的安全与博弈成功后，实现其中每个个体各自的权利自由。

我以上所设计的制度和政策，在现实中已经有许多国家在推行，且运转良好。法国、德国、西班牙、葡萄牙、荷兰、瑞士、瑞典、挪威等西欧和北欧国家，皆已实行并在长期实行以上我提及的制度和政策，国家的经济社会形态、国民的价值观和行为方式，也与我主张在民主中国实行的相似。和中国同属东亚文化圈、与中国近几十年政治变迁颇有一些相似之处的韩国，其进步派执政期，同样秉持以上理念、推行相关政策。而这些国家都政治昌明、经济发达、社会公正、人际和谐（当然都是相对而言，而非完美）。而我主张部分学习的新加坡，其政府治理能力和效率、法治水平、经济繁荣程度、治安水准，皆居于世界最顶尖行列。

当然，中国是发展中国家，无论经济还是政治，以及国民收入和素质，都与发达国家颇有差距。但发展中国家中，实行类似于我主张的中间偏左路线的政权/政府/政党/政治人物执政期，其公民权利与福利保障、法治与社会公正、弱势群体和少数群体权利保护、资源与环境保护等方面，大多数都好于持右翼的保守的自由放任的立场的政权。如巴西的卢拉政府（劳工党政府）、墨西哥的奥夫拉多尔政府（民主革命党及继承者政府）、阿尔及利亚的布特弗利卡政权（民族解放阵线政权）、乌拉圭"广泛阵线"政府等，都是发展中国家左翼执政且有所成就的例子（当然，他们也有很多问题，我前面还将其中一些作为总统制失败的例子。但如果相较右翼，他们在民权民生方面还是做的更好的（或者说相对不那么差））。即便在经济发展方面，中左翼力量也并不差。例如南美的智利，很多人将智利的发展当成右翼独裁领导人皮诺切特的功劳，可皮诺切特下台后由左翼联盟执政，经济增长不逊于皮诺切特执政期（具体数据较复杂，在此不展开分析），而且经济成果更加普惠、收入分配也远比军政府时期公正。民主中国当然应当选择有利于全民或起码最大多数国民利益的理念、制度、政策。

除了以上及本文其他章节较详细阐述的制度和政策措施，民主中国还将实行以下政策和方略：基于凯恩斯主义、贡纳尔·默达尔和列昂尼德·康托洛维奇等人的理论、穆罕默德·尤纳斯、西奥多·威廉·舒尔茨等人的经济学研究与所蕴含价值的社会市场经济（类似于联邦德国二战后至今的经济模式）的基本经济政策；以产出贡献（所创有形无形价值）和劳动强度（所付辛苦和代价）为主标尺、多种分配方式并存的基本分配政策；以科学思想与理念为纲、科学手段和技术工具为目、科技实用化和创新性为重点的基本科技政策；道德政治与务实主义结合的政治运作方针和人才使用原则；以主流媒体为枢轴、自媒体为补充的舆论体系构建，以及对揭露黑暗、为弱势群体发声的媒体及媒体人的补助奖励政策；鼓励批判现实主义类型文学艺术发展、尊重多元表达方式、将文艺与现实高度结合并以文艺促进现实革新、发扬民族的大众的国际主义的普惠文艺、结合精英与庶民观点与需求的文化战略；在高校"去行政化"和"教授治校"，提高知识分子待遇并给予其安全宁静宽松的学术环境和现实保障等。这些政策的具体内容和实行方式，因篇幅问题不再于本文中详述（本文对以上内容也都有一些分散的提及）。

以上的理念、制度和政策，仅仅在民主中国的汉族聚居区推行，不包括汉族聚居区之外的 8 个联邦主体区域（5 个少数民族自治区和港澳台）。这是出于对少数民族及港澳台居民自主权的尊重、对其相对独特文化与习俗的理解。如果到时少数民族及港澳台人士普遍向往民主中国汉族聚居区的制度和政策，在自愿的基础上，可以将这些制度和政策推向另外 8 个联邦主体，让进步平权、公正安宁覆盖中国全境。

与中央类似，民主中国汉族聚居区各省、市、区/县三级的行政首长及地方"人民议会"议员，均由区域内常住居民选举产生。而地方亦有与中央类似的"联合院"和"专家院"，但其职权相对更小，不像中央层面的是决策机构，而是更接近谘询性机构，权力主要集中在"人民议会"。这是因为各地方区域面积小，且地方事务的范围和性质与中央差异很大，因此根据现实需要，地方议会主要代表区域内民意，而不需要过于强调专业人士权力和不同群体的代表性。

虽然我设计的汉族聚居区是不同于少数民族及港澳台的单一制中央集权结构，但我也认为应该给各地方以分离独立的权利。"强扭的瓜不甜"，民主中国的统一、汉族聚居区的团结，应该是建立在对历史、文化、价值观的共同认同，相同的道德自律和言行方式，以及各地方共同利益的相对一致基础上的。如果某些区域的众多人士离心离德，制造种种事端，那不如一拍两散。

例如中共中国对首都北京市的独尊和赋予北京户籍市民的特权，在民主中国就不能再存在，这必然导致北京既得利益者们的反弹（即便不追溯此前的既得利益、仍然让他们保留更高起点）。北京在建国以来之所以一直保持繁荣、北京户籍居民得到远超其他任何地区的种种福利配给和特权，几乎完全依赖于中央政策的高度倾斜和其他区域的资源输入。反过来，北京却没有在经济政治文化等各方面对全国有反哺和助益。而未来民主中国，无论北京是否还是首都（我倾向于在其他城市建都，如武汉、南京、西安、杭州、郑州、洛阳、长沙，都可作为民主中国首都备选地，个人认为武汉最宜），都不再可能有如今这样的"输血"强度，北京市民尤其中共统治下有北京户籍的居民，也不可能再有如今的各种地域特权。即便还是首都居民，所享有的各种基本社会保障和公共服务，起码在制度层面也与全国各地相同。

而北京为代表的北方保守顽固、充满封建皇权等级色彩的思想文化，以及各种文化和制度影响下塑造的"潜规则"和人的言行习惯，也严重阻碍中国的发展进步与人民权利的伸张，民主后必须削弱乃至清除这类思想文化并摧毁其根基。而对于各种通过公然的或潜规则作恶获利的北京居民尤其权贵阶层，也需要进行揭露、批判、审判、改造、自新。如果不能从根本上摧毁旧的丑恶的思想、行为模式、社会结构，重塑各阶层价值观念和行为方式，即便废除不平等的制度和法律，各种丑恶亦会以各种相对隐蔽的形式存在，蛰伏待机、勾连内外反动势力，并会在民主法治不彰、正义力量虚弱时卷土重来。

中共统治下中国重现明清尤其满清时期的专制体制、等级制度、闭关自守、潜规则、各种丑恶的思想和文化、对个人自由和社会舆论的钳制，尤其"红卫兵"和"白卫兵（防疫人员）"再现"义和团"的反智愚昧狂热，各种丑恶百年未变，都是民国时未深刻反思和批判旧人旧物，导致的血淋淋的前车之鉴、正在发生的历史悲剧再现。假如早几十年充分省思历史悲剧、挖掘历史根源，从结构与根底上改变传统，文革和今日防疫的悲剧与荒唐就不可能重演。

如果未来民主中国仍然姑息敷衍，不审判旧日的既得利益者，不厘清是非曲直，不铲除根基，一时半会可能得到宁定和平，但作恶者实力犹在，也不会真心悔改。即便一时沉寂和边缘化，但其旧日积累的资源人脉仍在，内心也期盼复辟和重作恶行，早晚会趁民主进步势力虚弱时卷土重来（乃至在民主进步势力强盛时，他们也会或明或暗的制造事端，通过"耳语"和"潜规则"继续荼毒国家和人民。或者，直接渗入民主进步政权，让政权蜕变为和明清、中共一样的货色）。对于没有廉耻和自省精神的人，进步势力的宽容大度只会被当成软弱和容易欺骗。而这些素养低下、没有道德和同情心同理心的群体强大乃至掌权后，却不会同样程度的宽容进步势力和弱势群体，而是对前者批伤批残，乃至批斗致死；对后者则予取予求、拼命奴役，在"使用完毕"后冠以"低端人口"加以野蛮驱逐。

这样的情形不改变，会让未来的北京和全中国持久腐烂，乃至发生更大的祸乱，不断重演历史上的种种悲剧。这样的事情已经发生多次且现在还正在发生，难道未来还要不断重复循环吗？如果民主之后"算了"，那说不定过几十年又会重蹈覆辙，甚至这些势力就会成为颠覆民主、扼杀自由、破坏进步的关键力量。因此，"转型正义"必须进行，旧制度、旧势力、旧思想必须予以批判和清除，过程中也必然伴有许多惩罚与破坏。

当然，不仅北京，全中国都要"转型正义"，但专制和丑恶的中心当然需要加倍重视和改造。不过，我并不是说要大肆杀戮，甚至一个都不杀，但要充分回溯历史、挖掘机密、扒开内幕，充分厘清各种人与事的真相并完全公开，然后加以反思和批判，就如纳粹德国的"去纳粹化"过程、南非/韩国/台湾地区/西班牙的转型过程、美国的"扒粪运动"和民权运动那样，从本质上瓦解丑恶存在的土壤和根基。

而且，如果不如此的批判和改造，而是轻轻放过，他们甚至都不知道自己种种行为是作恶，如户籍特权、无人道政策、暴力执法、官僚主义、形式主义、阶级/地域/性别歧视、欺压老弱、各种潜规则与私相授受……他们把当成理所当然，认知不到这些是错的、是损害他者利益的、违背现代文明的，甚至许多人还以拥有各种特权和"关系"为荣，以"根正苗红"自居。包括口口声声自由民主法治的许多北京籍中国自由派知识分子、异见人士，也并不在乎或者知道但有意回避户籍特权和阶级特权问题，拒绝谈论是否应废弃，更不谈自身愿不愿意放弃这些既得利益。因此，只有正视这些丑恶和不公，彻彻底底的揭露批判，才能让加害者、受害者、社会各界各方，都从心底抛弃丑恶，重新做人。

对北京的既得利益者们，对这些改变的感受必然如同"一落千丈"。但民主中国不可能继续让这些人寄生于其他地区及"北漂"人士的劳动成果之上，不可能让河北等地人民在民主之后还忍受被北京制度性剥削压迫的痛苦。民主中国也不能再容忍皇权专制、等级观念、阴损潜规则的大行其道。在这样的情况下，如果北京市民无法接受失去各种特权、北京变成一座地方城市（而非首都）的现实，他们也有权通过公投等方式离开民主中国。如果要留在民主中国，北京市民同样要放弃一切特权和不合情理法的利益，与他地他人平等相处。（天津市也同理，民主之后将并入河北省，不再享有任何地域特权）（其实，即便废除北京和天津的各种特权，原京津户籍居民仍然可以依靠旧有既得利益拥有远好于全国平均水平的生活、更多的资源和机遇）

还有，如前所述，虽然北京市民尤其户籍居民享有各种福利和优越性，但内部亦分成三六九等，除最高领导人外其他人同样在一些情形上是弱者和奴仆（最高领导人其实也难安枕），没有人是完全的受益者，所有人都一定程度受害。即便相对受益者，也在这样的环境中丧失了纯洁、扭曲了心灵，还因参与丑恶而承受各种压力与负担。如许多"做题家"辛辛苦苦拿到北京户口，甚至进入"体制内"，却仍然只是为权贵打下手的"工作机器"，看着各种丑恶只能沉默和屈从，自身也饱受压榨，甚至成为他人罪过的"背锅侠"。虽然相对大多数国人富足，但是也近距离感受到更多不公不义。这些人难道不希望换一种人人平等、社会自由、有起码尊严的生活吗？

而对于那些没有取得或暂时没有取得北京户口乃至居住证的"北漂"，身在北京并对北京发展建设有着巨大贡献（甚至远比那些尸位素餐的权贵更有贡献，付出的劳动和血汗则更是多了许多倍）却不能享有权利和福利，难道他们的利益、情感、尊严、人权，就不如北京户籍居民尤其权贵"金贵"吗？这样的人占到北京常住人口的一半，如加上其他经常在京的外地人，起码占到三分之二。难道这些人不配称为"北京人"、不能代表北京的利益与诉求吗？

北京从中国分离，其实也可以给那些中共统治时期的权贵精英、各种既得利益者乃至恶人一个退路。不仅北京，中共统治下全中国各地的权贵精英，尤其残酷对待民众、背有血债的中共高官和打手，非常担心被人民尤其各种受难者及家属清算、报复，他们也正是因此而恐惧和拒绝变革。

因此，不如将北京作为民主后给他们的"自留地"，一个能保全自身安全和家人性命的退路，允许其独立建国。不仅北京当地特权阶层，从上海到南京，从广州到成都，从西藏到新疆，全国各地的类似人士及其家属都可以在民主化期间和之后迁到北京，去过他们自己的日子。他们分离出去，和民主中国隔离，人民不用忍受他们的剥削压迫，也能阻塞他们破坏民主转型的企图，而他们自己也可以不用日夜不安的担心，不用害怕人民像他们对待人民那样对待他们。这也是一种另类的"两全其美"了。我想不仅我个人，大多数人民也乐意甩出去这些丑恶的东西。倒是这些权贵精英，或许会为不能再继续骑在人民头上作威作福、享有各种特权，而懊恼和不甘，甚至希望留在民主中国，利用旧有资源人脉继续渗透政权、荼毒人民。（其实，不仅北京，全国其他地区若区域内大多数人认同中共统治模式、价值观、社会形态、人文风貌，也可以公投与中共控制的北京合并。这样，那些真诚认为中共统治好于自由民主开放社会的"自干五"们，也就得其所愿。而民主中国则抛掉了这些麻烦和障碍，免去许多不安定因素。两全其美，岂不快哉）

如果说北京既得利益者起码暂时还乐于留在中国，而中国东北则长期都有一定的离心倾向。如前所述，东北地区有着相对关内而言特殊的历史沿革、族群认同、文化风貌。不同于中国关内各地往往同呼吸共命运，东北的兴衰与关内不仅不同步，甚至往往是关内繁荣时东北凄苦、东北兴盛时关内凋敝，且并非偶合而是相关。东北地区的许多居民，虽然大多数是汉族，但其中一部分人的价值观、利益诉求、立场，与关内各地颇有差别乃至相互冲突。即便他们在中共建政这数十年得到了除北京之外全国最为偏爱的政策倾斜和资源输入，却反而认为自己吃了亏。其经常提及"支援全国"，可这本来就是建立在一开始资源配置就严重不公的基础上的。例如建国初期苏联援助中国的 156 个工业项目，三分之一以上都安置在了东三省，且重要性和质量更是高于全国其他区域所得。"前三十年"，全国其余地方得到的苏援和其他投入，还不如东北这一隅。这对全国其他地区显然是不公平的，但部分东北人从不考虑这点，甚至认为这种不公平分配天经地义。这就是只要权利和利益，却不考虑作为中国一部分、汉族大家庭成员应承担的责任与义务。

　　还有他们声称向全国供给了多少粮食和矿产资源，可这些并不是白送给其他地区的，其他地区是通过金钱购买或资源置换得到的，且往往是以高于国际市场价格收购的。而且，东北各种矿产资源如石油、煤炭，并非东北居民劳动创造所得，仅仅是其居住地区恰巧有相关资源罢了。就像沙特、阿联酋、科威特等国，凭借石油赚的盆满钵满，但根本上说是不劳而获，其拥有的石油资源和其自身劳动创造毫无关系（不仅与现在的住民无关，和其祖辈祖先也没有关系），无助于现代工业文明的铺展（甚至还助力了封建保守顽固、形成能源依赖（"荷兰病"）），有什么值得炫耀的呢（当然，东北还好一些，毕竟当地居民参与劳动了，沙特等国则是雇佣外国劳动力做苦工，本国人只当高管或者干脆躺平不工作拿高额福利）？当地居民真正有资格拿的，只包括自己作为开采者付出的劳动所应得的报酬、资源开采对土地的占用和造成环境污染的补偿，其他收益其实都是非合理所得。何况，其他地区包括南方同样向东北输送了各种有形资源和无形财富，如中部的农产品、南方和西北的有色金属矿产、上海江浙的高校师资。东北所获的"输血"，无论从量还是质，都超过了其"造血"的成果。

　　至于 90 年代的大下岗，的确是巨大的悲剧。但东北及全国各地低效和负担沉重的国企，是必须要改革的，否则国家经济就会崩溃，受害的是包括东北平民大众在内的全国大多数人民（国家经济崩溃，东北也会被波及）。东北在"前三十年"得到了极大的偏爱，那当然也应该要有所付出。下岗工人没有得到妥善安置、各种补偿款被侵吞，其实很多也是东北籍的官员和权贵造成的，歌手曲婉婷的母亲、前哈尔滨市发改委副主任张明杰，就是侵占下岗工人补偿款的贪官的典型。而且，大下岗中的国企下岗工人的确悲惨，但当时中国的农民和没有编制身份的城市居民更加悲惨。国企下岗工人是从天堂坠落地狱，而农民和无编制的城市居民则是一直都生活在地狱里，前者的悲惨从落差上看更大，而后者的悲惨在总量上更多。

面对这些显而易见的事实，许多东北人仍然视而不见。还有现实中一些东北人也与其他地区的汉族有矛盾冲突，相互都有怨恨。而且很多东北人也怀念当年"满洲国"的"辉煌"，觉得东北工业发达、自然资源禀赋优越，认为独立就能发展的更好。既然如此，那不如遂了他们心愿。如果他们希望与日本或俄国合并，或建立某种特殊关系，那也听凭其愿。中国的确难以管束他们，或许日俄反而能教化成功，历史好像也的确证明了这一点。如果他们想复制历史上对关内的入侵，那中国内地当然也可以复制二战中联合欧美各国对抗日本的"ABCD（美英中荷）包围圈"，以及如今乌克兰依靠北约和欧盟对抗俄罗斯的模式，捍卫国家利益和世界和平。

而且东北的社会风气和部分人的价值观乃至言语思路，都与其他国人极不相同。具体差异很多，在此仅举一例。例如部分东北人一方面总是以自己几十年来在社会福利和生活水平方面的相对优势自豪，并通过嘲笑关内的贫穷和苦难炫耀优越性；另一方面在涉及关于转移支付、各种政策倾斜问题上，又不断提及自身的条件不足、贫穷落后，以及南方如何发达富裕、理应让利给东北。他们可以在不同场合同时使用这两种逻辑和话术，并且一点不觉得矛盾和愧疚，实在令人叹为观止。仅这一点，部分关内人和部分东北人就很难能正常沟通。其他类似的价值观和言行想必许多人也都有所领会。当然，这也并不是部分东北人天生如此，也是各种客观环境所致，且其在与中国其他地区民众打交道时，同样感觉不适，认为对方伤害了自身感情、触犯了自己尊严，我相信这种感觉是真实的，好像根据他们逻辑也有一定道理。也就是说并非完全一方对一方错。而是形成"文化冲突"，并导致各种现实冲突，冤冤相报何时了。既然如此，那何必都痛苦呢？（我并不是说关内其他地方的人都没有双重标准和虚伪撒谎，但是要论缺乏羞耻自省、以之为荣，那部分东北人的确令他者望尘莫及）

如果大多数东北居民还是愿意留在民主中国，那也需要放弃各种不合情不合理的特权，遵守法纪和公序良俗，以及解决一些历史遗留问题，和其他地域同样实行"转型正义"且要更加深彻的思想文化改造，然后和其他地区居民平等的生活在中国领土。

如果北京、天津、东北一方面希望留在民主中国，一方面又不愿意放弃种种特权，还在民主中国内部使用各种手段专横跋扈、巧取豪夺，破坏国家团结与安宁，那民主中国其余地区应进行集体公投，将此三地从民主中国强行分离出去。另外，对于这三地尤其东北地区出身、在全国其他地区生活的成员，若其里通外国、不遵守法律和公序良俗，乃至成为渗透在汉族民主中国各地的"第五纵队"式的势力，那应将这些人驱逐出境、遣返属地。否则，对于全国其他多数地区，尤其河北、河南、江苏、浙江、山西、山东等地，等于是延续中共治下中国地域不平等的损害，是对数亿国人权利与利益的破坏，也是未来民主中国的巨大祸患。

清末革命家章太炎就曾对国土问题有过论述："若满洲政府自知不直，退守旧封，以复鞨金源之迹，凡我汉族，当与满洲何怨？以神州之奥博，地邑民居，殷繁至矣，益之东方三省，愈泯莽不可理。若以汉人治汉，满人治满，地稍迫削，而政治易以精严"。而中华民国没有放弃周边而是贪图领土，于是造成了后来百年的各种民族和地域问题及连带的更大问题。假如民国干脆舍弃包括东北、内蒙、热河、北京等与汉族文明离心离德或异化中华的地区，与维藏等西部民族达成友好折中的分治共治协议，守住燕赵之南、陕甘以东的汉族中国本体，其余地区甚至可以作为和缓与俄日关系的手段附赠予之，或许就能让一个真正的汉民族主义国家屹立，然后再软硬兼施的文明渗化和武力防守反击，徐图故土，得到真正心悦诚服的旧地，也就可能避免了后来几十年的祸乱。

就像美国早年只据有东部十三州，主体人口是英裔移民（另有一定数量的法裔、德裔、爱尔兰裔、意大利裔移民，这些移民文化和价值观较接近，且英裔占压倒性多数），然后随着繁荣发展逐步开拓，反而愈发繁荣。如果一开始就包括西部南部相对落后之地、族群及文化颇为不同的人口，反而可能难以发达，甚至会有更多次类似于南北战争的内战或对峙。而美国发达、文明、强大之后，德克萨斯和夏威夷等地主动要求并入，波多黎各则想加入而不得，墨西哥许多人也都希望成为美国公民。这时强大自信的美国，也能相对从容包容不同族群（虽然仍然没有很好解决族群差异问题，拉美裔的族群问题虽不如非裔严重，但也很是棘手。可想而知早年加入美国会如何）。

而土耳其的凯末尔，果断放弃土耳其本土外原奥斯曼帝国所有非土耳其人为主体的领土和殖民地（包括近在咫尺的叙利亚），但对土耳其人为主的小亚细亚半岛及首都伊斯坦布尔寸步不让，成功斩断各种内外麻烦、实现土耳其的现代化和民族振兴。而在凯末尔去世后数十年的今天，与其意识形态大异但都热爱土耳其国家民族的埃尔多安，就在凯末尔保有的国力基础上试图复兴奥斯曼帝国荣光，向非土耳其裔地区扩充影响，并有所成就。如果不谈是非对错、只论利弊得失，美国和土耳其"舍外固内""先弃后取"的决定显然都是非常成功的。

而如今的中国，国内民族/族群和地域问题并没有好于民国，几十年来不仅没有解决问题，还愈演愈烈，并成为阻碍国家民主转型和社会进步的巨大障碍。因此，面对价值观念和言行方式与其他区域有明显差异、所获远大于贡献的东北，以及代表保守糟粕思想文化、作为专制体制顽固据点、充满各种权贵既得利益者、向全国吸血却缺乏贡献的北京，人文差劣且价值很低的天津，其他汉族区域人民不仅未因这三地是中国一部分而得利，反而受害不浅，放弃未必是坏事，甚至利远大于弊。

其他地区也应该基于自愿决定留在中国还是分离独立。就例如四川，如前所述它是一个相对独特的地理区域，也有相对鲜明特色的地方文化。它历史上既被外来的汉族政治人物利用，导致"功成功败万骨枯"，但也得到汉族思想文化的浸润，实现了文明开化并融合于泱泱中华，在近现代更是与中国其他地区同抗争共患难。"天府之国"既在许多短暂时期受害于中州入侵，但长远而言更受益于中华文明。无论是武侯祠，还是杜甫草堂，都象征着汉民族脊梁在蜀地的伸展，让川渝闪耀着华夏英杰的辉光。对四川来说，究竟是留在民主中国且作为汉族聚居区一部分、继续作为中华文明一份子，在经济社会上与周边汉地连为一体，还是分离独立并构建特色的文明形态，哪个更利于四川及四川人民？

地域特性突出的广东也是类似。广东的一些本土主义思潮可以理解，但细究起来颇有值得商榷之处。广东在改革开放以来迅速发展，成为中国经济第一大省，也是向中央财政上缴款项最多的省份。但广东的发达，一方面是凭借区位优势，另一方面更利用了中部和西部各省的廉价劳动力，以及背靠全国的资源和市场，并非广东一省的功劳。尤其是小珠三角之外的广东普遍贫穷，更反应了广东自身的乏力。广州和深圳的高度发达，其实和香港类似，都更多是借助天时地利，连通中外，才得以发达。仅靠广东自身，其恐怕并不会比其隔壁的广西和北邻的湖南发达多少。

广东的粤文化的确独具特色，但粤文化更多是在汉文化的浸润下才更加文明和丰富。例如香港作家金庸的"飞雪连天射白鹿，笑书神侠倚碧鸳"系列小说及改编的各种作品，成为粤文化和香港文艺的标杆，但这些故事从情节来源到道德价值，皆出自汉地与汉文化。这些作品最广为传诵的地方，也是中国大陆大江南北，因为只有同文同种的中国人才最能感知和明白金庸作品的内涵和意蕴。而其他广东和香港的艺术与人文作品，从武侠小说到言情剧，从纪实文学到政治研究，无不与中国、中华、汉民族和汉文化有关。如果比喻，在一盘菜中，粤文化就像香料与麻油，而汉文化则是菜本身，只有后者没有前者，就寡淡乏味，但前者如果没有后者，就等于釜底抽薪而直接无用。

显然，广东和中国内地更多是互补互利，而非一方的施舍恩赐。那么，广东究竟是要独立成国以弘扬粤地本土文化和捍卫当地利益，还是作为中华文明一部分、捍卫汉民族的南部陆海之疆，和民主中国其余地区优势互补、一起发展壮大？这当然应由广东人民来决定，并同时考虑中国其他地区的利益与情感。

而中国最发达的城市上海市，在民主中国仍然会是直辖市，但不应再对外地人有各种歧视性政策壁垒，本地居民也丧失户籍特权（不过可以暂时保留部分教育、医疗、养老、住房的优惠，但会逐步取消，最终会完全废止制度和政策层面的特权和优先权。但原来所获的物质和非物质利益，都不再追溯褫夺。这样原上海户籍居民仍然在起点上优于后来者），上海居民愿不愿意接受？上海的繁荣发展，同样是全国人民共同付出的结果，而地理区位的得天独厚也起到了重要作用，上海土著和获上海户籍的"新上海人"的自我奋斗只是占到贡献的一小部分。上海以开放进取包容和国际化自居，那么在制度上难道应该和印度的种姓制度看齐吗（而且印度已废除了种姓制度，还反而给低种姓人士各种优惠政策以平权扶助）？与上海地位、性质、规模类似的城市，如纽约、伦敦、巴黎、东京、孟买、里约热内卢，皆无户籍制度和其他制度性地域特权，上海人民难道真的非要厚着脸皮保留这些专制与等级社会的残渣？如果那样，上海也可以选择公投独立。

关于中国大陆之外香港、澳门、台湾的离合，也应以民意为基础。在以前，我认为港澳台回归祖国，对中国大陆人民来说当然值得骄傲和自豪，而那些港独台独分子则罪该万死。但是经过多年的了解观察接触，越来越明白是非黑白并非这样简单。国家统一的根本目的，当然是为了整个国家和民族的利益、全体国民的幸福。而在中共治下，除了占人口少数的权贵阶层，全都生活中在巨大不幸之中（其实权贵也是缺乏安全感的，"一人之下万人之上"者也是受压迫者，最高领袖也是处于终身不安中）。这样的国家体制和社会状态，为什么非要更多人来受苦呢？

而"一国两制"同样并非真正良好的制度设计。且不说反修例运动后香港的"一国两制"已打了巨大折扣（虽然仍然有不同制度和社会形态），即便真的履行"一国两制"，不谈对港台人的影响，仅看对大陆人，也不是好的和公平的事。

　　许多国家和地区的民众赴港都是免签入境，而中国大陆居民却需要额外办理"港澳通行证"且往往停留限期很短（短期旅游仅允许停留 7 天（大陆人持中国护照过境香港，可免签停留 7 天，但仅限于过境中转），而与中国大陆人口接近、经济水平更差的印度的国民来港，则可以免签证停留 14 天）。而香港居民享有的各种权利与福利，即便在香港上学、工作、旅行的大陆人也不能享有或起码无法完全享有。而香港从官方制度到民间社会，也普遍对大陆人施以歧视。

　　显然，大陆人在香港只是"二等公民（甚至更低，如欧美日韩公民在香港都得到更多尊重）"。这样的"一国两制"，对大陆人无异于赤裸裸的歧视、剥削、伤害。回归后的香港，对大陆人俨然如外国殖民"租界"，香港人在制度和现实中公然凌驾于大陆人之上，大陆人值得骄傲吗？而具体到大陆人个体，只有权贵精英和一部分与香港关系紧密的民众得益，大多数中国大陆的平民百姓，除了因香港回归有了一些虚幻的自豪感，没有任何实际受益。如对山西某位挖煤工、江西"革命老区"某位农民、云南某位少数民族山民，香港的繁华和陆港的一统，与他/她们在实质上有一分钱的关系吗？（即便反修例运动和《国安法》颁布后日益"内地化"的香港，整体仍然如是）

　　而如果台湾回归，同样如此甚至更甚。由于台湾相对香港更大的"统战价值"，大陆对台湾的优惠和许诺更丰厚，特权也更多。如台湾人可以直接申请北京户口并基本 100%成功，这就是 90%以上中国大陆人梦寐以求而不得的。而澳门居民也有类似于港台的特权，仅 118 平方公里的面积、65 万人口的规模，其政治地位和话语权份量却超过全国大多数省份。

　　此外，根据"一国两制"的设计细则，无论香港、澳门、台湾，其都不需要上缴中央财政一分钱，也不需要承担任何经济社会方面的国家义务（仅需承担保持统一和政治稳定的义务，甚至这个义务都不需要完全承担)，哪怕其财政收入和人均 GDP 都居全中国最前列

（而人均 GDP 低于港澳台的上海、江浙、广东，均要拿出巨额财政收入转移给其他省份）。相反，大陆需要不断出台各种"惠港/惠台"政策，许多政策红利反而需要大陆居民付出代价、让渡权利和利益。统一祖国难道只是让大陆人头上多这么一些"大爷"吗？

而这一切，即便在中国大陆实现民主化之后，也不会有迅速和根本的改变。香港和台湾已和大陆隔离太久，无论利益、文化和价值观、生活习惯，都与大陆相异乃至冲突，并不是制度一致就可以全面接轨的（何况民主制度也分许多种类）。澳门虽然亲近中国大陆，但也不愿意和大陆完全并轨。尤其如果在社会保障和财政收支方面与大陆合并同一，即便循序渐进，他们也很可能会激烈反对的。

在这样的情况下，民主后三地与大陆的离合，最好还是遵从三地民众的意愿，而非强制统一。而且，如果统一，也必须像北京、上海那样，逐步废止各种"特权"。即便仍然作为自治区、异于汉族聚居区的另外联邦主体，可以拥有一些特别的权力、制度、政策，但是不能有凌驾于中央政府和大陆人民的特权（但旧有既得利益不再褫夺），并且承担与其他地方相同的义务。这样的统一才是真正让两岸四地皆平等的统一，而非为了名义的大一统和被虚化的民族尊严。这也是对大陆人民而言最好的统一方式。

总之，中国的统一与分离，要尊重全国各地人民的意愿。

但各地自决独立，需要满足一定的面积和人口规模，如需同时满足面积超过 10 万平方公里、域内人口超过 3000 万且连接成片的区域，才有权进行集体自决独立（如整个区域是完整的省级行政区划，或少数民族自治区中的汉族聚居区、汉族聚居区中的少数民族聚居地，则不满足这些条件亦可公投独立，或并入相同民族的自治区或国家）。否则，每个市县乃至乡镇村庄都进行"独立公投"，国家安定将不复存在、社会秩序也将陷入混乱。此外，与各联邦主体的"公投冷却期"相同，如汉族聚居区中一地独立公投未能通过，则 20 年内不能再进行独立公投，这同样是基于国家安定和维护社会秩序的考量。

　　只有基于真心诚意的国家公民与民族身份认同、同大于异的价值取向和利益诉求，民主中国各地尤其各汉族聚居区才能真正团结一心、共谋发展。前述的杨度对统一与分离的看法，不仅可以评价不同民族的离合，对同一民族不同地域、不同意识形态立场群体也适用，对统独问题应顺势而为而非强求统一。而且，对于只是吸血却乏建设、对经济政治文化社会皆无积极贡献甚至是"负贡献"、破坏国家团结和内部安宁的势力，与其强留导致鸠占鹊巢、内讧不断、如鲠在喉，不如去除以强固本体、摆脱掣肘。尤其对于汉文明的两大核心地带中原和江南而言（还有受压榨更残酷的华北（河北、山西），与压榨和束缚自身的地区分离，是有利无害的事。

　　（我内心深处，是非常希望实现全中国包括港澳台在内所有汉族聚居区的完全统一，实现制度和法律的同一、国民享有权利自由和社会福利保障的均一、身份认同和内政外交步调的一致、全境内经济社会的完全一体，整个民族和国家如一人，一元一体。但这不应该依靠强迫实现，起码不应该依靠完全强迫，而应该主要以思想文化的博大与价值观念的先进、制度法律政策的科学进步、经济繁荣和人民生活的殷实安定，产生难以阻遏的吸引力、真诚认同的向心力、强固不破的凝聚力，并完全同化异质族群，让以汉族为主体的民主中国达至真正的统一，并江山永固、长治久安。但是，中共政权的户籍制度、特区制度、两岸分治，以及其他各种或明或暗的基于地域和其他身份的歧视性制度和规则、对不同国人的分割与挑唆，加之各地域固有的隔阂与矛盾，已经在相当程度上撕裂了包括汉族聚居区在内的整个中国，让国民人心离散、相互仇视，想真正让两岸四地和全国数十个行政区的民众，舍弃既得利益和各种优越性，并发自内心的走向统一，已是难上加难。当然，无论现在还是未来，无论是否民主，我们都应该竭尽全力促成中国的统一与团结，但如果仍然无法阻止分离，那就"天要下雨，娘要嫁人"，随其自然吧）

　　总括而言，民主中国将实行联邦制，将全国划为 9 个联邦主体，包括"内地汉族统合区（汉族聚居区）"、5 个少数民族聚居区、港澳台三个特殊地区。但具体而言，汉族聚居区将实行类似于单一制的中央地方关系结构，保障国家的统一、发展、进步，实现人民的自由、平等、幸福。

选举制度

基于充分代表性和最大公正性原则的选举方式：联立制投票和分票方式下的混合选举制（比例代表制＋小选区制）

关于民主中国选举制度，可分为广义的选举制度和狭义的选举制度。广义的选举制度包括总统选举制度、国家议会各院（前述的"联合院""人民议会""专家院"）选举制度、大法官推选制度、其他国家机构首长和成员产生制度，以及各地方相应的选举制度。而狭义的选举制度，则特指"人民议会（下议院/众议院）"的选举制度。

在此首先谈狭义的即"人民议会"的选举制度。在谈民主中国"人民议会"选举制度之前，还是先来看世界各国下议院/众议院的选举制度。

根据选区范围和选举对象划分，选举制度大体可以分为三种，一是小选区制，二是比例代表制，三是混合选举制（即部分席位由小选区制选出，另外席位由比例代表制选出）。

完全小选区制

代表基础和区域民意、议员与选民联系紧密、充分反映具体民生诉求、严重扭曲全国民意、国会政党组成或过于细碎或两党垄断、不利于支持者在全国分散的政党、易被威权势力利用操纵，以英国、印度、法

国、美国、俄罗斯（取其实行小选区制的那部分分析）、马来西亚等国为例

小选区制，又称单一选区制，其中又以英美两国的"单一选区相对多数决制"为代表，即每个议席都由各个单独的选区——选出。英国下议院现今共有 650 个席位，均为单一选区选举产生。英国全国共划分为 650 个选区，每个选区选出一名下议院议员，得票相对多数者获胜。而这 650 个选区大致按照近似的人口数目划分，并兼顾不同区域的议席权重（如在威尔士、北爱尔兰保留一定数量的议席，平均每个议席代表公民数量略低于英国平均）。而美国众议院共有 435 个席位，同样均为 435 个单一选区选出（各州具体选出方式略有差别）。而选区划分也以人口为主要考量，兼顾各州的代表性（无论人口再少的州，都至少有一位众议院议员）。除了英美，印度、加拿大、澳大利亚、马来西亚等英联邦国家也实行小选区制，法国也是实行小选区制的大国。

以上这些国家是实行的全部席位均为小选区选出的制度。此外还有一些国家和地区，如日本、韩国、意大利、德国、中华民国（台湾地区）等，是一部分席位以小选区制选出，另一些席位由比例代表制选出，整体上是混合选举制。新加坡则实行特殊的选举制度，国会议员由若干个"单选区"和"集选区"共同但分别的选出，其中的"单选区"略等同于小选区制，"集选区"则是一种特殊的"小选区制"。以下的讨论暂不包括混合选举制，主要谈完全实行小选区制情况下的利弊得失。

与其他各种制度一样，小选区制也是既有优点又有缺点。小选区制的最大优点，是其选出的议员能够相对充分的代表民意，尤其其所在选区选民的民意。相对于另一个选举方式比例代表制主要是选择政党而非个人，小选区制既选政党又选个人。小选区制下，每个议会候选人都要亲自在所在选区扫街拜票，密切联系选民。而选民在选举中，也会非常在意候选人自身的能力和品质，而不仅仅是投票给他代表的政党。甚至在一些时候，选民主要看的是具体候选人而非政党及相关意识形态。小选区制下每个当选议员，都有很强的民意授权，代表着国家中某一区域相对多数选民的意志。这样选举出来的议员，也会非常重视选区内的各项事务及民意民情，会在国家层面推动有利于所在选区经济社会发展、民生改善的政策措施。

但小选区制也有明显的缺点。如上所述，小选区制是基于每个具体选区的民意。这固然有利于选区居民在国家层面争取利益，但也导致选区候选人/议员更多关心选区内部事务，而忽略对总体性的大政方针的关注参与。而且，选民对于具体候选人的关注，可能导致相对忽略候选人所在政党意识形态和宏观政策，被选区内候选人及所在政党许诺的一些具体"甜头"吸引，选择在基本立场和原则上与自身利益相悖的候选人，"捡了芝麻丢了西瓜"。

还有，小选区制下，往往出现"溢出选票"和"无用选票"现象。所谓"溢出选票"，例如某一个政党候选人在某个选区有 90%的支持率，可以稳赢该选区的议会席位。而其实只要支持率超过50%，就可以夺取这个议席，90%支持率下，有 40%的支持票完全无法转化为选票，等于就浪费了。而"无用选票"，同样举例，如 A 党在某选区支持率有30%，B 党有70%，因为选民意识形态、族群身份等差异造成的结构性对立，即便 A 党再努力，也很难获取 50%以上支持以击败 B 党，支持 A 党的这 30%选区选民，其投票无法影响议会席位的分配，失利后也很难被当选的对立政党议员一视同仁的关照，成为相对的失语者。在这种一方必赢、一方必输的选区，选举竞争也会很弱，无论优势一方政党还是劣势一方政党，都会相对忽视这些选区，不利于这些选区的政治竞争和选民的政治参与。

这样的实例有很多，例如实行"小选区制"的美国参议院选举、众议院选举，以及实行"选举人团"制的总统选举，民主党在加利福尼亚州就有大量"溢出选票"，共和党则在此有"无用选票"，而得克萨斯州相反。实行类似于小选区制（它不完全是小选区制，而是由若干"单选区"和"集选区"共同组成，"集选区"类似于美国"选举人团"制，胜选政党夺取集选区所有席位）的新加坡，执政的人民行动党亦凭此常年以 60%-70%选票夺占 90%的国会民选席位，在野各党虽然常年有 30%-40%得票，却在大多数选区不敌执政党，所得支持票完全无法转化为国会议席。

这就引出了小选区制最为致命的问题，是这种选举制度会严重扭曲全国层面的民意，导致各政党/政治派别的民意支持率/得票率与所得议会席次严重不相称。

在小选区制下，一个政党/政党联盟想要得到议会多数席位，就需要在全国的整体选情上取得优势。例如在英国，如果保守党及其盟友希望得到下议院多数席位，就要在 650 个选区中的至少 325 个选区获得相对多数民意支持。而在现实中，保守党及盟友往往在约 150 个选区有绝对优势（假如支持率达 60%以上，可称为"铁票仓"），而它的对手工党及盟友同样在另外 150 个选区有绝对优势。此外苏格兰、北爱尔兰地方政党也有 50 票铁票。那么，保守党和工党双方一决高下的激战区，就是剩下的 300 个双方支持率胶着的选区。而现实中，胶着选区的胜负往往和对决两党整体选情有关。

假如保守党和工党的支持率分别为 52%和 48%（现实中因为有第三党参与所以不太可能是这样比例，但为方便理解姑且如此假设），并且在大多数具体的小选区也是这样的支持比率，那保守党就很可能在大多数小选区战胜工党，得到远超 52%的议会席位。相反，工党即便得到 48%选票，得到的席位比例将远低于得票比例。例如保守党可能在 300 个胶着选区中的 250 个都拿到约 52%得票，那将赢得这 250 席。而工党在这 250 个选区即便都得到 48%选票，也会失去这 250 席。而另外 50 席则是工党得票超过保守党，议席由工党获得；反之也一样。也就是说，保守党以 52%得票率拿下超过 80%的胶着选区席位，工党以 48%得票率只得到不到 20%的胶着选区席位。而再加上各方的铁票仓议席，保守党也是以 52%左右得票拿到近七成议席，工党以 48%左右得票仅拿到两成议席，剩余一成被其他政党获得。

　　显然，这里就出现了政党得票/支持率与所得议会席位数量比例不匹配的情况。整体选情占优且有铁票仓的政党得到了超出其支持率的议会席位比例。这还不是最严重的，毕竟保守党还是得到相对最多民意授权的（虽然往往并不是绝对多数）。而工党虽然在此次选举中失败，但下次选情占优时，同样可以复制保守党这种放大式的成功。在小选区制下受害最大的，是那些在全国各地都有一定支持率，但缺乏在大多数小选区得到相对多数支持能力的政党。

　　最典型的莫过于英国的自由民主党。相对于持保守主义立场、得到精英和传统人士及宗教徒支持的保守党，以及持进步主义和社会民主主义立场、得到工人阶级和知识分子及无神论者支持的工党，持社会自由主义立场的自由民主党，支持者主要是不同身份的自由主义者。其支持率常年低于另外两党，但支持率也不是太低（15%-20%左右），在全国总的支持人数也很可观。但在英国的小选区制下，自由民主党在大多数小选区，其候选人支持率往往都是第三位，有时是第二位，但第一位不是保守党就是工党，在个别地方则是苏格兰、爱尔兰的地方政党拔得头筹。自由民主党仅仅在少数选区可以胜出。于是，自由民主党空有很不错的全国支持率，却无法在议会得到相应支持率的席位。自由民主党在 1992、1997、2001、2005、2010、2015、2017、2019 年大选中的得票率分别为 17.8%、16.8%、18.3%、22.0%、23.0%、7.9%、7.4%、11.6%，而对应的所获下议院席位比例却分别只有 3.1%、7.0%、7.9%、9.6%、8.8%、1.2%、1.8%、1.7%，得到的议席比例只有得票率的三分之一至八分之一。

　　这样的得票和议席比，对自由民主党显然是不公平的。而导致不公平的原因，就是英国实行完全的小选区制，利于有地方铁票仓的、整体选情占优的政党（保守党、工党），而地方性政党也能分一杯羹（如苏格兰和北爱尔兰地方政党），却极其不利于在全国范围都有一定支持、但却缺乏地方根基、也与最大政党有一定支持率差距的中型政党。

　　这些缺点在实行小选区制的国家均有发生。在另一个实行小选区制的印度，问题比英国还要严重。印度的"人民院（下议院）"共计 543 个席位，均由小选区选举产生。在 2019 年印度大选中，莫迪领导的印度人民党（印人党），以 37.36%的得票率，得到了 303 个议席，占议席总数的 55%，成功执掌议会，莫迪也蝉联总理；而第二大党印度国民大会党（国大党）得票率为 19.01%，但仅仅得到 52 个议席，占议席总数 9.5%；其余议席基本由各地方政党瓜分。印人党之所以能以不到四成得票率，得到议会过半席位，是由于其可以在全国的选情领先情况下，在大多数选区只需得到相对多数支持，就可击败主要对手国大党，取得明显超过支持率的议席数目和比例。2014 年印度大选同样如此，印人党以 31%得票率得到 282 席，占议席总数 52%；国大党以 19.31%得票率仅得到 44 席，占议席总数 8.1%。

　　但这还不是最扭曲的。真正扭曲的是 1996、1998、1999 年这三届印度大选。在 1996 年大选中，印人党以 20.29%的得票率，得到 161 席；国大党则以 28.80%的得票率，仅得到 140 席。1998 年，印人党以 25.59%得票率得到 182 席；国大党以 25.82%得票率得到 141 席；1999 年，印人党以 23.75%得票率得到 182 席；国大党以 28.30%得票率得到 114 席。简单的说，就是印人党以相对较少的全国得票率，得到了比得票率更高的国大党更多的议席。

　　这是为什么？原因就在于国大党的得票是相对分散的，它既需要与印人党竞争，又要与各地方政党对抗，虽然在全国范围得到各政党中的最多选票，但具体到每个选区却未必胜出，往往以一定票数落败给印人党和其他地方政党，而在这些失利选区所获选票，从结果上看也就等于无用。而印人党则在印度北部（尤其面积广大且人口稠密、拥有 80 个人民院议席的北方邦）和中部得到了绝对多数的支持，即便其没有像国大党那样在全国都投入力量，仍然可以凭借在全国部分地区的成功，成为国家议会（人民院）第一大党。而国大党虽然在全国各地都得到一些选票，但在北部和中部各小选区不敌印人党，在南部和东部各小选区往往也被当地的地方性政党（如东部西孟加拉邦的"草根国大党"和南部泰米尔纳德邦的"达罗毗荼进步联盟")击败，所以得票率最高但议席很少，也就不奇怪了。

无论是印人党以三至四成得票获得过半议会席位、国大党获得议席远低于得票率，还是印人党以少数票成为议会第一大党/执政党、国大党以相对多数票却成为第二大党/在野党，显然都是全国整体民意与议会席位分配不匹配的表现，而导致这种扭曲现实的，正是小选区制（准确说是完全小选区制）的选举制度。相对于英国，印度的小选区制，导致只有局部政治优势的政党战胜更具全国代表性的政党，对民意的扭曲更甚。

此外，由于所有席位都有各地的小选区选出，各地方政党也很容易跻身印度人民院。印度建国以来的每届人民院，一般都有 20 个以上政党的议员组成，2021 年大选后共有 37 个政党拥有人民院议席，其中绝大多数都是地方性政党。这导致了议会政治势力的碎片化，以及地域势力的坐大、政治议决中冲突的增加。

因此，这样过于有利于局部优势政党和地方性政党、严重不利于整体选情较好但局部优势不明显的全国性政党的选举制度，不仅有失公平，还有损国家团结和增加地域矛盾。

在同样实行小选区制的加拿大，也出现了类似结果。例如 2019 年加拿大大选，自由党以 33.10%得票率夺得众议院 157 个议席，占议席总数 46%；保守党以 34.44%得票率得到 121 个议席，占议席总数 36%；新民主党以 15.93%得票率得到 24 个议席，占议席总数 7%；只在魁北克参选的地方政党"魁人政团"以 7.7%得票得到 32 席，占议席总数 9%；绿党以 6.5%得票得到 3 席，占议席总数 0.9%。以上结果表明得票率与获得议席数不匹配，小选区制明显利于整体选情占优的政党和地方性政党，不利于在全国都有一定影响力但支持者过于分散的政党。另外，保守党的失利也和支持者过于集中于部分选区（即前述"溢出选票"），导致选票相对浪费有关（例如在某一小选区得到 80%选票，和得到 51%选票，结果是一样的）。

　　而在同样实行完全小选区制，但并非一轮相对多数决而是二轮选举制（第一轮无人过半则进入第二轮选举）的法国国民议会选举，也有同样的弊病。极右翼政党"国民阵线"往往有着 15-30% 的支持率，但无论是中左、中右、中间派、极左政党和选民，都极为反感国民阵线。因此，国民阵线支持率虽往往居全国第三甚至第二，却屡屡在国会选举，以及相同选举方式的总统选举、地方行政长官选举中大败。

　　如 2012 年法国国民议会选举，第一轮选举中中左翼的社会党得票率 29.35%、中右翼的"人民运动联盟（法国共和党前身）"得票 27.12%，而"国民阵线"得票 13.60% 居第三，远超"左翼阵线"、绿党等。但第二轮投票，社会党得票率达 40.91%，"人民运动联盟"有 37.95%，国民阵线得票仅 3.66%。国民议会共计 577 个席位，各党两轮所得议席叠加，社会党夺得 280 席、"人民运动联盟" 194 席，国民阵线仅获 2 席。国民阵线所获席位，还不及两轮选举中得票分别为 6.91% 和 1.08% 的"左翼阵线"（8 席）、得票率 5.46% 和 3.60% 的绿党（17 席）、得票率 2.20% 和 2.47% 的"新中间党"、得票率 1.65% 和 1.34% 的"左派激进党"（12 席）、得票率 1.24% 和 1.35% 的"激进党"（6 席）。

　　而在总统选举、地区行政长官选举中，国民阵线的得失也是类似的情形。如 2015 年法国地方选举，各大区行政长官选举中，第一轮选举极右的国民阵线以 27.73% 得票率超过中左社会党的 23.12% 和中右共和党的 26.65%。但第二轮选举，中左和中右整合、互相支持对方进入第二轮的候选人，于是共和党以 40.24% 得票率拿下 8 个大区首长职位、社会党以 28.86% 得票率拿下 6 个大区行政权，国民阵线以 27.10% 一无所获。而总统选举中，国民阵线的勒庞父女虽共有三次进入第二轮的决选，但每次都成为陪衬（2002、2017、2022）。

　　国民阵线之所以所获席位极少/在总统和地方行政长官选举中失败、与所得票数及比例严重不匹配，就在于其受到自身支持者以外各党派各立场的集体抵制。虽然这种被集体敌视孤立的原因，在于国民阵线所持的种族主义倾向的极端民族主义立场，以及对纳粹主义和法西斯主义的亲近，还有对外领域与俄罗斯普京政权的勾连，但如果抛去意识形态歧见，这样的选举制度显然是对其极不公平的，也是对支持国民阵线的 15-30%的法国选民民意的扼杀。如果为了遏制极右和纳粹、法西斯，完全可以用教育、立法、行政令等各种手段抑制其发展壮大，而不应该通过实行不公平的选举制度方式应对。

根据以上案例和分析，可以明显看出小选区制有着非常巨大的弊病，最严重的问题即是扭曲了全国整体的民意。虽然各具体选区/地方的民意也很重要，但一个国家的执政党需要最大限度代表全国整体的民意，而不是因为选举制度的歪曲而相对只代表部分地区的民意。完全的小选区制也相对割裂了不同区域之间的联系，不利于国家的整体性与协调性。

小选区制还有一些其他问题。例如美国的众议院选举，因为实行小选区制，又没有强大的地方性政党，所以选举制度非常有利于民主党和共和党这两个超级大党。而一些支持率在 1%-3%的小党如绿党、自由意志党，支持者都分散在全国各地，没有可能在任何一个单独的小选区得到相对多数选票，所以在参众两院都没有任何席位。而如果实行的是无门槛比例代表制，这些小党在国会有可能拿下 5-15 个席位。所以，小选区制非常不利于支持者分散的较小政党（既不利于小党存在，更不利于小党壮大），还会加剧两个大党对议会席位乃至政治权力的垄断。

而美国众议院的选区划分方式，在基于人口同时也兼顾面积，相对更有利于在地广人稀地区有优势的共和党。而共和党当权时，还在选区划分上使用类似于"杰利蝾螈"式手段，即在划分选区范围时千方百计利于自身政党的胜利，而不顾行政和自然地理界限等更加中立的界限划分参照。因此，共和党往往可以以相对较少的得票得到更多的席位，民主党想取得优势则需要得到更多选票。例如2016 年美国众议院选举，共和党以 49.1%得票率夺得 241 席，民主党以 48.0%得票率得到 194 席。而 2018 年美国众议院选举，民主党以 53.4%得票率赢得 235 席，共和党以 44.8%得票率赢得 199 席。显然，共和党平均每张选票可获的席位高于民主党。这同样也是因为小选区制对整体民意的扭曲。

还有一些国家，更加恶意的利用小选区制的一些特点，以利于当权集团的统治。小选区制的一个重要特点，即每个选区选民人数有限、集中在一片相对全国而言较小的区域内。这就给了正在执政的政党/政治势力（尤其长期执政且具有威权主义色彩的政治集团）"各个击破/拿下"、进行针对性拉拢控制的条件。执政者可以根据每个选区选民的具体需求，动用国家资源来满足或故意剥夺，软硬兼施的迫使选区选民投票给现执政的势力。而试图促成政党轮替的在野党，就缺乏相关的资源，既没有"大棒"，"胡萝卜"也只是空头许诺，就很难与执政党抗衡。

例如使用混合选举制的俄罗斯，国家杜马（议会下院）共 450 个席位，其中的 225 席由比例代表制选出，而另外 225 席由小选区选出。俄罗斯联邦共产党、俄罗斯自由民主党、公正俄罗斯党等有明确政治纲领和全国性影响力的政党，往往依靠在各地皆有的分散支持，在比例代表制分配的 225 席中颇有斩获。但在小选区竞争中，这些政党往往就会败给这些年一直执政、可以说是普京"御用政党"的"统一俄罗斯党（统俄党）"。因为国家的资源和财政都被普京政权垄断，所以统俄党相对其他政党更能在具体的单一选区投入更多竞选资金、为选区内选民提供更多物质承诺（如修缮道路和公共设施、提供更多就业岗位、补发拖欠的养老金等），于是可以在各小选区击败只有意识形态和空头主张、缺乏物质资源的在野各党。

例如 2021 年俄罗斯国家杜马选举，在比例代表制的 225 席中，统一俄罗斯党得票率为 49.85%，获得 126 席；俄罗斯联邦共产党得到 18.96%选票，获 48 席；公正俄罗斯党得票率 7.44%，获得 19 席；俄罗斯自由民主党得到 7.50 选票，获 19 席。而在 225 个单一选区制席位选举中，统俄党总得票率为 45.86%，但得到 198 席，占到单一选区议席的 88%；俄共在各小选区总得票 16.35%，但仅得 9 席，占总席位数 4%；公正俄罗斯党和俄罗斯自由民主党分别以 8.78% 和 5.89%，只得到 8 席和 2 席，占总席位数 3.5% 和 0.9%。而合并比例代表制和小选区制，统俄党以约 47% 得票得到 450 席中的 328 席，占议席总数的 72.89%，其余政党和独立候选人得票占比共计约 53%，但仅得到 122 席，仅占议席总数 27.11%。

显然，小选区对统俄党极为有利。统俄党只要在大部分小选区得票略超过 50%，即可得到这些席位。对特定对象的贿赂和拉拢，当然成为非常重要的手段，例如在贫困的西伯利亚、边远的楚科奇半岛，统俄党通过收买地方和部落头人，以及修建基础设施，就能让当地大多数居民投票给他们；在富庶的秋明油田，统俄党则给予石油寡头和追随者好处，让他们收买和控制当地的选民；在高加索少数民族自治区，则通过扶植的傀儡和地方强人拉票，半强迫半收买的获得支持；对乌拉尔工业区的退休工人，则许诺把拖欠的养老金在选举之后（当然是统俄党胜选情况下）支付给他们……还有，统俄党也有充分的资金投入竞选宣传，无论电视节目还是街头海报，统俄党的候选人和政党形象无时不在民众面前出现。而且由于小选区选民固定，如果统俄党在相关选区败选，就可以对选区选民进行各种报复、"穿小鞋"，如减少甚至停止财政拨款、中止优惠政策、拖延市政建设等，总之各种恩惠都会远离相关选区，而麻烦则会接踵而至。

而这些软硬兼施的手段，不掌握权力且缺乏资金的在野党是无法做到的。俄共等在野党唯一的优势是有明确的意识形态号召，并批判政府，这可以让他们在全国各地都有一些支持者。但在每个小选区的"胜者全得"制下，即便在一些小选区拼命竞选、拿到 40% 得票，也无法转化为席位，统俄党稍稍用力，投入一点钱，就能将"沉默的大多数"拉拢过去，只要得到选区投票者中略超 50% 的支持，就拿下了席位。普京政权能长期执政，其利用小选区的特点贿赂和控制选民支持其政党，是重要的原因之一。

马来西亚的情况也类似。马来西亚下议院席位全部是由小选区选出，贪污腐败、丑闻迭出但却长年执政的政党"马来民族统一机构（巫统）"及其所属的政治联盟"国民阵线（国阵）"，即是通过"杰利蝾螈"式选区划分、给各选区选民承诺各种恩惠、威胁对不投票给巫统的选区施以惩罚，以在选举中取得胜利。另外，马来人在大多数选区占人口多数，所以会倾向于投票给主张"马来人优先"的巫统和国阵，而占人口少数的华人即便全部投票给反对党，票数也不敌马来人，想获得席位需要和部分马来人合作。2013 年马来西亚大选，国阵以 46.66%得票率获得 133 个席位，反对派阵营"人民联盟（民联）"以 50.8%选票仅得到 89 个席位。选民虽然得到了一些小恩小惠，但却让巫统及国阵在蝉联执政后继续腐化堕落。而即便一半选民都厌恶巫统、支持反对派，但由于小选区制的选区划分和促成的资源分配方式，仍然无法击败腐败的执政集团。（2018年反对派阵营"希望联盟"成功击败国阵，在于前总理马哈蒂尔创建"土著团结党"，吸走了国阵的部分选票）

小选区制即是有以上这些弊病。至少可以说，完全的小选区制（议会所有席位均有小选区产生）会导致以上弊病充分暴露，不利于议会合理公平的代表各类意识形态和民意。

（2022 年 7 月，突尼斯威权政治人物凯斯·赛义德修改国会选举制度，将所有席位由封闭名单比例代表制产生，修改为所有席位由小选区制产生，同样是出于利用小选区制易收买选民、操纵选举的特点。此外，对选举制度的修改还包括，禁止使用公共募资方式获取竞选资金，而要求候选人自筹，这同样是为打击反对派所设计。而 12 月 17 日进行了修改选举制度后的首次选举，反对派普遍抵制了投票，自然也是对这种选举制度缺陷的忧虑，以及对赛义德利用这种选举制度垄断权力的抗议。突尼斯的案例再次证明了小选区制的缺陷）

完全比例代表制

相对准确代表全国民意、促使选民关心国家宏观政策、利于全国性和强意识形态的中型政党、与具体区域民意有所脱节、低门槛情况下政党过于细碎组阁困难、易令极端主义者跻身国会，但相对而言优略大于劣，以以色列、希腊、西班牙、巴西等国为例

而与小选区相对的，是比例代表制。比例代表制，即按照各政党在全国的得票比例分配席位（具体分配方式有所不同）。有些国家实行完全的比例代表制，即议会下议院/众议院所有席位皆有比例代表制产生，如巴西、西班牙、以色列、希腊、印度尼西亚等国，西北欧非英系国家如瑞典、荷兰、挪威等国亦皆实行完全比例代表制。还有一些国家则是实行混合选举制，一部分议席由比例代表制选出，另一部分由小选区制选出，如俄罗斯、德国、日本、墨西哥、泰国等，中华民国（台湾地区）亦实行混合选举制。

另外，比例代表制还分为"开放名单"和"封闭名单"两种选举方式。"开放名单"即选民不仅选择政党，还可以圈选政党具体候选人，候选人以得票数决定是否当选。而"封闭名单"下选民只能投票给政党，而不能直接决定当选的候选人，而候选人则由参选政党分配和排名，按照排名先后依次当选，直到填满应得席位（排名次序超出该党所获议员名额数值的候选人则落选）。其中前一种有利于选民的自主，后一种则利于参选政党中的主流派系和强人。

无论是实行完全比例代表制的国家，还是部分比例代表制国家，大多数都有政党获取议席分配的得票门槛限制。如德国国会由比例代表制选出的那部分席位，相关政党需在全国得票超过5%或赢得至少三个小选区席位，才有权获取参与这部分席位的分配。西班牙的门槛是3%，希腊也是3%，俄罗斯是7%。之所以设置分配席位的门槛，是为了避免过多小党出现、导致议会政党组成细碎化，那样不利于政治稳定和国会顺利运转。

　　小选区制的缺点，在比例代表制下都消失了。完全的比例代表制，各政党所得议会席位比例高度与其得票比例相近，可以充分吻合全国选民对各政党的支持比率。而且，不像小选区制那样会有溢出选票和无用选票，比例代表制中，除了未过分配议席门槛的政党得票，其他每个选民的投票都能转化为议会席位分配的来源。由于选民主要是要投票给政党而非个人，所以选民也更关注国家整体的发展和政党的宏观政策。每个选民的投票都和全国所有地区选民的影响相一致，也避免了小选区选民那种只顾眼前和局部利益的情形。虽然比例代表制也可能导致地域和民族扎堆支持某一政党，但相对小选区制略好，且某些政党有压倒性优势的地区，不同立场的人仍然可以通过投票给其他政党、让该党得到更高得票比例和获得相应比例席位，自己的投票不至像小选区那样浪费。

　　比例代表制下，执政的威权主义政党也相对不便于收买选民。因为不像小选区可以"对症下药"收买（当然也无法针对特定选区选民要挟）、对反对党在各小选区"各个击破"，比例代表制下拉拢/要挟选民难度就大了许多（如果选择收买 50% 以上选民，那也略等于直接改善民生了）。反过来，比例代表制非常有利于资源贫乏、根基不深，但有明确政治纲领、强意识形态和具道德感召力的政党，这样的政党在小选区很难获胜，但在全国范围可以得到可观比例的支持（例如 10%-40%），比例代表制下这些支持就可以转化为相应比例的议席，即便不能执政，也可以成为足以制衡执政党的在野力量。而如果多个类似政党所得席位相加超过 50%，就可以组成执政联盟执政，或起码迫使最大政党对其有所妥协。这样的情况下威权政党就更难一家独大、垄断权力。

　　但完全的比例代表制也有其缺点，它的不足也正是小选区制拥有的优点。完全比例代表制下，全国选民所选的议员往往没有固定的服务区域（或服务区域过大，如分区比例代表制下的当选议员），有些虽然也有固定服务区域，但是并非该区域选民直接选出，所以议员不能完全代表、知晓、反馈具体各地方区域的民意，这就让议会的代议功能相对受损。而其相对更在乎意识形态和大政方针，也会导致相对忽略具体地区发展和个体民生。

完全比例代表制还有一个缺陷，即在进入议会所需得票比例门槛较低情况下，会导致议会政党组成过于细碎，不同意识形态政党林立，影响决策效率和政治稳定。如果是总统制国家（如巴西、阿根廷），这种情形影响尚小。如是内阁制国家，则经常会出现各政党难以达成共识的情况，往往导致内阁难产，或内阁在任期尚未结束时垮台。

以色列即是典型的例子。以色列议会（国会）共计 120 席，全部由比例代表制选出，而进入议会的得票比例门槛为 3.25%（这还是提高门槛后的比例，此前则是 1%（1949-1992）、2%（1992-2003）），低于大多数采用比例代表制（或包括政党比例代表部分的混合选举制）国家 5%-10%的门槛。这就导致以色列议会往往有约十个政党组成，包括中右至极右翼的利库德集团、中左翼的工党、右翼至极右翼的正统犹太教徒政党（如"联合妥拉犹太教"政党）、左翼的阿拉伯裔以色列人政党（如"联合阿拉伯名单"）。

在以前，以色列议会中左倾的政党和右倾的政党还能分别组成政党联盟，在已方合计取得多数情况下成为执政联盟，共同组阁。如最大左翼政党以色列工党从未获得议会过半席位，但曾通过联合其他政党的方式，在建国后的 70 多年中断断续续执政过 45 年。而最大右翼政党利库德集团，则同样通过联合各右翼小党断续执政二十多年。

但最近数年，由于以色列民意的变化、政治势力重新的分化组合，尤其新的温和中右翼势力（如甘茨的"蓝白党"）崛起和极右翼的正统犹太教徒（哈雷迪犹太人）势力的"挟人自重（利用超高生育率获得大量人头票）"，使得组阁变得困难。2019-2021 年，以色列议会在两年内进行了四次选举，除最后一次勉强组阁成功外均未能成功组阁。

在这四次选举中，右翼各党所得席位略多于左翼，因此左翼无法组阁。但右翼政党中利库德集团和蓝白党处于对立，长期无法达成联合执政协议。而握有关键少数席位的右翼政党，如利伯曼的"以色列我们的家园"党和哈雷迪犹太人的两个代表党，即利用所得的可让帮助大党组阁的数个席位漫天要价。直到 2021 年 3 月的两年内第四次选举，内塔尼亚胡的利库德集团才与其他一些右翼政党勉强达成协议，以 60 票赞同、59 票反对、1 票弃权的结果，通过了对新内阁的任命。

而成功组阁的这届政府，2022 年又因三名议员退出执政联盟而再次被解散，今年 11 月即将再次大选。如果本次大选仍然无法产生稳定的多数派执政，那以色列政坛在短期内不断选举、组阁、倒阁、选举的循环，仍然会继续上演。

而另一个实行较低门槛的比例代表制的国家希腊，议会（国会）300 个席位全部由比例代表制选出，进入议会的得票比例门槛为 3%。这也让希腊议会党派较多（但没有以色列的多）。而 2012 年选举和 2015 年选举，因为首次选举未能产生得票过半的执政联盟（或视为各党派的联合组阁协商失败），于是均在当年进行了第二次选举。

以色列和希腊的情况反映了比例代表制的明显缺点，即政党的相对细碎和意识形态的分化，导致组阁困难、内阁易因失去议会多数支持而倒台，让政治不稳定。此外，还导致意识形态和立场相对极端的政党跻身国会，如以色列的"联合妥拉犹太教"党团即是代表极端正统犹太教徒的立场和利益，该派势力及成员拒绝接受现代教育（也不允许子女接受）、成年后不工作（男性只研究经书、女性只做家庭主妇）、拒服兵役、不与并非该派教徒的人（包括其他犹太人和其他派别的犹太教徒）交谈。这俨然是国家毒瘤，但凭借其生育率却能在国家政治有一席之地，而低门槛比例代表制更让他们获得约 10 个席位、足以左右组阁和政治走向，让利库德集团等大党不得不迁就其立场、同意其主张。而希腊的持极右翼种族主义立场、经常对少数族裔和移民难民施以暴力乃至谋杀的政党"金色黎明"党，亦借助这样的选举制度多次跻身议会，直到 2020 年被取缔。

但即便有这些缺点，比例代表制（包括完全比例代表制）仍然利大于弊（尤其和完全小选区制相比而言）。以色列和希腊的例子其实是较为特殊的，其他实行完全比例代表制选举方式选出国会且为内阁制（或半总统制）的西班牙、葡萄牙、荷兰、瑞典等国，就很少出现组阁困难的状况。而且以色列和希腊也只是在部分年份发生组阁困难的事件，大多数时候仍然可以产生国会多数派并成功组阁、完成任期。至于极端政党得势，小选区制同样会发生，如印度国会就有从极左共产主义到极右的激进民族主义/种族主义/极端教派主义政党存在。正如我在前面评价法国国民阵线在选举制度中遭受不公的情况所说的那样，打击极端势力，有许多方式，但是不应该因此就建立或制造一种不公平的选举制度，也不能因噎废食放弃整体上利大于弊的选举制度。

完全比例代表制导致政党细碎、极端势力跻身，虽然是缺点，但是反过来却也可以视为能够充分容纳多种意识形态和声音，更具包容性和吸纳能力，让国会及政府更具广泛代表性。这总是比大党依靠制度垄断政治权力和话语权要好。再说，即便实行有利于大党的小选区制（或类似于小选区制的、更利于大党的胜者全得的集选制（如土耳其、新加坡））、并立制混合选举制（后面会详细讲），同样会让极端势力得势或让大党本身就被极端裹挟。

如果政治制度、选举制度无法让相对极端立场的政治势力有一席之地，它们就可能通过攀附主流政党、成为主流政党一部分，然后利用其具有煽动性的意识形态拉大党全党下水（大党原来的主流势力往往也乐于借助这种极端势力壮大自己，不惜引狼入室），危害更甚。如美国共和党、印度人民党、土耳其正义与发展党，这些据有政坛半壁江山乃至主导地位的政党，为迁就极端的民族主义/宗教和教派主义，各种政策主张和施政充满排他性、反智色彩浓厚、政策和行为暴力化，甚至极端势力喧宾夺主，成为该党主流意识形态。这岂不是比比例代表制下让极端政党单独入席更加有害于国家和人民？

　　而且如前所述，小选区制同样容易容易让各种小党跻身国会，只不过不是以意识形态为基础的政党，而是以地域、民族、族群/部落为基础的小党。英国、印度就是典型。这只会导致地域势力的坐大，更加不利于团结和全国政治经济文化的相对均一和进步。

　　还有，完全比例代表制并非一定导致政党细碎。在西班牙国会两院，中左翼的工人社会党和中右翼的人民党（1989年之前名称为"人民联盟"），各自在常年能够拿到30%左右选票和席位，足以领导执政联盟和在野联盟，也能相对容易找到合作的小党。而另一个伊比利亚半岛上的国家葡萄牙，国会选举同样实行比例代表制，中左翼的社会党和中右翼的"民主人民党/社会民主党（两个结盟党合并而成）"在民主化以来交替执政，执政一方基本都能获取40%以上席位（有时达50%），在野一方也有30%-40%，基本不存在党派细碎的情形。

　　而且，因实行比例代表制导致议会政党细碎的国家，也完全可以通过提高进入议会门槛、设立"奖励席位（给予第一大党额外议席，如希腊、意大利皆采此办法）"等方式解决或压缩这一弊端（当然这也会导致代表性不广泛、不够包容和多元）。

　　而如果是非内阁制国家（尤其总统制国家），因为权力重心在总统（或起码不全在议会），内阁由总统任命、议行分开，即便政党细碎，也不会导致政局动荡。拉美的巴西、阿根廷即是例子。这两个国家都是总统制国家，虽然国会政党细碎，但是国会主要是监督制衡总统，而不是直接决定行政团队的去留，也不是每件国务都要议会议决。即便议会多数决定倒阁或阻止总统任命的团队上任，也只影响内阁而不影响总统，行政工作尤其重大事务还是可以依靠总统领衔的行政团队（即便倒阁或不上任，也有"看守内阁"）推进。所以，国会里的激烈争执冲突影响有限且可控，不会对政局产生大的冲击。

　　总之，完全的比例代表制有优有劣，其优点和劣势大多恰好与小选区制完全相反。而就我个人观点，如果二者必选其一，还是完

全比例代表制略好。（当然，如果重视基础民意、强调议员与选民应有更紧密联系的，显然小选区制更好）

混合选举制

并立制和联立制：兼顾各具体区域和全国整体民意

而第三种议会选举制度，就是以上两种选举方式的混合--混合选举制，即一部分席位由小选区制选出，另一部分席位由比例代表制选出。而在具体投票和分票方式上，则有并立制和联立制两种。实行并立制的国家和地区有日本、韩国、俄罗斯、中华民国（台湾地区）、意大利、匈牙利等国；实行联立制的国家则有德国、新西兰、玻利维亚等国。

并立制和联立制两者的投票分票方式及对选举结果的影响，可谓大不相同。

并立制

放大胜选大党优势，不利于败选的第二大党和各小党，以中华民国（台湾地区）、日本、匈牙利为例

所谓并立制，即把小选区和政党比例代表的投票分开进行、各自计算，然后将二者所得直接合并，形成各政党在议会的议席分配比例。在这样的情况下，是非常有利于大党的，而且会放大在选举中胜利的政党的胜果。根据前述小选区制的特点，其有利于整体选情有利的政党。而比例代表制同样是会给选举中获胜的/得票首位的政党最多席位。而大多数情况下，选民会在小选区投票和政党比例代表投票中投给同一政党及所属候选人。而实行并立制投票分票方式下的混合选举，会让获胜政党/第一大党在小选区和比例代表/不分区两方面都取胜，得到超过其得票率的议会席位比例。

中华民国（台湾地区）的选举制度及影响，即是并立制的典型。自 2008 年起，台湾"立法院"即实行并立制选举制度，共计 113 个席位，其中 73 席为单一选区（小选区）选出，34 席为不分区（即政党比例代表制）选出，另有 6 席原住民保留席位由原住民选区选出。2008 年"立法院"选举，国民党区域（小选区）得票率 53.48%、原住民选区得票率 54.89%、不分区得票率 51.23%，平均得票率不足 55%，但获得 113 席中的 81 席，获得席次占总席位比例为 71.68%，显然远超得票率。而民进党区域得票率 38.65%、原住民得票率 6.76%、不分区得票率 36.91%，平均得票率超过 33%（原住民仅 6 席、投票人数仅 15 万，在加权平均中占比很低），但仅获 27 席，占议会席位比例 23.89%。而 2020 年"立法会"选举，则是民进党以平均约 40%得票率得到 60%席位，国民党以约 35%得票率得到 30%席位。而在这两次选举中，各小党和独立人士总得票率都在 20%上下，但得到的席位都不超过 10%。

根据以上数据可以得出，台湾实行并立制投票和分票方式的混合选举制，导致选举获胜一方得到相较得票率过大比例的议席，而失败一方则得到比得票率更低比例的议席，其他小党的相对损失则更为严重。这显然也是对民意的扭曲，而且不利于议会的多元与制衡。而由于台湾的"总统"选举与"立法院"选举同时进行，选民往往在"总统"选举和"立法院"选举中投票给同一政党，导致"总统"大位和"立法院"主导权被同一政党控制，更不利于政治多元和制衡（当然也有一定好处，如便于"总统"施政、行政团队不被"立法院"掣肘）。

同样实行并立制的日本，这种选举制度同样利于获胜的大党。日本长年执政的自由民主党，在"1955 年体制（五五体制）"崩溃后，通过将选举制度由"中选区制"改为并立制，成功以 50%上下的得票率获得近 70%的众议院席位，继续维持稳定的执政。

另一个实行并立制的国家匈牙利，欧尔班领导的"青年民主主义者联盟（青民盟）"之所以可以长期执政，一定程度也是依仗的并立制选举制度。2010 年至今的四次大选，青民盟都以 45%-55%得票得到近 70%国会议席。而且，与俄罗斯类似，欧尔班的青民盟也是利用作为执政党的优势，通过针对性拉拢各小选区选民，以击败缺乏资源和话语权的反对派（不过针对性手段主要是以保守意识形态拉拢保守派选民，而非俄罗斯那样直接"胡萝卜加大棒"的威逼利诱）。

并立制的弊端，类似于利于选情占优大党的小选区制。相较小选区制，并立制因为直接将胜选政党在小选区所获席位与比例代表（不分区）席位叠加，往往会进一步放大胜选政党的优势（虽然也不一定，有时并立制相对小选区制略微可以抑制第一大党、增加第二大党和小党所得席位，毕竟比例代表制部分可以按政党得票比例分配，而非"胜者全得"下第二大党和小党全军覆没），加剧对民意的扭曲、破坏政治多元平衡。

联立制

折中调和、政治多元、两种议席分配有所冲突但负面影响有限、最大限度代表真实民意，以德国为例

而与并立制相对的另一种混合选举制，是联立制。联立制又称"补偿制"，选民在议会选举投票中同时投两票，一票投给所在小选区的候选人，另一票投给自己所支持的政党（相当于不分区议席）。在首先确定各政党所获小选区席位数和议席比例后，再分配投给政党（不分区）的选票的议席。政党（不分区）"所得议席数，是政党得票比例占议席比例应得议席数，减去小选区所得议席数，然后得出最终所得议席。例如，如果两个政党所得政党票相近，则小选区获得席位越多，其获得的政党票（不分区）议席就越少，反过来小选区相对失利的政党所得政党票（不分区）议席越多。这种分票方式即是为了避免政党支持率/政党得票率与所得议会席位不匹配的状态，最大限度的让各政党所获议会议席比例与得票比例相近。

维基百科上有一个图表，可以相对清晰的表达联立制的分票方式：

联立制	政党 A	政党 B	政党 C	政党 D
政党票数比例	25%	5%	40%	30%
全国分区当选席次	15	6	19	20
		政党总席次计算 （预计总席次✖ 政党票数比例）		
政党总席次	100×25% =25	100×5%=5	100×40% =40	100×30% =30
		分配席次计算 （政党总席次- 分区当选席次）		
比例代表席次	25-15=10	5<6=0	40-19=21	30-20=10
		总计		
实际总席次	25	6	40	3

不过，即便有图表，以上的表达可能仍然会让一些不太了解该选举制度的人困惑，所以还是要举实例。实行联立制最典型的国家是德国，其联邦议院即是采用联立制投票和分票方式的混合选举制选出议员。德国联邦议院（以下简称议会）法定成员人数 598 人，选民第一票投给所在小选区议员候选人，第二票投给所选政党，而各政党所获的第二票决定各政党在议会的席位数及比例。如果将各政党小选区席位与比例代表席位相加后，总席位超过 598 席，还需要增设若干"超额席位"。

以 1998 年德国大选为例，在此次大选中，选情占优的德国社会民主党（社民党）在小选区部分以 43.8%得到 212 席；而另一大党"基督教民主联盟（基民盟）"则以 32.3%得票仅得 74 席。而社民党和基民盟所得政党票（不分区）分别为 40.9%和 28.4%。如果按照并立制，那社民党在政党票（不分区）那部分的席位数也会超过基民盟。但德国实行的是联立制这种"损有余补不足"的选举制度，因此政党票比例为 28.4%的基民盟得到 124 席政党名单（不分区）席位，而得票更高的社民党则以 40.9%的比例得到 86 席政党名单（不分区）席位。而合并各自在小选区和不分区的席位，社民党共计得到 298 席，占 669 个议席（包括"超额议席"）的 44.7%；基民盟得到 198 席，占总议席的 29.7%，议席比例与政党支持率比例非常接近。

2009 年大选，两党的得票形势和分票比例状况，与 1998 年正相反，基民盟在小选区总得票比例为 32.0%，夺得 137 席；社民党则以 27.9%得票仅得 64 席。而在政党得票（不分区）方面，基民盟以 27.3%得票比例仅分得 21 席，社民党以 23.0%得票分得 82 席。合并两种席位后，基民盟共得席位 194 席，社民党则有 146 席，同样与政党得票比率相近，也与小选区总得票比例相近。

而联立制选举分票方式不仅可以促成政党所得议席比例与得票比例相近，也有利于得票分散的小党。2021 年德国大选共产生包括"增额席位"在内的 736 席，持社会自由主义、常年在全国总支持率排名 3-5 名的德国自由民主党，在各小选区共得到 400 万选票，占总投票数的 8.7%，但因为选民分散而未得一席。但因其政党得票为 11.5%，所以分得 92 席政党得票（政党得票 25.7%的社民党和 18.9%基民盟，则在减去小选区席位后，分别得到 85 席和 54 席政党得票（不分区）席位），占总席位数 12.5%（显然，德国自由民主党得票和在议会的所得的相匹配，避免了前述的意识形态类似、支持率及支持者分布也类似的英国自由民主党的悲剧，原因正在于选举制度差异）。而右翼的"德国选择党"同样是联立制的受益者，该党在本次选举中的各小选区得到 460 万票、占总投票数 10.1%，同样因得票分散在各小选区仅共得到 16 席。它同样通过政党票的补偿，以 10.3%得票得到 67 席政党席位，合并小选区席位后，共拥有 83 席议会议席，占总议席的 11.2%。另一小党左翼党，在小选区仅得 3 席，但凭借这 3 席得到政党票的议席分配权，以 4.9%政党票得到 36 个政党名单（不分区）议席（德国政党名单（不分区）席位分配门槛为 5%，但如果在小选区得到 3 席或以上席位，政党票不足 5%亦可参与分配），共计 39 席，占国会席位 5.2%。

根据历次德国大选的选举结果，可以看出，德国实行的联立制投票和分票方式下的混合选举制，能够最大限度的让各政党在议会的议席比例与得票比例相一致，并能够让一些中等规模的政党得以在议会有一席之地。而再回顾前述的实行完全小选区制的英国、印度，以及并立制混合选举制的中华民国（台湾地区）、日本，这些国家选举中出现的得票比例与议席比例严重不匹配、民意被选举制度扭曲、得票少的政党反而得到更多席位（反过来则是得票多的政党反而席位少）、非常不利于得票分散的中小政党等弊病，在联立制混合选举制下都消失了。

联立制比例代表制当然也有缺点。因为联立制是"损有余补不足"的制度，在政党名单（不分区）部分得票比例一定的情况下，越是在小选区得到席位越多，那么在政党比例代表部分所分的席位就越少，反过来也是反相关关系。这样就导致小选区的价值相对被削弱、小选区候选人的竞争也会弱化，同一政党的小选区候选人和比例代表制（不分区）候选人还会产生利益冲突。

但这些缺点影响是有限的，联立制的好处远比其缺点更多更重要。联立制混合选举制结合了小选区制和比例代表制的特性和优点，其最核心的优势是既保障了各地方民意的直接表达，也让全国范围内的多元民意按合理比例反映在国会议席和权力分配上。

因此，综合以上对各类选举制度的分析，联立制混合选举制是相对最公平、最能体现广泛代表性的选举制度。

民主中国"人民议会"选举制度的框架和细则

对民主中国而言，中国的民意是复杂多元的，各党各派都希望自己在国家议会有一席之地，并且能够有充分代表所属力量的议席数量与比例。所以，中国应实行有利于多党制（而非两党制）的选举制度及其他机制，议会应该尽可能包容多种势力与多元声音。而另一方面，民主中国也需要团结和协作，促进国家整体的协调发展。如果实行完全小选区制那样的选举制度，很可能会导致各地方势力各自为政，以及议会政治势力的碎片化，不利于政治稳定与高效决策。

因此，民主中国的权力重心、代议机构的代表"人民议会"，应实行联立制投票和分票方式的混合选举制。"人民议会"法定席位应为 750 席，其中 375 席由小选区制选出，375 席由比例代表制选出。

小选区方面，全国划分为 365 个小选区，每个选区人口相近（人口比例皆约为全国总人口的 365 分之一，按全国人口 14 亿计算，每个小选区人口约 380 万），每个选区具体范围由多元政治势力组成的中立机构，按照行政区划和山川地势进行划分。另有 10 个席位作为一个特殊的"小选区"存在，由常住于海外的中国公民选出，10 个席位按政党得票比例分配。小选区候选人既可以从属于政党，也可以以独立/无党派身份参选。每个参选人参选，需得到选区内至少 2 万人提名，及缴纳 10 万元"按柜金"（以避免人人都随意报名、无诚意竞选，导致选举秩序混乱。这样的规定在大多数国家都有）。小选区选举实行"单一席位一轮相对多数决制"，进行一轮投票，得票相对最多（不需要一定过半数，如得票比例 30%、列第一位）即可当选，得票低于 5% 的失去"按柜金"。

比例代表制方面，全国选民在投票给小选区候选人同时投票给政党，375 个席位根据联立制"损有余补不足"的方式分配给参选的各政党。只有在全国得到政党票超过 5%且在至少四分之一省级行政区得到政党票超 1%的政党，才有资格参与这些席位的分配。这样设计是为了避免议会政党细碎化，也防止狭隘的地域主义势力坐大。

如通过联立制选举方式计算出的选举结果，出现了类似德国那样的"超额席位"，则所有"超额席位"按规则依政党得票比例分配。

如果想要避免出现"超额席位"问题，还可以修改小选区制和比例代表制分别选出的席位数和所占议席比例。如小选区选出的席位减少至 250 席，比例代表制选出的席位增加至 500 席。这样，在联立制分票方式下，各政党总应得席次减去小选区议席后，再按比例代表（不分区）得票分配给各政党仍绰绰有余，就不太可能出现"超额席位"。

我所设计的"人民议会"的选举制度，相对有利于在全国都有一定支持率但支持者分散的中型政党，有利于在全国支持率均匀的政党，也有利于在每次选举中相对落后的全国第二大党，而比较不利于只在局部地区有集中支持的地方性政党，也对选举中获胜的第一大党（最大党）的所获席位比重有所削弱（相对于小选区制和并立制）。

而这样的影响也正是我所希望的。未来民主中国，活跃在议会的政党最好保持在 5-10 个，既不要太少以至于变成美国那种两党垄断政坛的情形，也不要过于分散变成印度"人民院（下议院）"那样有 30 多个国会政党（且大多数为地方性政党）的状态。这些政党应该尽可能没有地域私利和民族/族群偏见，而是代表国内不同意识形态和价值观念的群体。

如果这样的设计真的实行，国会应会包含中左、中右、中间派、较激进左翼、较保守右翼这五种意识形态光谱，包括进步主义、保守主义、自由主义、保守自由主义/自由保守主义、社会民主主义、社会自由主义、温和民族主义、共和主义等意识形态立场（一个政党当然可以包含多种意识形态立场）。而自由意志主义、民主社会主义、生态主义者也可能有一席之地。而极左和极右势力，以及其所持的斯大林主义、毛泽东主义、法西斯主义、极端民族主义意识形态立场，则在选举制度和其他审查机制压制下，基本不可能进入国会。而关于各地域和各民族的代表性和话语权，另一代议机构"联合院"已有相关代表和职能。

总之，综合公正性、充分代表性、多元性、稳定性，民主中国的"人民议会（下议院/众议院）"应实行联立制混合选举制。

如前所述，广义的选举制度，还包括选举中国其他国家机构和人员的方式和制度，我在此也都做一些简略的设计与说明。

关于民主中国拟设的另外两个议会机构"联合院"和"专家院"的选举方式，前面已有叙述，在此不再重复。

总统选举制度：直接选举、一轮决出制

民主中国的总统选举制度，应实行全民直选的"一轮相对多数决制"。如前所述，民主中国将实行"半总统制"，总统是有实权的国家领袖，而非共和制内阁制下只是虚位元首的总统（如德国、印度、以色列的总统）。因此，民主中国的总统必须由全民普选产生。除美国实行非常特殊的相当于间接选举的"选举人团"制外，世界上绝大多数民主国家的实权总统都是直接选举产生。而美国"选举人团"制的弊端，相关研究不胜枚举，我也不在此赘述了。民主中国当然也应该实行直选。

而总统直选也分一轮决出制和两轮决出制。韩国、墨西哥、中华民国（台湾）等实行一轮决出制，即只进行一轮总统选举，得票相对多数者即可当选总统，不需要必须得到半数以上的投票支持。如 2017 年韩国总统选举，"共同民主党"的文在寅就以 41.09% 得票率位列第一，直接当选总统；2012 年墨西哥总统选举，"革命制度党"候选人培尼亚·涅托以 38.21% 得票当选总统。2000 年中华

民国（台湾）"总统"选举中，民进党的陈水扁以 39.30%得票率，超过独立候选人宋楚瑜的 36.84%和国民党连战的 23.10%，当选"总统"，终结了国民党五十余年的执政，实现了中华民国（台湾）历史上首次政党轮替。

而法国、巴西、阿根廷等国则实行两轮决出制。如果第一轮投票中一位总统候选人得到超过 50%选票（或达到特殊规定，如阿根廷规定的得票超过 40%、比第二名得票高 10%），即可直接当选总统；如果首轮选举没有候选人达到 50%支持率或相关门槛，则得票最高的两位候选人进入第二轮选举，一决雌雄。如 2017 年法国大选，中左翼政党"共和前进"的马克龙、极右翼政党"国民阵线"的勒庞、极左翼政党"不屈法国"的梅朗雄、左翼政党社会党的阿蒙，在第一轮投票中分别得到 24.01%、21.30%、19.58%、6.36%选票，马克龙和勒庞晋级第二轮。在第二轮选举中，马克龙以 66.10%得票率击败了勒庞。

根据以上两种总统选举制度对比，如果从代表性和公正性方面，显然二轮决出制较好。但二轮决出制也就意味着要在数月内（或一个月内）进行两次总统选举，这显然会增加选举成本。而且，由于两轮选举间隔数周乃至数月，也让选举周期拉长，增加各种不确定性，对于候选人和选民也是一种心理折磨。

对中国而言，民主中国必然会有多股政治势力试图竞逐权力，各派会分化组合、合纵连横。两轮决出制相对更能照顾不同政治派别，选举结果也更能反映最大多数中国民众的意愿。

但中国的基本国情是国土广大、人口众多，而且不乏远离市镇、交通不便的区域和聚落。因此，民主中国的全国性选举必然实行不易、成本高昂。如果中国实行两轮决出制选举总统，等于要在五年中的数月内（总统选举和"人民议会"选举均拟为五年一届）重复性的进行两次投票，必然耗费大量人力物力。而选举的拖延也会导致政治不稳，影响政权更迭的交接工作。

综合起来，我认为民主中国总统选举更适合实行一轮决出制。

而且即便实行一轮决出制，各意识形态和利益相对较近的政治派别也可以提前进行联合，共同推举候选人，在一轮选举中即可选出符合大多数中国人民意愿的总统。

还有，总统选举应与"人民议会""联合院"的选举，以及"专家院"的换届同时进行、同期投票，均为五年一届。而各地方行政首长和议会也同时进行换届。这样既让各政治机构的权力更迭步调一致，也节约了选举成本。这样做当然也有一些缺点，例如可能导致总统和各机构被风头正盛的同一政党/政治联盟控制，以及各机构主导力量皆更迭下政治连续性的损害。但权衡利弊，还是同时换届较好。

当然，如果将总统选举和议会选举错开进行，类似于美国"中期选举"、台湾地区"九合一"地方选举那样，也是一种有益的选择。如果实行这种"交叉选举/错峰选举"，那总统和议会的任期最好改为 4 年或 6 年，这样每次"中期选举"就能和总统选举正好间隔相同时间进行。

司法体制及大法官推选制度

以欧陆法系（民法法系）为基础的理念、法律、制度、运转（以及对英美法系（普通法系）理念与体制运行的评价）；法院、检察机构、警察机构的性质、组成、职责、相互关系；民主中国制宪工作的安排

大法官推选制度，是中央机构和人员选举制度的又一重要组成部分。在谈大法官推选制度前，首先阐述一下民主中国的司法体制。

法治，是人类文明的结晶之一，代表着人类社会的公义与理性。法治不仅是依照同样适用于所有人和组织机构的法律条文，更包括保护和规范人的权利、约束政府权力、惩治与改造违法犯罪分子的政治社会理念与实践系统。法治是捍卫平等的基石，是对民主的规范与对自由的保障，是保护人权不可或缺的手段。与人治的等级性、依附性、随意性与选择性、野蛮性相反，法治有鲜明的平等性、独立性、固定性与普适性、人道性。法治也是宪政的前提，宪政是通过法律规定和法治来保障宪法确定的公民基本自由和权利的原则，限制并划定政府权力和行为的边界，并提供相应的制度设施。法治既是人类文明的结晶，又是捍卫文明的利剑。

在现实政治的权力架构中，司法是与立法（决策）、行政平行的三权之一，在国家体制与民主政治中有着举足轻重的作用。未来民主中国若想要实现法治、维护秩序，建立良好的司法体制是基本前提。中国的自由派人士，也都高度重视中国民主化过程中及民主实现后，在中国建立宪政与法治体系。因此，司法体制及相关成员的推选制度，是民主中国政治制度非常重要的组成部分。

许多信奉宪政民主的中国自由派人士，一直是推崇英美法系的司法模式、美国的司法体系的。尤其美国最高法院大法官制度，以及大法官巨大的独立司法权，让许多中国知识分子艳羡。中国自由派当然也希望民主中国复制这样的司法体系和模式。

但我是持不同意见的。我一直是欧陆法系（民法法系）及相关制度与理念的支持者，主张中国实行以法国、德国为代表的欧陆司法体系，而非采用英美法系及相关制度与理念。关于欧陆法系和英美法系各自的特点、优缺点，及二者孰优孰劣，有无数相关的论文、报道、言论，往往各执一词，难有定论（虽然我个人是认为欧陆法系好于英美法系的）。由于篇幅关系我不在此展开分析了，只举几个实例来谈一下英美法系的缺陷。

例如英美法系及体制的最集中体现--美国最高法院大法官制度，即有着非常明显的争议与缺陷。法治至上主义者总是将"法"看的极为神圣，尤其认为法治取代人治是伟大的设计。可美国最高法院 9 位大法官，并非是真正按照法律不偏不倚的进行裁决，相反裁决中常常充斥着法官个人极为强烈的意识形态偏好、党派立场、自身好恶。在许多争议判决中，9 位大法官还需要通过投票表决方式，以少数服从多数决出结果，经常出现 5:4、6:3 的投票结果。

　　如果是真正完全的法治，就不能以少数服从多数决出结果，而应该按照法理与律条决定是非。美国最高法院法官经常使用"少数服从多数"这一方式决出结果，本身就是对法治深刻的嘲弄。而且，美国最高法院这 9 位最高大法官，可以说是全美国乃至全世界最为顶尖和优秀的法律从业人员，而 5:4 的投票结果，难道能够证明其中 4 个人是错的、另外 5 个人是对的？如果是这样，那为什么要选择 4 位经常判决错误的法官进入最高法院？如果不是，那按照少数服从多数、用"数人头"的方式决出判决结果，是法治还是法官版的"多数暴政"？

　　美国最高法院被视为司法独立的典型，可无论大法官的产生，还是大法官各种判例，都与行政与立法权、政党政治有着密切的联系。凡是自由派总统，任命的大法官都是自由派倾向；凡是保守派总统，任命的大法官也都是保守派立场。而负责审核大法官资格的美国参议院，也往往基于意识形态和党派立场作为同意与否的标准。而大法官就任后，在判决各种涉及意识形态争议和有关现实政治利益的案件时，也都会把意识形态和现实利益作为首要考量，而非纯粹根据事情本身的是非曲直。这样的"司法独立"，成色又有几何？

　　我当然也明白，美国的司法能够达到现在这种水平，已经比专制下的党大于法、政法不分，要好了不知多少。"司法独立"也并不意味着司法与行政、党争、意识形态毫无关系。至于"少数服从多数"，也是司法争议中无奈但最现实的解决方式。但显然，美国的司法体制、大法官制度，乃至大法官本身，并不像许多中国知识分子想的那样神圣、伟大、无懈可击。

　　此外，美国最高法院由于权力过大、自主性过强、大法官任职终身，导致一些缺乏科学知识与人权观念的大法官为所欲为，给美国乃至世界都造成了损害。例如最近数年，最高法院连续在堕胎（推翻"罗诉韦德案"判决）、疫苗接种（反对以法律和行政纪律强制接种疫苗）、防治气候危机（反对政府以强制手段限缩企业减排）等方面，做出落后于时代、反科学、反人道的判决判例，还进一步试图剥夺同性婚姻权（可能在未来推翻"奥贝格费尔诉霍奇斯案"）、限缩新闻自由权（试图推翻"纽约时报诉沙利文案"判决）。这些举措或出于党派利益、或出于价值观偏见、或出于无知和愚昧，对人权、环境、社会进步，都产生了非常恶劣的负面作用。这些举动违背多数民意、违背时代潮流、违背科学理性（例如对气候危机、疫苗接种，相关专业人士的意见和立场，皆与大法官决定相反），但美国最高法院大法官却利用其巨大权力一意孤行。这样的前车之鉴，民主中国绝不能重蹈覆辙。

同样实行英美法系的香港地区，也是评判英美司法体制和理念究竟是否公正的例子。如 2019-2020 年香港反修例运动期间，发生了许多涉嫌违法犯罪的事件/案件。而这些案件在最近两年都逐渐进行了审理和判决（不谈颁布《港区国安法》之后国安案件的审理，只看按照普通法（英美法系）进行审理和判决的案件）。

本来按照英美法系强调判例法的特点，对同类性质的涉嫌犯罪行为应该做出同样的判决。可现实里，立场亲港府和警察的法官/裁判官，如彭宝琴法官、胡雅文法官，往往倾向于认定涉嫌实施暴力的亲民主示威者有罪，且往往重判当事人；而立场亲近民主派、同情示威者的法官/裁判官，如沈小民法官、何俊尧法官，则倾向于判决有施暴嫌疑的示威者无罪，或即便判决有罪，也处以较轻刑罚。而根据这些案件的详情，不同当事人犯罪嫌疑概率和罪行程度本来并没有根本差异，法官并非按照事情本身如何判罚，而是带有非常强烈的个人倾向（当然个人倾向背后是其所属政治派别或意识形态认同）。而后来，律政机构干预反修例案件的审理法官选派、将亲示威者法官调离审判岗位，更反映了"司法独立"的名不副实。

虽然反修例运动中涉嫌违反香港法律的案件都较为特殊，涉及政治问题，且香港深受中国中央政府影响，但毕竟是通过普通法进行的审判，足以一定程度反映普通法的局限，以及标榜中立独立的英美式司法体系的虚伪与双重标准。何况，即便非政治的刑事和民事案件，不仅香港，英国、加澳新等所有实行英美法系的国家，在判决中也不总是遵循前例，而是掺杂法官各种个人立场与好恶。所谓"遵从先例"，也都只是在浩繁且多样的"前例"中选择性援引判例罢了。

当然，美国和香港地区的法治系统，属于英美法系中较特别的，并不能完全代表英美法系。但无论是英国、美国、香港地区、加澳新、印度，其法治底色和特性是同大于异的，都是经验性与因循性强、理性与革新性弱的。这也就意味着英美法系扮演的角色往往是守旧的、维护既得利益的、与时代有所脱节的。这样的法治系统并不值得民主中国效仿和应用。

对于我通过上述事例批评英美法系与制度的论述，许多知识分子会不屑一顾，一些学识精深的专业法律学者可能还会哑然失笑，认为我所说的这些是外行的浅薄幼稚之论，根本不值一驳。的确，我缺乏专业的法学知识，对于各法律体系及实践内情了解也甚为不足。

但我所说的，是基于最直观的认识、最基础的事实。而英美法系（普通法）最注重的，难道不正是对"直觉"和"常识"的高度认可与应用吗（同时还有对援引成文律条、专业知识的有意排斥）？英美法系的代表产物陪审团制，其选拔陪审员的标准就是从普通民众中选择，目的也正是为避免法官等涉法专业人士对法律的操弄，让并无法律专业知识的平民百姓，根据约定俗成的道德、根深蒂固的常识、自然人性的直觉，来判断事情的是非曲直。

因此，"以子之矛，攻子之盾"，我使用英美法系认可的方式，来批判英美法系的弊病，难道不是合理有据的、有说服力的吗？相反，许多尊崇英美法系的知识分子各种为英美法系张目的文章和言论，恰恰是英美法系理念所排斥的、利用繁复学术知识构建的"巧言"。

其实我个人仍然非常尊重专业知识与专业人士，以上言论仅仅是为了批判对英美法系的过度尊崇、解构英美法系的"神圣"。

总之，我认为英美法系有着各种缺陷，远不如欧陆法系相对系统完善和科学理性。欧陆法系是基于理性的成文法，包括基础法律在内的各领域法律皆是法典化的，这就让司法能够完善、清晰、统一。当然，欧陆法系也有种种缺点，如法律条文容易被教条化和选择性使用、有利于执法者而不利于被控者等，但我仍然认为其优大于劣。从《十二铜表法》到《查士丁尼法典》，罗马法的日臻完善让欧洲大陆皆覆盖于法制之下或受其影响；代表欧陆法系集大成的《法国民法典（"拿破仑法典"）》《德国民法典》，是近现代世界真正走向法治的伟大著作、时代的里程碑。而对中国而言，中国有着悠久的成文法历史，《秦律》《汉律》《唐律》《明律》……虽然各有时代局限性，根本上是君主专制的工具，但完善的体系、清晰的律条、理智的精神、起码名义上全民的普适，仍然闪耀着法制的光辉。未来的民主中国，也应该结合发端于西方的现代法治理念与体系，以及中国古代至今各种法律与实践的经验教训，建立以欧陆法系为框架和原则、具有一定中国特色的法治体系，将法治建立在理性和公正的基础之上。而中国的司法制度，亦要建立在这样的框架、原则和理念之上。

民主中国的司法机构及人员组成，应当效仿法兰西第五共和国、德意志联邦共和国的相关制度，而非依照美国最高法院及整个司法体系的内容与形式。民主中国的最高法院将分为三部分，即普通民刑商案件最高上诉法院、最高行政法院、宪法法院，分别处理一般民刑商案件、涉及政治和国家机构的一般案件、涉及宪法与国体等重大政治事务的案件或争议。三个最高司法机构共同组成最高法院，各司其职，除必要情况外互不相涉。

而三个最高司法机构各有若干名"高级法官（即大法官，为与英美法系大法官区分，而称之为'高级法官'）"（具体名额可根据需要增减，一般每个机构保持在 5-15 人），每届任期 10 年，最多可连任一届。"高级法官"由总统提名、需"人民议会"和"专家院"各自过半数同意，方可就任。"高级法官"候选人须接受"人民议会"和"专家院"的质询，质询过程向全国进行视听直播，然后由两个议会分别投票决定是否通过任命。若要连任，则需要再次接受质询、由两院投票决定是否可以续任。而"人民议会"和"专家院"皆有弹劾"高级法官"的权力，两院中任一议院超过五分之一提名、三分之二同意，之后另一院过半数同意，即可罢免。

在权力和地位上，最高法院名义上与"人民议会（下议院/众议院）"、总统平齐，是与立法权、行政权并列的权力第三极，即最高司法权的代表，并独立行使司法权。不过在实践中，最高法院更多遵从"人民议会"和"专家院"的相关立法与决策，主要在于执行法律而非决定法律，更无权独立创制与造法（但可为议会的立法工作提供意见建议）。对于总统的行政令，最高法院也不能随意干涉。如要否定总统的行政令、判决内阁的政策违法，须启动特别的程序，并要得到"人民议会"和"专家院"的同意。

最高法院及各"高级法官"根据宪法和法律的规定履行司法职权，在使用、执行、解释法律法规时，要遵循法律本意、保持逻辑自洽性与言行一致性（指内在的真实的逻辑自洽、理智与情感的一致、常识与专业结论的统一、坚持基准原则前提下的具体问题具体分析，而非教条化的理解和运用逻辑、不分具体条件和特定境况而"一视同仁"判决），可适当的灵活运用制度与法律，但不能过于偏离法律的本意。即便要做出相对突破性的司法行为，也要基于民意和科学，而不能在违背民意与科学的前提下自由发挥。如果民意与科学二者冲突，最高法院应站在科学一侧（至于怎样做是科学的，要基于常识并倾听专业人士意见）。包括最高法院法官在内的全国各级法院法官的判例，皆有一定参考价值，但不作为未来其他类似案件判决的第一依据，即便在某方面做出先例性质的判决，未来类似案件仍然要根据本身的是非曲直和法律条文判决，而不能简单的参照前例。

司法的公开透明，是民主中国司法的基本要求。最高法院及全国各级司法机构，其审判各类案件的过程、记录、结果，除涉及军事或情报机密外，均应全部向公众公开，包括审判期间的庭审记录、监控录音录像、判决书，均要公开在官方网站并允许任何人免费查询和转载，还要为残疾人获取和使用这些资料提供便利。而同样除涉密案件外的所有庭审，都应该允许公民和媒体旁听，不得阻挠破坏。各司法机构及工作人员也都应该接受公众和媒体监督，包括法官在内的司法机构工作人员都需公开履历、收入、资产。

民主中国的司法审判将采用法官审判制和参审制结合的审判方式。对于一般刑事、民事、经济等类案件，将由法官和抽签选取的符合一定资格的普通公民参审员组成的合议庭审判，参审员有权参与审判和合议的各项流程，但判决权归法官。而对于涉及政治和宪法问题等重大事务的案件，则完全由法官负责审判，不设置参审员。参审员也仅在初级、中级和部分高级法院/法庭的庭审中存在，最高法院（包括其中所有三个法院）的所有案件皆不设置参审员参与审判。

民主中国应保障和尊重律师的地位与权利。律师是维护案件当事人利益的重要人士，是制衡法官及司法机构的关键力量，是司法体系不可或缺的一部分。民主中国虽将施用欧陆法系，律师不像英美法系那样有更大发挥空间，但其地位和价值仍然极为重要。而且，在成文法体系下，一般当事人很难熟练运用法律条文和利用法律程序，更需要律师依靠专业知识为当事人在法律条文和程序中争取利益，以及对抗法官与检察官等司法人员的权威压制与专业垄断。民主中国的律师也应保持充分独立性和组织性，有独立的律师协会和律师工会，包括司法机构在内的国家机构无权介入和管控（当然，若涉嫌违法犯罪，律师及律师组织需要接受调查和处罚，但需遵循合法程序）。

民主中国的司法体系将包括检察机构。检察机构将采取"审检合署"的方式，与法院以合作关系并存于司法体系。最高检察机构可命名为"最高检察署"，各地方亦建立相应检察署，负责各类违法犯罪的侦办、诉讼、监督工作。各级检察署从属于各级法院，但现实中作为相对独立的机构运作，独立于法院其他机构而相对独立行使检察权。

民主中国的狭义司法体系将不包括警察（公安）机构，但警察机构其实属于广义的司法体系的一部分。在隶属关系上，警察机构及人员归行政系统管辖，是狭义政府（行政机构）的一个分支部门。民主中国的警察机构可仍称为"公安（公共安全）部/厅/局"，下属机构仍可称为"派出所"。公安部归属总理领导的内阁，服从国会的决议、听从总统的行政令和总理的调遣，与法院和检察署各司其职并在必要情况下合作。警察机构及成员（警察）的主要职责，是执行基于法律和合法程序的各项工作和任务，包括预防和打击各种违法犯罪、保护人民安全、维持社会秩序和国家安宁等。警察机构及成员应遵守法律法规，除特别情况外的所有执法和运作皆应公开透明，接受公众、媒体、其他国家机构的监督。

民主中国的司法理念、法律法规、法纪执行，也要遵循若干原则和方针。第一，要将平等和公正放在首位。"现实的力量总是倾向于摧毁平等，而法律的力量应该总是倾向于维护平等"，没有平等就没有真正的法治。只有"法律面前一律平等""王子犯法与庶民同罪"，法治才真实和有正面价值，人民才会心悦诚服；第二，法律的制定、修改、执行、诠释，都要与时俱进，根据时代发展进步不断更新，不能泥古不化、不能与时代脱节；第三，在判罚和执法中，要坚持情、理、法的调和，而不能机械的、玩弄式的、无人性的运用法律和各种司法程序与规则。法纪的存在是为了人民的幸福，而非作为辱民弱民的工具。法官和其他执法人员皆需有同情心和人道精神，威严中不乏温情，运用法律中不忘道德和公序良俗，社会才能真正安定和谐。第四，法官及其他各类法律工作人员，需要秉持专业主义的职业道德，不能借助权力歧视、戏弄、欺侮当事人，即便有必要纠正和斥责，也要根据法纪和程序并有节制的惩戒，不能滥用权力和地位。第五，司法机构应着力进行普法工作，尤其要与教育机构合作、向青少年学生普及法治理念与法律知识，从源头减少犯罪，以及提高人们使用法律保护自身权益的意识和能力。

在国际上，民主中国最高法院在维护中国司法主权的前提下，应与世界各国司法机构沟通合作，并遵从联合国所属的国际法院的原则与指导，学习西方先进的司法机制与经验，与第三世界司法理论与实践相互借鉴，促进中国司法的文明化、开放化、国际化。

而关于民主中国的制宪和宪法问题，关于其中的政治架构部分，本文已在设计，其他方面的具体条文在此不便一一设计叙述，在此只讲一下制定宪法的流程。民主中国的制宪工作，应采取"两步走"策略。在民主转型之前和过程中，参与民主转型的各方应设计一部类似于《中华民国临时约法》《中国人民政治协商会议共同纲领》那样的临时宪法，作为民主过渡期的宪法，对国家机构权责和各项重大事务进行规范。当民主政权稳定之后，可设立由包括法学人士在内的各界人士组成的"制宪委员会"起草正式宪法。在正式宪法的编纂过程中，要广泛听取各方意见，借鉴他国和本国历史上的宪法法例，结合中国现实，让宪法既符合实际，又具有开拓性。而正式宪法需经过司法机构认可、"人民议会"和"专家院"批准、总统签字，方可生效。

总理及内阁成员产生方式

由"人民议会"选出和受其监督制约、和总统分工且合作但相对独立

如前所述，民主中国将实行"半总统制"。在"半总统制"下，总理领导的内阁将与总统分享行政权，而非仅是听命总统的下属。因此，总理和内阁成员不能由总统提名和任命，而是由"人民议会（下议院/众议院）"多数派推选产生。

具体说来，总理和具体的内阁名单，由"人民议会"超过半数议席的政党联盟进行协商，然后共同推举，再交由总统批准和任命。

总统原则上无权否定议会推举的人选，但在具体人选上可以与议会协商，如协商不成可推迟任命，推迟期最长为三个月。但如推迟期结束后，议会仍推举同一人为总理，则总统必须签字同意。

总理原则上由议会第一大党人士担任，内阁各部部长则由多个政党人士分别担任。如果可能，内阁各部部长不仅应包括议会多数派各党成员，还应该适当吸纳在野党/反对派人士入阁。在推举中，内阁成员应尽可能囊括多种意识形态、多个政治派别，保障内阁成员意识形态和利益代表的多元化，而不能被一党一派垄断。

关于多党联合组阁，德国就是很好的前例。联邦德国建国数十年来，大多数时候都是多党共同组阁。2005 年、2013 年、2017 年，德国的基民盟和社民党三次组成"大联合政府"，实现了中左-中右共治国家的政治形态。而 2021 年德国大选后，社民党、绿党、自由民主党，组成了中左和中间派组成的联合政府，以上三个政党分别占据 8 个、5 个、4 个内阁部长（包括总理）职位。德国的"联合政府"内阁形态，有利于政治权力的包容性和政治参与的多元化，且在实践中运转良好。

而法国内阁同样是多个政治派别共同治国的典型。前述的总统总理来自不同意识形态的"左右共治"，是法国多元政治的一个表现。而总理领导的内阁内部，同样是来自多个政党的人士分享行政权力。例如今年 7 月刚刚组建的法国新内阁，包括总理在内的 7 位部长、6 位副部长、4 位国务委员，由国民议会最大党"共和前进"成员担任，而另外 10 个部长职位、9 个副部长职位、6 个国务委员职位，由其他政党及无党派人士担任。这同样是为了政治的多元与包容。

而反之，如美国、韩国、中华民国（台湾地区）等，其内阁往往是清一色的同一政党人士担任，行政权被一党一派垄断，不利于政治多元。在前述的总统制弊端中，我已经详细分析了政治权力垄断的危害。

因此，民主中国应效仿德国和法国，内阁成员应该多元化，且总理应由议会推选产生，而非总统的任命。这是为了避免总统权力过大和一党一派对政治权力的垄断。这也可以避免美国、韩国、中华民国（台湾地区）那样的政治极化与政党恶斗。

而总理和内阁不仅由"人民议会"推选，也受"人民议会"的监督与制约。除紧急状态或选举期外，"人民议会"可以随时发起倒阁，只要超过半数同意，即可罢免总理、解散内阁，重新推选总理和内阁成员。但总统不受倒阁影响。这样，既有利于议会对行政权的约束，又不至于导致政局过于不安。

其他内容在我前述的关于"半总统制"的描述与设计中已有提及，不再重复。

监察制度及机构设置与人员选罢方式

世界不同区域不同文明的政治制度，分别有着不同的特色和历史传统。如西方的权力分立与社会契约、伊斯兰国家的政教相融、各游牧民族的"部落民主/军事民主"等。而中国同样具有一些独特的政治文化与制度，除皇权至上、中央集权等制度和文化外，监察制度和考试制度及相关理念与规则习惯，同样在中国政治运转与历史进程中起到非常重要的作用。而未来的民主中国，也需要安排好关于监察与考试这两个领域的各种制度与政策。

首先谈监察制度。中国的监察制度历史悠久。从秦汉时期，中国已有了专门负责监察工作的机构和专职人员。人臣至极的"三公"中的御史大夫，即是负责监察事务的最高级别官员。而监察机构监察的对象，是从中央到地方的朝臣百官，有时也负责劝谏皇帝、从事一些行政事务。而此后的唐宋元明清各代，也有不同形式的监察机构与人员。其中宋代和明代的"御史言官"，在批判朝野积弊、纠举不法官员、匡正帝王之失等方面，发挥了非常巨大的作用。

当然，在君主专制的古代，监察体制是为巩固皇权而设立和运行，还起到分化相权、监视地方等作用，根本上说都是利于君主的专制统治的。但起码在客观上，它也在打击贪渎、约束权贵、维护风纪等方面发挥了很大积极作用。尤其在中国古代没有议会和法院的情况下，承担了部分相应性质的责任。

而到了近现代，监察制度因种种原因得到了保留。孙中山先生倡导的"五权制度/五权宪法"，即包括对监察权及相关制度、机构、人员的创制。但因内战和抗战等因素，国民政府未能在大陆真正实践"五权宪法"。而国民政府迁台后，又长期处于专制威权状态，监察体制也并无独立运行。民主化后，监察权和考试权及相关机构权力皆被弱化，已无法与立法、行政、司法三权并论。但相对独立的监察体系仍然存在。

而中共政权控制中国大陆后，则变相保留了监察制度，但其监察制度更多类似于古代君主专制下的监察体制，而非孙中山设计的作为制衡行政、立法、司法三权的独立系统。由于中共实行党政一体/党大于政的体制，中共的纪律检查委员会（纪委）承担了事实上的监察职责。而 2018 年，为规范行政体系、配合"国家治理体系现代化"，建立了从中央和地方的"监察委员会（监委）"，负责行政机构及人员的监察工作。但"监察委员会"的性质与作用与纪委没有本质区别，甚至多数机构和纪委相应机构是同一批人员组成，仅仅是挂了两块牌子罢了。

中国的纪委和监委，既有古代固定监察机构"御史台""都察院"的性质，也有"锦衣卫""粘杆处"等厂卫机构的若干特征，是强化一党专制乃至领袖个人独裁的工具，但也一定程度打击了腐败和枉法（虽然纪委这一机构本身及其具体运作也是违法违宪的）。

那么民主中国是否还需要监察体制及机构的存在呢？我认为还是必要的。监察体制在中国政治史上有着重要地位，对中国政治运作有着很大影响。在官本位浓厚的中国，"御史言官"对行政和司法官员的监督批判、对统治者的劝谏，是非常必要和珍贵的。民主中国虽然有议会代替其功能，公民和公民组织也可以直接监督官员和政府，但和专职督责官员的监察者还是不同的。政府和官僚体制内部运作、官员约定俗成的潜规则、官方政策法规的具体执行，只有同在官员队伍的人才能明晰个中真相。

因此，民主中国仍然应该设置监察体制及机构，可命名为"监察委员会"，但其职权和规模都将小于历史和当今的同类机构。它更多是一个介于朝野之间的官方机构，负责对行政、立法、司法等事务及相关领域官员（行政官员/议员/法官）的监督和批判，可提出不具有直接约束力的督责书，作为与被批判对象不同的机构及公民责罚贪渎枉法官员的依据。

而"监察委员会"人员的推选，则应是由执政联盟和反对派联盟共同商定，并各推选若干人员进入委员会，委员会主席由反对派联盟人士担任，副主席由执政联盟人士担任，委员会各委员中执政联盟和反对派人士比例为 40%：60%。一般事务（包括出具"督责书"）可采用相对多数决，重大事务则需要三分之二以上委员同意。包括主席副主席在内各委员，若不称职，则由"人民议会"行使罢免权。经"人民议会"五分之一议员提议、超过三分之二同意，即可罢免。

民主中国的"监察委员会"，将作为国家机构的一部分，拥有有限但重要的职权，在监督国家机构、揭露弊政、打击腐败等方面，发挥独特和有力的作用。

考试制度及机构设置与人员选罢方式

考试制度，或说中国的人才选拔与考核制度，又是极具中国特色的政治制度之一。

中国古代的人才选拔制度，历经察举制、九品中正制、科举制三个阶段。前二者都可以归为推荐制，即由他人举荐担任官职。而科举制则开创了以考试的方式选拔人才的路径，并延续一千多年，对中国历史产生了深远影响。虽然科举制度亦有其局限，如其考试内容限于四书五经等儒家经典（后来发展到"八股取士"这样更加狭隘严苛的规范）、录取人数极少（大多数官员仍然是世袭和恩荫产生）、录取名额分配不公平（古代就有分阶层、身份、地域的录取歧视政策）、根本上是维护专制统治等，但仍然是极具开创性的、一定程度打破身份壁垒的、"量才录用"的人才选拔制度，有利于提高官员文化素养、促进行政质量，对政权、国家、君主和官员、臣民皆有莫大的好处。

除了作为官场"入场券"的科举制，中国古代官员的升迁/贬谪，也有一套复杂的考核制度。不同的朝代和政治环境下，相关制度和实践有所不同，但大体上都强调官员的绩效和品德。

这些考核制度与科举制，共同构成了中国古代的人才选拔与考核制度。而同时期的世界其他国家/文明，还普遍实行世袭制、任命制、军功制等人才选拔方式，其公平性和科学性均不及科举制。因此，科举制也被世界上许多历史学家赞誉，被认为是非常伟大的制度发明。以科举制为代表的中国考试与选拔制度，也成为中国古代政治文明的重要组成部分。

民国肇始，同样高度重视人才选拔和考试。孙中山的"五权宪法"创制，"考试权"和"监察权"一样是对中国传统特色制度的继承和改造。民国也设立了"考试院"，负责关于公务人员选拔考试在内的国家性考试工作。而迁台后的国民政府延续了这一制度，"考试院"迄今仍在运作，并作为相对独立的机构存在。

而中共政权并无特别设立独立的考试机构，各类考试及人才选拔工作皆分派给不同的其他职能机构兼理。虽然如今中国中央和各省有"教育考试院"，但都是从属于教育部的次级行政机构，仅负责具体的技术工作，没有多少真正的权力。

在中国的现实中，考试制度与人才选拔机制对国家与人民都至关重要。现在的中国有几大重要的考试，包括高等学校统一招生考试（高考）、公务员考试、研究生考试等，往往决定了一个人乃至一个家庭的命运，也会影响公务人员的素质、政府和法律机构的效能、各地域的话语权，乃至国家的兴衰荣辱。但中国的考试制度却充满着不公平与腐败，即便被认为"相对最公平"的高考，也是建立在地域录取严重不公的前提下的。而公务员考试则有更多暗箱操作，丑陋不堪。此外，考试的内容与形式也弊病极大，如考试内容教条化且与现实脱节、"一考定终身"过于残酷、书面考试缺乏实践性等，并导致了中国教育的畸形。这些都亟待改变。

根据中国的人才选拔史和现实状况，民主中国应高度重视人才选拔的公平性与卓越性，设立专职的负责考试领域事务的机构，可直接命名为"考试院"。"考试院"不仅负责高考、公务员考试、研究生考试等各项重大考试事务，还要负责各地学校及国家机构的各种日常考试考核。"考试院"应与行政机构中的"教育部"和议会中的"专家院"合作，并与大中小学师生、致力于教育问题的公民组织和社会活动人士沟通交流，推动教育改革和考试改革，让教育和考试贴近实践和真实有用，促进人才选拔的公平，提高选拔人才的道德素质与通识知识素养，助力培养对他人有益、对社会有用的现代公民。

对于行政、司法、立法（决策）、科教文卫单位公务人员，"考试院"不仅要在选拔相关人才进入公务机构时把关，还要会同其他机构定期和不定期的对公务人员进行考核，从德行品质、履职能力、绩效成果、服务态度等进行评价，并想方设法将主观标准量化，最大限度准确公平全面的核定公务人员水准，促使公务人员更好的履职和服务人民。

在中央"考试院"人员组成上，由一位院长、一位副院长及数十位"考试委员"组成。"考试院"成员由"人民议会"推选（过半认可）、经"专家院"同意（过半同意）产生。"考试院"院长由"人民议会"第一大党成员担任，副院长和委员三分之二由执政联盟成员担任，剩余三分之一由反对派人士和独立人士担任。若要罢免正副院长和委员，则需"人民议会"五分之一议员提议、三分之二议员同意，方可罢免。

各地方行政、立法（决策）、司法及其他机构及成员的产生方式：比照中央但有所区别

前述的是中央各机构及成员的产生方式，以下简略设计一下各地方相应机构和成员的产生方式。

民主中国各省（直辖市、自治区、特别自治市）、市（地级市）、县（市辖区、县级市）的最高行政长官，皆由当地常住居民普选产生，选举方式比照总统选举。地方行政长官的任期、职权，也与总统近似，但无涉及国家主权和中央层面事务的处置权。而与总统不同的是，市、县两级行政长官（市长、县长）可被域内常住居民通过公投直接罢免。

民主中国各省、市、县行政团队（类似于中央的内阁）由各地方"人民议会"多数派协商推举产生，与地方行政长官共享行政权，并对"人民议会"负责。

民主中国各省、市、县的"人民议会（自治地方为'自治议会'）"同样由域内常住居民普选产生，而议会具体名额根据人口多少而定，各省不少于 200 人、不多于 750 人，各市县不少于 100 人、不多于 300 人。其任期与职权同样与中央的"人民议会"相似。

民主中国各省、市、县的"联合院"和"社会自然科学院（专家院）"的推选方式与中央层面机构类似，但职权较中央相应机构小，主要作为谘询性机构存在，成员的参议作用大于决策作用。

民主中国各自治区/特别自治市之外的各省、市、县的司法机构，其领导人物和核心成员，由中央派遣和地方推举两种来源者混合组成，但都同时需要地方议会通过和中央司法机构批准。司法机构及成员独立行使司法权，但要接受中央机构和地方议会监督与约束。

各少数民族自治区和港澳台的司法机构及成员由地方推举产生，但也需要中央司法机构的批准方可上任。自治区与港澳台司法机构及成员在遵守联邦宪法的前提下，可自主行使司法权。

民主中国省、市、县的"监察委员会"和"考试院"的主要成员和各少数民族自治区及港澳台的相应机构成员，同样比照司法机构的组成和产生方式，均负责本地的监察和考试事务。相对而言，少数民族自治区和港澳台的监察和考试机构有较大自主权，但同样需遵守联邦宪法。

民主中国各地方的政治架构，包括行政、立法（决策）、司法及其他各机构之间的关系地位，皆仿效中央层面的架构和关系地位。如决议、选举、罢免等事务的相关要求和赞同/反对比例门槛，也比照中央。

各乡/镇、村落，则不设置正式的议会（但可自行设立类似于议会的自治和协商机构），乡/镇长、村长，皆由当地居民直接选举产生。而乡镇的行政机构和司法机构成员，均由县区的行政和司法机构派遣和任命。

除以上所设置的各正式机构外，市-县、乡-村皆要大力发展公民自治和直接民主，形成市-县、乡-村两层自治结构。由于市-县、乡-村皆是人口和面积规模较小的行政单位，人与人关系紧密、沟通交流极为便利，所以完全可以直接行使民主和自治权利。各地方的高校和中学应成为公民自治和民主协商的重要平台。关于这些，前面其他章节已有叙述，在此不详述。

以上关于各地方的机构与人员产生方式、职权、政治运转模式，主要是为汉族聚居区设计。少数民族自治区和港澳台可在遵守宪法、不损害联邦利益的前提下，酌情进行修正，一些具体事务和机构设置可自行决定。

总统个人、内阁成员、国会议员集体发生意外时的继承顺序和"指定幸存者"身份；国家机构和首都的"备份"安排；国家中枢"备份"

的必要性重要性及中外相关惨痛教训的前车之鉴。

对民主中国政权而言，由于它对中国命运和世界格局的极大影响，牵涉到国内国际无数团体和个人的利益乃至生死存亡，因此政权的核心成员如总统、总理为首的内阁成员（各部部长）、国会各院成员，必然会面临利益受损的内外敌人的仇视，如不能循和平途径解决，就很可能发生暴力。而足够强大的反政权力量，如图谋复辟的旧政权（中共）权贵精英、拒绝服从中央制度政策的民族/族群/地域/行业势力、各种宗教极端主义分子、军警特宪等暴力机构的野心人物、政治斗争失败后破罐破摔的反对派……都有能力发起暴力行动，包括杀死民选的总统和国会议员、软禁内阁成员等。

在国际上，即便中国实行民主化，中国与诸多国家尤其周边大国的国家利益冲突并不会止息，甚至会因民主中国更加在乎国民利益（不像中共"量中华之物力，结与国之欢心"）而导致冲突更趋恶化。印度、俄罗斯皆是核大国，也拥有生化武器；同样拥有核武器和生化武器、且必然敌视民主中国的朝鲜金家政权（如果中国民主化后金家政权还没推翻），也是巨大威胁；日本虽暂时不拥核，但完全有短时间制造核武器的能力，至于生化武器更是早就在中国实际使用过，重操旧业也是易如反掌。韩国、印尼的军事实力和潜力也不容小觑，在未来新武器研发应用上不会落后。而美国虽然更多可能是民主中国的友邦，但时势变迁下"修昔底德陷阱"的确可能转化为热战。一旦中国和这些国家矛盾关系激化，总统、内阁、国会这些中国的权力中枢，就很可能遭到突然的、连环的、全方位的暴力袭击、"斩首行动"。

而军事科技的极速发展，让"以小搏大"的、远程的、突然的、极具威力的袭击手段越来越多，相关手段使用起来越来越方便。一百多年前枪支和炸药的普及，就让刺杀包括帝王/总统/重臣变得相对容易；核武器和生化武器的研制和使用，使得单次攻击就可将目标范围内的成千上万甚至十万百万人杀死；导弹等精确制导武器的出现和普及，也可以将千里之外开会的恐怖分子/政治组织成员一举歼灭。而未来的中国和世界，科技包括军事技术必然"更上一层楼"，更加强大、灵巧、隐蔽的武器只会越来越多，使用门槛和成本也会越来越低，不仅主权国家能拥有，国内利益集团、极端分子、黑恶势力乃至个体公民，都可能拥有和使用。在未来，一个个体独立操作一套某种类型武器、远程的一次性击杀数十万人，是完全可能做到的。

在这样的情况下，民主中国的政治核心成员，就有被"一锅端"的可能。不仅总统可能遇刺，正在集体开会的国会议员、工作地相距不远的内阁各部首长，都可能在一瞬间被袭击而集体身亡。如果发生这种情形，对民主中国的打击将是致命的（尤其在我设计的中央集权体制下，中央机构和人员如遭遇打击，会极大的影响全国）。对于试图破坏民主中国政权及国家秩序的内外敌人，这种"斩首行动"显然一种"性价比"很高的毁伤手段。

因此，民主中国必须做好预防和应对类似情形的准备。而应对方式之一，即是安排好国家政治核心成员的职位继承人、确定"指定幸存者"，保证核心成员死亡后国家体制可以继续运转。冷战中的美国和苏联，即有类似安排，迄今美国和俄罗斯仍然有相关预案。民主中国也要效仿前例，并加以创新。

首先是总统发生意外后的继承人顺序。民主中国应设副总统一人（与总统候选人捆绑参选，但不一定要和总统候选人同一政党），其为总统发生意外后的第一顺位继承人。第二顺位继承人为"人民议会"议长；第三为国务总理；第四为"联合院"主席；第五为"专家院"主席；第六为军队总参谋长；第七为外交部长。若以上七人皆无法接任，则根据一定顺序依次由各部部长接任。如果以上所有人皆死亡或因特殊处境（如被软禁、控制、隔绝、失联）无法接任，乃至中国全境发生极大灾难，那就由中国驻外大使接任。中国驻各大国大使资历较深能力较强，但如果是敌国或潜在敌国则有被控制可能。因此，接任总统的中国驻外大使应排除驻日、驻印、驻俄、驻美大使（驻英、驻澳大使也不适宜，这两国都比较亲美疏华），首选驻法国大使，次选驻德国大使，再次选择驻加拿大大使，第四选择驻巴西大使，第五选择驻意大利大使，然后以此类推直到有人可以接任。

如果总理在内的全体内阁成员皆死于袭击或意外，则副总理和各部副部长接任之。若副总理或某些部副部长也死亡或无法就任，以及中国国内处于特殊事态，同样仿总统继承例，由驻外使馆高级官员（如公使、武官、参赞等）兼任总理及各部部长，并由幸存的相关部委或下属机构的成员协助处理专业领域事务。

如果"人民议会""专家院""联合院"这国会三院成员集体死亡，则由各地方选区、各政党、各专业领域、各身份群体选举或举荐人员递补之，并在安全和合适地点重新召开国会会议、复行运作。而其他国家机构及成员，如军事中枢机构及成员、最高法院和法官、监察和考试机构及成员等，也照此安排。除了国家机构，中国最为精华的高校、科研机构、新闻媒体及其人员，也需要有类似的"备份"安排。以上各机构和人员也都应有海外的"备份"，如留学生和中国国籍或外籍的华人学者就应担起中国发生极大意外后重建中国教育和科研的重任。

除了以上措施，为避免国家政治核心成员集中在一个城市被"一锅端"，还要设立若干"陪都"和"预备首都"，并做好国家政治中枢的"备份"。民主中国应有一个首都（如前所述，武汉最宜）、三个"陪都"（可为昆明/贵阳、太原/济南、南昌/合肥）。之所以不选择南京、西安、成都、广州等区域大城，是为了防止政权的区域偏向和地域势力坐大，以及导致的各种地域矛盾），以及至少十个"预备首都"（相对均匀分布于少数民族自治区和港澳台之外的全国各地，且相对易守难攻）。在平时，部分国家机构及成员在"陪都"办公，副总统、副总理每年各超过180天都不在首都，其中至少90天在"陪都"，并工作和居住于可以防备核武、生化武器及其他杀伤工具攻击的安保设施中。而位于首都和其他重要城市的政治核心成员、高级学者、高校和科研院所师生、其他重要人士乃至平民大众，也应经常进行疏散演练、随时做好疏散到全国各地的准备。知识分子和青年学生是国家的精华，这些人得以幸存，就保留了民族的元气、埋下了复兴的希望。在首都遇袭且不能正常发挥首都职能情况下，经过幸存的政权成员协商，可于若干"预备首都（不包括'陪都'）"中选择一处作为"临时首都"，发挥统领国家的地位和职能。

如果中国境内各地都处于极端恶劣和危险的状态下，甚至发生极大的灾难（如核武、生化武器及其他更具威力的武器大规模袭击，疫病和气候灾变全面爆发），那逃离陷入灾难的中国领土的国人，可在国外建立"临时首都"（仿日本殖民时代韩国民族解放人士在上海和重庆建立的流亡政府、波兰反侵略者们在伦敦建立的流亡政府），地点可选择巴黎、柏林、罗马等城市。而幸存的国人也应该尽全力重整旗鼓，再造中华。中国人民尤其汉族人民，应该"像水一样（BeWater）"，遭遇打击仍然坚韧，并随时能够散而复聚、复兴民族。只要中国人、汉民族还有一个人存活，民族就不会亡，也一定要拨乱反正、让中华重新屹立于世界民族之林。

对于以上这些预防政权核心成员集体死亡乃至更大危难的预案设计，会有人不以为然，认为是过于谨慎乃至受害妄想。但对政治斗争的残酷略有了解的，就知道这些预案一点也不多余。

在历史上，由于统治集团被"一锅端"，导致政权覆灭、国家沦亡的例子，中外皆有不少。如北宋"靖康之难"，金军突袭北宋首都汴梁（开封），北宋徽钦二帝在内整个皇室和中央百官几乎全部被俘或死难，只有正在出使金国半途中的康王赵构幸免。汴梁沦陷后，宋朝在北方的统治迅速瓦解、勤王军队四散。若没有赵构在岳飞、宗泽等人扶植下继位、重建朝廷，淮河以南也会迅速沦陷。而北方尤其都城汴梁被金军蹂躏，及后来一百多年的混战，让中原地区十室九空，经济崩溃文化毁坏，此后的黄河流域再不复从前繁荣。而如果徽钦二帝在都城陷落时有一人在外，部分百官也提前离开，或其他城池另有一套可靠官员班底，北宋很可能就不会灭亡，金军的突袭也可能像与辽国缔结"澶渊之盟"那样化解。如果这样，东京汴梁的繁华就不会一去不返，"造极于赵宋之世"的华夏文化或许也能免去后来的劫难。

而明代燕王朱棣反叛建文帝朱允炆的"靖难之役"，又是国家中枢被捣毁后政权灭亡的前例。燕王朱棣在燕京（北京）反叛后，率燕军一路南下，路途并不顺利，多次被迫绕开难啃的城池。燕军即便夺取城池，也因兵少而弃地不占，只一路向都城金陵（南京）前进。一般而言，这种孤军深入几乎不可能一直胜利，即便连续胜利，也不可能将占有广阔领土的对方政权消灭。但由于朱允炆及大臣的各种错误决策，尤其是在燕军逼近金陵时未有预备，结果燕军由叛徒引入金陵城中，朱允炆自杀身亡（一说失踪），朝臣百官非降即死，政权更易，全国各地则在中央政权更替后归顺朱棣。而直到金陵城破时，全国除燕京等少数地方被燕军控制外，绝大多数地方包括战略要地皆在效忠皇帝朱允炆的官员和军人手中。如果朱允炆及时离开金陵，或者让亲近自己的弟弟带着自己年幼的孩子离京，再让一部分朝臣跟随，足以割据一方甚至反攻金陵，"靖难之役"的最终结局完全可能是另一个样子。

而在外国历史上，因首都被突袭或攻占导致政权覆亡乃至国家民族沉沦灭亡的例子也有许多。如地中海南岸的迦太基，其繁荣和实力曾于罗马相当。但罗马通过三次布匿战争，尤其第三次布匿战争中使用诈术攻克迦太基都城，最终让这个实力一度不亚于罗马的强国从历史上完全消失。而西班牙殖民者皮萨罗率 100 余士兵生擒印加国王阿塔瓦尔帕、灭亡印加帝国的过程，更展现了"斩首行动"可以极小代价和极高效率征服整个国家和民族。

以上几例还是在科技不发达乃至基本没什么科技的古代发生的。而进入近现代，随着科技发展，军事、交通、通讯的形式皆有了质的改变。"百万军中取上将首级"在古代只是夸张的文学加工，而 19 世纪后半叶以来已成为写实。亚历山大二世、斯托雷平、宋教仁、斐迪南大公、犬养毅、圣雄甘地、肯尼迪、马丁路德金、英迪拉·甘地、拉宾等人的遇刺，都对所在国乃至周边地区和世界历史产生了巨大影响，也反映了热兵器时代刺杀政要的相对容易。

而"斩首行动"除了对个体政要的刺杀，还有对一国领导层的整体消灭或拘捕。例如苏军 1968 年入侵捷克斯洛伐克，即是通过派遣特种部队空降首都布拉格，逮捕捷共领导人杜布切克及其他改革派人士，终结了"布拉格之春"。而苏联在 1979 年发动的另一场入侵战争--入侵阿富汗，同样使用了类似战术，特种部队攻入首都喀布尔的总统府，杀死了阿总统哈菲佐拉·阿明及其家人和亲信（而阿明此前也曾主导政变、杀害前国王和总统达乌德一家、清洗了前政权的右翼高官，后又杀害政变另一主导者塔拉基及其亲信，且同样均采取了"斩首"式手段），开始了苏联对阿富汗长达十年的占领和战争。1980 年代的美国，也通过类似方式迅速控制了格林纳达和巴拿马。而以色列使用过成百上千次的对敌方控制区的"定点清除"行动、多次突袭外国防备森严的军事重地（如突袭乌干达恩德培机场解救人质的"恩德培行动"、突袭伊拉克核设施的"巴比伦行动"），都展示了现代科技加持下"斩首行动"的威力。民主中国虽是大国，但时代发展下科技越是发达，小国越是有"以小搏大"的能力，其他大国也有"斩首"民主中国领导团队的动机和手段。

除了内外敌人和潜在敌人的侵害，意外灾难/事故也可能沉重打击民主中国政治核心成员、动摇国本乃至改变国家命运。古希腊雅典著名政治家伯利克里，在雅典与斯巴达对战的伯罗奔尼撒战争的关键时期，感染瘟疫死去，而后继者改变了其政策，成为雅典在战争中失败的原因之一；马其顿国王亚历山大大帝，通过一系列东征西讨，建立了世界最庞大的帝国之一，但其病死后帝国旋即土崩瓦解；而近现代，1945 年美国总统富兰克林·罗斯福之死，也被认为对后来美国对华政策、中国历史走向、美苏关系、远东局势，产生了重大影响；2010 年，波兰总统莱赫·卡钦斯基带领一众军政高官乘飞机参加"卡廷事件"纪念仪式，途中飞机坠机，数十名政府部长、国会议员、军队将领遇难，对波兰政坛产生了强烈冲击。

根据这些惨痛或震撼的历史教训，民主中国必须保证政权的生存、权力相继的稳定、政治传承的连续，避免发生因暴力袭击或意外灾祸导致"人亡政息"乃至政权覆亡的悲剧。保卫民主中国政治核心成员（总统、国会议员、内阁总理和部长）的存活（或发生意外后有后继者），就是保卫民主政权，就是保卫国家利益和人民幸福。保卫政治核心成员的安全，也是杜绝政治暴力的手段。对于政治核心成员的罢免，只能采取正当的、非暴力的手段，而不能变成如中东、南亚、非洲那样依靠暴力如政变和暗杀进行政权更迭。

因此，我才设计了前述的那些对总统等人遇刺的应急预案，以及对国家机构的"备份"安排。生存是第一位的，一切发展都要建立在生存的前提下。我们当然不应为政权生存而不惜一切代价，但是也不应该轻忽政治核心成员被害或被控制对国家的极大冲击、对中国民主事业的破坏、对中华民族生存发展的危害。妥善安排好政治核心成员继承者，确保权力在紧急状态下也能有序交接，让民主中国的国家机器在绝境中也能保持运转，国家才能长治久安，人民也才有所依靠，民族才能在时代的惊涛骇浪中屹立永存。否则，在暴力或意外的毁灭性打击下，民主中国的政治制度设计再精妙、实际运转起来再顺利、人民生活再幸福，都会迅速灰飞烟灭，曾经的美好就像被巨石砸中后的瓷器碎片那样，成为悲剧的注脚。

民主中国的外交政策和国际参与

从古代至近现代及当今中国外务史概括与经验教训；全面对外开放和融入世界、基于人权高于主权原则对待国际事务、兼顾国家利益和国际责任、实现国际正义与促进世界融合

外交是内政的延伸，民主中国的外交政策和国际参与，既关系到中国国内政治制度和政策的运转和效果，也影响乃至决定着中国

的外部环境、国际秩序的变动与重塑。因此，民主中国的外务，也需要做提前的设计。

纵观从古到今的中国外务史，中国的对外政策既有开放包容的一面，也有排外自守的另一面。从商周至秦汉，中原文明通过武力扩张和文明浸染"双管齐下"的方式，同化了周边许多部族，将更多地区容纳入汉文化的主导与中原王朝的辖治之下。而从周王室"封建亲戚、以藩屏周"，到齐桓公的"尊王攘夷"，逐渐构筑并巩固了华夏文明圈，让蓟辽以南、函谷以东、汉水之北、蓬莱以西，免于缺乏德行礼仪的"披发左衽"异族侵害。而对于更外部的区域，有邦交也有征伐。从汉代开始，逐渐形成了以中原王朝为核心的朝贡体系，中原王朝成为东亚的主宰者，既四面交兵，又对外开放，也形成了更清晰完整的"华夷之防"。而汉代也可称为中国第一个古代式民族国家，其对外政策已表现出"举国一致"的特征，以民族整体利益来处理外务。

而隋唐时期，则是多民族共存、多元文化并举，对外政策相对更加自信、开放、包容，"华""夷"界限不甚分明，唐王朝成为世界的贸易与文化中心之一。它承袭并进一步发展了汉代建立的朝贡体系，并将之从东亚延伸至中亚和青藏高原。但与汉王朝类似，唐王朝在对外开放交流的同时，也频繁与外部乃至内部的异族发生血腥的战争，并从开国一直延续到灭亡。

而到了宋代，因为武力的孱弱和周边政权的军事政治能力的强大，对外政策趋于内敛，由隋唐时期的多元文化并存重新变为单一的汉文化主导。但相对于对北方和西侧的封闭防御，宋代在南方却开辟了更多对外交流路径，尤其是海上丝绸之路相较唐朝更盛许多。元代的中国则是蒙古帝国的一部分，被动的参与了由暴力铸就的特异的"全球化"。

以上这些时期，中国/华夏/汉地的对外态度整体上都是相对开明、进取、包容的。而此后的明代和清代，中国的对外政策则发生了巨大改变。明代中国是一个比宋代更加内敛的时代，它更重视经营中国内地/本土，而对外部交流相对缺乏兴趣，基本切断了持续千年的中国和西域及更西地方的密切交流（当然交流还有，但是相对汉唐元各朝，已大大减少），对周边则是采取"羁縻"而非直接控制。虽然有"郑和下西洋"的壮举，但那更多是政治目的、使用的是政府主导的行政手段，而非自发自由的经济贸易交流。"厚往薄来、倍偿其价"的"赔本买卖"，当然不可持续。而倭寇的犯境，让重视北方边防而轻视海防的明王朝开启了"海禁"政策，让国家更趋封闭。不过，到了明朝中后期，由于江南资本主义的萌芽和倾启蒙思想的兴起，明王朝逐渐放弃了"海禁"政策，重新打开了国门。明朝水师在福建金门料罗湾击败荷兰入侵者（料罗湾海战），就是明朝在海防问题上转守为攻的标志，中央帝国即将重新走入世界舞台的中心。

但满洲人的铁蹄终止了这一切。满清政权摧毁了明王朝及李自成、张献忠等政权后，就着力经营中国大陆，并控制了蒙古、新疆、西藏。它为了政权的稳固，一方面在大陆和边疆部署重兵防备和弹压反抗，另一方面则实行远比明代严厉的"闭关锁国"政策禁制外海交通。对满洲贵族而言，拥有上亿人口的中国本土已足够其剥削压榨，而不需要再向海洋扩张。相反，海洋文明开放进取的特性，以及海外复杂的政治军事经济形势，对满清的统治是极大的威胁。满洲贵族集团不仅在物理上与外部隔绝，也严密禁制西方及其他外来思想和技术的传播。"马戛尔尼使团"在中国遭到冷遇，就是"闭关锁国"拒斥西方文明的典型事例。也正是因为满清的"闭关锁国"及对内的"文字狱"与镇压，导致中国与西方的启蒙运动、欧洲政治革命、工业革命无缘，成为中国长期落后西方的最重要的直接原因。

直到鸦片战争的隆隆炮声响起，清王朝才不得不打开国门，逐渐融入世界市场和近代国际秩序之中。但由于融入太晚，以及更重要的为维护统治集团自身利益，而在外交上经常做出既狡诈野蛮、又猥琐蠢笨的行径，导致清王朝不仅不能像汉唐那样成为国际秩序或起码区域秩序的主导者，反而成为列强的半殖民地，主权丧失、国疆沦丧。清王朝在具体的外交举措上也常常进退失据、一片狼藉。如晚清驻英公使郭嵩焘的评价："吾尝谓中国之于夷人，可以明目张胆与之划定章程，而中国一味怕。夷人断不可欺，而中国一味诈；中国尽多事，夷人尽强，一切以理自处，杜其横流之萌，而不可稍撄其怒，而中国一味蛮；彼有情可以揣度，有理可以制伏，而中国一味蠢，真乃无可奈何。"两次鸦片战争、"义和团运动"和后续的"八国联军侵华"中满清政府的所作所为，就充分表现了这些特点。

更可耻的是，满洲贵族为维护统治，在涉外问题上不断出卖国家利益和人民利益，"量中华之物力，结与国之欢心"，亿万两白银和税款、数百万平方公里的国土和丰富资源、四万万中国人民的生命和血汗，成为满洲贵族向列强献媚的贡品。

满洲贵族的这些行径，一方面的确令其得到列强支持而"续命"，另一方面却激发了被满清和列强双重殖民剥削的汉族人民的愤怒与反抗。"满朝中，除媚外，别无他长。俺汉人，再靠他，真不得了！好像那，四万万，捆入法場……替洋人，做一个，守土官长；压制我，众汉人，拱手降洋"，革命家陈天华所书的《猛回头》，就是对列强和满清双重殖民压迫的悲愤控诉。也正是在这样的背景下，满清治下的各族人民尤其汉族人民，发起了一系列可歌可泣的革命运动。

清王朝虽然也有一些外交成就，如在两次鸦片战争后开始学习近代外交规则、利用西方技术发起"洋务运动"等，还有如李鸿章、曾纪泽等有才能的外交家的折冲，但只是为朽败的清朝外交做了些裱糊而已。到了清王朝的最后几年，其在一系列外交亏输后终于下定决心改变，传统的"总理衙门"也改成了现代化气息浓厚的"外务部"，还安排大批满洲亲贵和汉族精英留学和出访西方及日俄，包括临终的那拉氏（慈禧太后）都试图出访西方，对西方的学习也由技术增进到制度和文化，外交也由"天朝上国"观和半殖民地立场转向现代民族国家基于"条约体系"的主权外交（虽然其根本目的仍然是为了维护满洲贵族的统治和利益，而非清国国家利益和百姓的权利民生）。但这些改革还来不及取得多少进展，辛亥革命就敲响了清廷的丧钟。

而推翻满清的中华民国，则在融入世界、参与国际事务方面，取得了虽不完美但仍颇为巨大的成就。相对于满清的闭关锁国和被列强支配，无论是北洋政府还是国民政府，民国政权都积极参与国际事务、争取外交支持、维护中国国家利益。

在传统历史叙事中，北洋政府被视为腐败软弱的象征。例如很多人以袁世凯政府签署"二十一条"（其实最终签署的只同意了其中一部分条款）等批判北洋政府，但那只是片面的事实。其实，北洋政府在自身实力许可的范围内，仍然有效维护了中国国家利益。如参与一战、争回山东权益；出兵库伦（乌兰巴托），一度收复外蒙；利用"西原借款"，既未出卖主权还发展了经济（最终连款项都没还）。至于说对列强尤其对日本软弱，并不是完全的事实。即便有所退让，也是不得已为之。

而国民政府的外交成就则更多更大。广东国民政府本身就是在争取到苏联的大力支援下成立的。不像一些人士认为的国民政府是"苏联在中国扶植的傀儡"（但是某种程度是苏联在华利益的代理人），其实苏联的援助并未严重损害民国主权，民国反而非常有效的利用了苏联及苏援实现了民族独立。

在苏联的援助下，国民政府对内铲除各路军阀、实现国家名义上的统一和局部的实质统一，并推动三民主义革命；对外遏制了日英法美等列强的进一步殖民。而国民政府定都南京后，又改善了与英美的关系（与法国、荷兰等其他列强也保持了友好关系），后来又和纳粹德国建立了紧密的合作关系，只有对咄咄逼人的日本采取了对抗（且也是相对有理有节而非倨恭蛮干）。抗战爆发后，国民政府成功争取到了美国、苏联、德国及其他诸多国家的支持，这些外援让弱势的民国坚持抗战成为可能。从苏联派遣援华航空队到美国飞行员冒着死亡风险维持驼峰航线，虽然有苏美维护自身利益的动机，但也和民国政治外交英杰的折冲樽俎密不可分。在抗战胜利前后，中国还成为联合国的创始国和安理会常任理事国，成为与美苏英法并列的"五大国"之一，标志着中国在历经"百年国耻"后又成为世界强国。

诚然，民国时期中国仍然被列强侵凌，尤其被日本侵占大片领土，在外交上也时常被各大国利用。但民国政府在涉外问题上已竭尽全力，国力不济下所做已相对很好，无法苛求完美。还有，民国政府外交中尤为值得称赞的，是其非常善于利用现代国际规则，外交行为有理有节（尤其相比满清和中共在外交上的胡搅蛮缠），并积极融入国际社会和参与构建相对平等包容的国际新秩序。如果国民政府在内战中胜利或国共实现和平，以中国的人口领土资源地位，完全可以以五大国身份跻身列强，20世纪后半叶将是中美欧三方主导的民主、进步、文明的新世界。可国共内战中中共的胜利，让国府只能偏居台湾岛这一隅，虽仍长期拥有联合国"五常"之一席、在 1990 年代之前一直以"中国"代表身份保持与大多数西方国家的外交关系，但份量早已丧失，中国大陆的代表权完全落入中共手中。

而中共建政后，将国民政府的外交全盘推翻，另起炉灶。建国初期，中共政权实行"一边倒"的外交政策，在断绝与美国等西方国家外交关系同时，全面倒向苏联为首的"社会主义阵营"，还参与了对抗美国和整个西方世界的朝鲜战争。这种"一边倒"和参战输诚，固然让中共中国得到了苏联的各种物质援助和非物质支持，但也让中共中国和西方在很长时间内决裂，导致中共中国被孤立，中国大陆民众与西方的联系交流几乎完全被切断。

而中苏同盟并未维持太久，1950 年代末至 1970 年代，因为中共和苏共争夺社会主义阵营领导权、毛泽东个人的好恶与随意性、中国与苏联的国家利益矛盾、极左外交思潮的冲击等，中苏决裂（同时也意味着中国和苏联大多数盟国关系的破裂），两国一度兵戎相见，险些酿成大规模战争。而当时中国还与西方对立，又与印度等第三世界国家不和，中苏决裂导致中国陷入空前的国际孤立。而文革初期的极左外交政策和"红卫兵"暴民对外交工作的破坏（所作所为与"义和团"惊人相似，如红卫兵火烧位于北京的英国驻华代办处，就是当年义和团攻击各国使馆的再现），更是让中国外交雪上加霜，外务工作几乎完全停滞。这时中共的外交举措和后果，与郭嵩焘批判的愚蠢悲哀的清王朝外交有着惊人的雷同。

1970 年代，面对内外交困的恶劣局势及造成的政权统治危机，毛泽东不得不在外交上做出重大转变和妥协。首先，毛泽东选择与意识形态上的敌手美国改善关系，先后邀请基辛格和尼克松访华，并于 1972 年实现了中美关系正常化。而同时，中共也放弃追究侵华责任和战争赔款，乃至发表"感谢日本侵华"的极端亲日言论，换取日本对中共政权的支持，在田中角荣访华后实现了中日邦交正常化。稍早，中国也在美日的默许和欧亚非拉多数国家的支持下重返联合国。

1970 年代前期，中国密集的与西方各国及亚非拉许多国家建交，不仅和英德（联邦德国）意荷比等"资本主义/帝国主义"中的民主国家建交，还包括与西班牙佛朗哥政权、智利皮诺切特政权、阿根廷魏地拉政权、巴西军政府政权、希腊军政府政权等一系列右翼独裁政权建交及维持邦交关系，哪怕这些政权都沾满了左翼革命者的鲜血。而更早些的 1967 年至文革结束后，中共和毛泽东也对印尼、柬埔寨等国左翼华人（包括一部分有中国国籍的侨民）被残杀，及其家属被株连、杀戮、强暴等悲剧不闻不问，甚至有意切割，哪怕这些华人曾大力支持中共统治的中华人民共和国、对毛泽东本人也颇为崇拜。毛泽东和中共这种对海外华侨华人的"始乱终弃"，和其对国内各群体的背信弃义，是遵循的相同逻辑，也都反映了毛和中共的道德沦丧。

很显然，中共政权和毛泽东本人，为了政权的存续，宁可放弃国家和民族的利益与尊严，也不在乎意识形态的敌对、无意捍卫共产主义的理想和"社会主义阵营"的利益，更无视包括中国公民在内的海外华人华侨的生命与利益，以高度实用主义的态度处理外交事务。这些行径反还反映了毛泽东及整个中共统治集团不仅没有普世人权观念，也没有中华传统道德中基本的仁爱诚信品质和责任意识、社会主义兄弟情谊和革命人道主义精神。毛泽东及中共各核心成员皆背信弃义、毫无廉耻，整个中共也是无耻堕落的统治集团。

（在对待同胞和革命同志兄弟、坚持政治原则和正义方面，苏联、东欧各国（包括最弱小的阿尔巴尼亚）、古巴、朝鲜，都胜于中共。苏联为抗议拉美右翼军政府屠杀平民，抵制在智利等地的体育赛事；东欧和古巴也都参与抵制，以及对他国尤其资本主义专制独裁国家革命者鼎力相助；阿尔巴尼亚霍查政权积极捍卫海外阿裔利益、为之发声和提供援助；连被世人认为最独裁肮脏的朝鲜金家政权，都曾对全斗焕制造光州事件表达愤怒、拒绝与全斗焕领导的政府进行和谈。而杀人如麻的波尔布特红色高棉，虽对高棉族在内的各族皆血腥杀戮，但在屠杀中也是对越南裔和华裔相对更为残暴，而非宽容他族专杀己族）

毛泽东去世后，邓小平启动了对外开放政策，彻底停止了"输出革命"，全面改善中国与世界各国的关系，尤其是极为积极的与美国、日本亲近，中国与外部的经贸、文化、政治、学术交流皆十分活跃，中国以前所未有的速度融入世界。当然，与 1978 年后对内改革只是恢复经济民生常态类同，同时期的对外开放，也只是毛泽东时期"闭关锁国"后外交常态的恢复，本不值得多少赞誉。不过，那时的中国终于在长期闭锁、四面树敌的状态中走出，终究还是值得称赞的（只是这样的称赞应该给予好奇外部世界、渴求新知识与新思想、追求国家强大和个人富有、向往现代文明的中国人民，而非自私自利、见风使舵、虚伪狡猾的中共统治者）。

但 1989 年六四事件后，中国在经济上继续融入世界（并于 21 世纪初全面融入世界市场）的同时，在政治、意识形态、思想文化上重新趋向封闭自守。而在外交政策上，邓小平提出"韬光养晦"

的战略方针，即专心于国内建设与经济发展，在涉外问题上谨慎小心、"绝不当头"。

一方面，中共为对抗西方、防止西方的人权和民主思想渗入中国，因此明里暗里鼓吹反美反西方思潮，以"爱国主义"之名行封闭保守之实；另一方面，中共在实际操作上尽可能不得罪美国及西方各国，甚至通过各种妥协退让换取西方对中共政权存续的支持。这其实变相延续了 1970 年代前期以来毛泽东的外交政策，即放弃革命理想、完全拥抱现实，一切外交活动皆为中共政权存续和统治集团利益服务。

而江泽民、胡锦涛也基本延续了这样的理念和实践。江胡时期，中国成为欧美日乃至港台等发达国家和地区的原料产地、劳动工厂、倾销市场，以出卖国民权利福利、国家利益（正常国家的国家利益，核心即是维护国民权利），换取经济发展及西方对中共独裁统治的支持（虽然即便如此，也仍然好于毛时代的闭关锁国、计划经济，也比更加残酷的干部对人民、工人对农民、城市对乡村的剥削压榨相对"不坏"）。欧美日港台社会的繁荣和其民众的富足舒适，离不开中国大陆百万以上血汗工厂的日夜运转、数以亿计麻木如机器人般劳工的辛劳和伤残。

而这段时期（尤其 1990 年代的十年）在华的外国及港澳台公民，享受着"超国民待遇"，拥有各种或明或暗的特权，中央还地方政府对他们的服务殷勤热心，俨然是中国大陆人民之上的"人上人"。而同时的中国大陆民众则遭受着残酷剥削压榨，政府对待农民阶层等弱势群体更是如待鸡鸭猪狗。这样的现实，对比中共官方宣扬的维护国家利益和民族尊严、弘扬爱国主义精神等说辞，是极大的讽刺，反映了中共的谎言、谄媚、双重标准、厚颜无耻。

中共中国在国际政治上则十分低调务实，也乐于参与美欧主导的国际秩序下的各种国际任务（如斡旋国际冲突、派遣维和部队、支持贫困国家扶贫开发），其履行国际责任的认真程度，明显超过对本国国民权利权益的在乎和维护程度。

　　"韬光养晦"政策一直持续到胡温执政结束，直到习近平执政后才有所改变。习近平执政后数年，开始在国际上采取更多攻势，试图扩大中共政权的影响力，鼓动民族情绪，增强其执政合法性。但由于其内政的失策和外部环境的恶化，习时代的中国外交连连受挫，尤其因香港和新疆问题遭到诸多国家制裁，在国际上的声势和影响反不如邓江胡温时期。而近几年一系列"闭关锁国"倾向的政策，如新冠后在对外往来方面的封锁、削弱英语教学和减少使用西方教材、鼓吹传统文化和抵制普世思想，都在阻碍中外交流、破坏对外开放。根据最近的情形，习政权大抵会放弃主动出击的"战狼外交"，而注重于防御外部对中国大陆的影响渗透。

　　而且，即便在前几年中共在外交上相对强硬时，也是为了中共政权自身而非国民的利益。例如中美贸易战时，美国特朗普政府就在谈判中强调美国工人、农民的利益诉求，而中共在谈判攻防中却从没有真正考虑过受贸易战影响的中国工人和农民的利益（或许谈判中有提及，但必然只是当做谈判筹码和迫使美方让步的借口，以达成中共自身的利益诉求），也从未征求国内各行业各领域中普通从业者对中美经贸谈判的意见。

　　还有一个非常值得提及的问题，即当互联网兴起、功能拓展、普及，并成为世界一体化的最重要工具后，中共政权建立"防火长城"，将互联网上的中国与世界隔绝开来，让中国人民生活在由中共控制的"局域网"中。这极大阻碍了中国人民对外部的了解和与世界的沟通，对于思想解放、公民自由、经济发展、科学研究、社会进步，都造成了巨大的阻碍、产生了严重的破坏性影响。中共对此声称是为维护"互联网主权"，实际上当然是为封锁舆论和维护统治。

　　中共建政七十多年来，其所有主要外交活动的根本目的，都是为了维护中共政权的统治、打造利于政权存续的外部环境。它既无视国际正义，也不在乎国家利益，也没有强烈的意识形态立场（除少数时期外），一切外交行为皆高度的实用化，有着极大的灵活性。

中共政权虽然涌现过不少杰出的外交家（如周恩来、黄华、乔冠华、钱其琛等），但由于中共政权本身的特性及统治者的立场，这些人只能局限在一定的框架下为中国争取一些权益，且更多是维护了中共的统治和在国际上的面子和生存空间，而非有利于中国人民和海外华人华侨的利益。

中共政权的外交活动，几乎从不真正关心在海外的中国公民和华人华侨的利益，尤其对平民和弱势的在外国人及华人华侨缺乏支援和保护。虽然中共政权在改革开放后逐渐与海外的华人华侨社团建立了固定联系，也有对本国公民的领事保护机制，但更多只是中共政权"统战"和约束国民的手段，服务效率低下甚至部分外交人员态度恶劣（虽然我个人接触的外交人员还不错），往往见人下菜碟（服务权贵而歧视平民）。中共政权的对外政策也从不将保护在外本国国民及华人华侨利益放在重要位置。而在任何正常国家，无论是民主国家还是专制国家，维护本国国民及有血缘和文化认同的在外侨胞，都是外交行为的重要目的。中共政权对在境外的国人和华人华侨利益的轻忽乃至无视，是非常可耻的。

根据以上所述的中国对外关系史，可见中国历朝历代的外交既有一些可圈可点之处，也有许多丑恶耻辱的行径。开放包容、积极进取的外交，是值得称赞和效仿的；闭关锁国、蔑视国家和国民利益的态度和行为，是需要批判和摒弃的。而未来民主中国的外交，将是既普世而又有必要特色的。

民主中国在对待涉外事务上，不仅要借鉴中国历史，还要放眼全球形势。

一方面，无论现在还是可预见的未来，国际社会仍然以主权国家为主要政治军事经济单位进行各种竞争与合作，对各国而言都需要维护国家主权和独立自主；另一方面，随着全球化的加深，包括世界经济贸易和信息往来的一体化、普世价值的传播、民主法治与公民社会在全球的兴起与成熟，以及如恐怖主义、流行病、气候危机等全球性问题的日益严峻，世界各国都需要遵从普世价值并密切合作，基于人权高于主权的原则行事，实现和发展全人类的共同利益。

基于以上因素，民主中国应实行独立自主与融入世界相结合的基本外交政策，维护中国国家利益和中国国民利益的同时，兼顾世界各国及全人类共同利益，维护世界和平、主持国际正义、推动国际合作，构建繁荣进步团结协作的新的世界形态与国际秩序。

对民主中国而言，人权与民主不仅是内政的核心，也是外务的原则。民主政权的存在，即是为了捍卫人的权利与尊严、保障民主政治的存在和发展。国家主权不应成为遏制人权的借口，相反应成为捍卫人权的手段。民主中国的外交政策和行为，要把维护中国国民和海外华人华侨的正当利益放在首位，且要一视同仁对待不同身份和阶层的同胞侨胞。民主中国在各国的大使馆领事馆及各种官方机构，应该尽责和和蔼的为中国国民、华人华侨、外国公民服务，为在海外的国人及侨胞提供力所能及的帮助，并接受同胞侨胞的监督。

在处理国际事务时，民主中国既要考虑到本国国家利益，也要重视其中涉及的人权与道义问题，要站在正义一方，要行有良知的外交。在各种国际博弈与投票站队中，都要充分考虑事情本身的是非曲直及涉及到的人权问题，不能为国家利益乃至执政党派利益而作恶、助恶、放任恶。如果国家利益与人权道义相冲突，要尽可能寻求折中的方案，不能为本国利益而不顾他国人权与正义。

在其他国家发生侵犯人权的事件后，民主中国应予以适当关切，并为受侵害者提供必要的帮助。对于受到专制压迫、种族清洗、暴力破坏的国家，中国应支持被压迫人民的反抗斗争，适当接纳相关的移民难民。中国也应对其他所有国家真诚的、进步的、清廉的官方与民间机构提供各种支持，建立基于维护普世价值观与追求社会正义的国际大同盟，促进国际性的劳工、女权、LGBT 群体、身心残障者等弱势群体的权利运动，推动全球各国的民主、法治、正义、平权事业，共同解决贫困与腐败、跨国犯罪、恐怖主义与极端主义、气候灾变等全球性问题。除以上问题，中国也应注重更加远景的议题（千年甚至万年计的议题），如与世界各国一道，推动太空探索和星际交通事业，筹备和订立地外太空和星系的规则与契约，为人类拓展更多生存空间和规避一些地球可能遭遇的且难以阻遏的灾难（如气候变暖到地球大部分地区皆无法生存、地球资源完全枯竭，或其他全球性灾难），以保障中华民族和人类的永续生存发展。

民主中国应该在维护主权和利益的前提下，以最大的诚意和力度融入国际社会，清除一切阻碍对外交流的壁垒，对外全面开放，尤其要向发达国家学习，以及和世界各国一道，建设一个国与国、群体与群体、人与人联系与合作更加紧密的新世界。中国也要在各种价值观、制度、法律、模式上与世界发达进步国家与国际组织看齐接轨，以期尽快改变与世界文明脱节的落后面貌。对于世界各国尤其欧美发达国家的各种优良的制度、文化、模式、创造，皆要勇于"拿来"和"为我所用"。民主中国也应诚挚欢迎世界各国的仁人志士、热心志愿者、官方与民间组织前来帮助中国或与中国合作，推动经济发展、思想启蒙、体制革新、民权平权等，促使中国的现代化、文明化、国际化。

例如，专制中国下，皮尤研究中心这样的世界权威统计机构很难在中国开展工作，导致中国的各种国计民生信息非常不真实或干脆就是空白，成为世界数据与统计方面的黑洞，严重阻碍对中国国情的认知、不利于对各种黑暗与不公正的暴露及相关问题的解决。而民主中国则一定要完全放开国际机构的调查统计，并将中国各种数据的统计理念、口径、方式、结论与国际接轨，让中国政治经济社会的方方面面都通过统计数据显示在众目睽睽之下，以实现对黑暗与不公的揭露、关注、批判、解决。

同样，民主中国也要反哺国际社会，派遣人员学习发达国家的制度、思想、技术，以及帮助更加落后国家发展进步。中国也应该推动世界各国的交流与经济文化融合，让各文明各国家各族群优势互补、在普世文明基础上合作共赢。

民主中国应积极利用联合国等国际机构的平台，扩大联合国等国际机构的职权和影响，包括让渡一部分国家主权以强化超国家机构的权力，致力于将联合国等国际机构变成如欧盟那样的超国家联盟，并依托这些机构将世界构建为多元一体的政治经济文化社会共同体。

在这样的基础上，民主中国要改变世界各国政治经济发展的不平衡、国际贫富差距和话语权差距悬殊的状况，联合世界各国应对各种全球性的挑战，推动和平安定、公正透明、均富和谐、普世文明的国际新秩序的建立与发展。中国作为世界大国强国，不应霸凌剥削小国弱国，相反应积极主持国际正义，调停国际争端，做负责任的领袖国家，为世界和平与公正做出表率。

政治制度设计综述

基于人民主权、科学理性、扶弱平权、折中调和、小域自治这五个原则和方向设计与运转；政治设计的局限与制度的脆弱、未来实践中基于"共同的底线"做出适当修正（以及极不得已时进行大幅改易）的必要性；当务之急是结束专制、开启民主化，而后民主政治制度才能付诸实践

以上所有内容，即是我对于民主中国的政治制度设计，其中还夹杂有对民主中国各种政策与理念的设想、建议。

我认为，民主中国的政治制度，应该基于人民主权、科学理性、扶弱平权、折中调和、小域自治这五个原则和方向，进行设置、运转、完善。

民主中国第一要义当然是民主，政治制度设计必须保障权力由人民授予、受人民监督、被人民约束。所以，总统和各地行政长官、中央和地方"人民议会（下议院/众议院）"必须由全民/当地居民普选产生，人民也可以通过直接和间接方式更换、罢免各级行政长

官和议会议员。在议会成员组成和选举设置上，尽可能包容不同意识形态、不同身份、不同党派、不同立场的群体和个人，实现政治多元化与包容性。而立法（决策）、行政、司法的权力分立和制衡，行政权由总统和内阁分享，也避免了一党一派乃至一人垄断政治权力，确保民主宪政体制的实在与存续。而基于市-县、乡-村两个层级的自治，也让人民可以直接参与民主、决定与自身息息相关的各项事务，让民主更加切实。

民主中国的治国理念，应建基于理性之上；而具体的政策措施，则应将科学融入其中。从恢宏壮丽的古罗马古希腊文明勃兴，到启蒙运动、工业革命、欧洲政治革命（三大革命）的文明重光与开拓，再到科技革命下全球化与互联网时代的到来；从先秦诸子百家争鸣、论理倡道，秦汉开疆建制、订立法度仪轨，宋明格致求理问心，到清末民初"自强求富""民主科学（德先生赛先生）"，再到改革开放后"科学技术是第一生产力"和"科教兴国"，无论古今中外，理性和科学都是文明建构、制度营造、经济发展、思想解放、社会革新、民生改善的基础与动力。而反智、迷信、非理性，就会造成如欧洲几百年狂热的宗教战争与中世纪那样严酷的高压专制、伊斯兰世界在最近数百年封闭自守和极端化倾向下的沉沦败坏、中国清末太平天国和义和团动乱那样的有破坏无建设的历史悲剧。而最近数十年的中国，从毛泽东时代工农业"跃进"和文化大革命的癫狂、对科学家的批判乃至科学本身的否定，到当今中共政权在新冠防疫中的种种反科学反人道行径，也都对民权和自由造成了极大损害。

而未来的中国与世界，是超工业化的、高度信息化和智能化的，必将更加依赖科学，也更需要理性主义稳舵护航。想要发展经济、促进民生、保卫民主法治，都需要利用好科学技术，并在治国中务实、求真、理性，避免重蹈历史上的各种反智灾难。

所以，我特意设置"社会自然科学院（专家院）"并赋予其巨大权力，以及在关于建设民主中国的各种具体政策建议中强调科学理性的重要。我在司法制度设计中对于大法官权力的限制，同样是为避免反智和违背时代潮流的法律人士为所欲为。而我所设计的整个政治制度，也是基于理性主义的价值观念和逻辑思维而建构的。

民主中国，应是全体人民共有的中国，是平等博爱的中国，是人民大众都能得其福祉的中国。如前所述，无论任何时代，人类都患不均、忧不安，各种丑恶与罪行，往往也都发端于不公与恐惧。而中共政权及中国历史上各个朝代的统治阶层，其最大罪恶皆是欺压百姓、鱼肉人民，而权贵则作威作福、享乐无极。而不公与恐惧的受害者也不止弱势群体，在互害社会中即便既得利益者也会惶惶不安，害怕沦落下层和遭到反噬报复。人与人之间充满仇恨和不信任，暴力和谎言盛行，社会恶性循环，最终全民都会不同程度受害。

而民主中国若想得到人民拥护，也必须要让人民尤其平民大众切切实实的感受到自己在民主进程中得到的好处。"民惟邦本，本固邦宁"，平民大众是"民"的主体，也是民主政治的源泉与根基。如果民主中国的体制和法律只是少数精英的玩物，人民也不会再热情参与政治，乃至被极端势力煽惑，民主政体也不可能稳定运转。

更根本的，是"人人生而平等"，人的平等不仅限于人格、法理、权利领域，还要保障所获物质与非物质（如所获知识与信息的数量质量多样性、所处自然和人文环境的优劣与参差）的相对均等。对于因为生理和心理、外部条件等原因处于弱势的，也应该以平权手段予以补偿。只有这样，"人人生而平等"才不是空话和虚幻，而是真切的现实。还有，人类社会本质也是丛林化的，人与人之间的各种冲突、压迫、伤害普遍存在，这既是人与人权力、人脉、金钱、体格、知识不平等所致，也会加剧现实的不平等。只有通过法治和平权，包括强大的公权力和公共暴力机器，打击各种违法犯罪和遏制各色不道德行为，人与人的平等与社会和谐才能得以实现、维持、拓展。

所以，民主中国应该高度重视平等和安宁。我们要在坚持市场经济、尊重私有财产的前提下，通过各种措施，如征收累进直接税、教育资源均衡化、免费医疗、兴建保障房、养老育儿社会化公共化，以保障基本民生、促进社会公平。而国家还要扶助劳工、农民、女性、残疾人、LGBT人群等弱势和少数群体的维权与抗争，并提高其自组织能力。国家还要强化治安、促进司法公正，对国家权力和权贵精英多加约束和监督，尤其要打击对弱势群体的剥削欺压，更要打击利用弱势者弱点的违法犯罪行为，维护社会正义，保障人民尤其弱势群体免于恐惧。其他还有许多措施，在前面章节已有阐述。

而我设计的"联合院"中包含各少数/弱势/特殊群体代表，即是出于增强弱势群体代表性和话语权的目的。关于"人民议会"选举制度、中央地方关系结构的设计，我也都将保护弱势/少数群体的利益作为重要考量。在具体的政策建议中，我也将促进平等、帮助弱势作为重点阐述。

中国一些自由派人士往往对上述立场和建议不以为然。这显然是其过于恐惧"左"的意识形态、深受保守右翼思想影响所致。可现实里，即便是欧洲的右翼、美国部分右翼，也都认可了基本社会保障和促进公平的重要性。即便民主中国不愿走西欧北欧左翼的社会民主主义道路，那属于保守右翼的新加坡的制度和政策是否应该接受呢？如建设"组屋"避免人民被商品房房价压垮和成为"房奴"、公共化养老育儿，以及对涉及伤害弱势群体的犯罪加码重罚，是高度信奉自由市场与法治主义的李光耀-李显龙政府的作为。还有我前面所述的撒切尔也提到"梯子与安全网"的必要性。如果民主中国连右翼保守的新加坡的社会保障与促进公平措施都不愿意做，那这样的民主中国还是人民的国家吗？

在全球化的现代文明社会，没有人可以孤立存在。这个世界上一切人与一切人之间都有天然契约，每个人不仅要对家庭、亲友负责，对同学、同事、同仁尊重友好，也要与陌生人、社会团体、国家、全人类同呼吸共命运。在享受现代文明下各种人权与保障的同时，也需要履行作为现代公民的义务，为他人、国家、世界做出贡献。文明社会不是丛林与放任，而是团结互助的共同体。弱者需要扶助，强者需要抑制，人民应该互助，而民主中国的制度与法律，则应是平台与保障。这样的国家，才值得仁人志士付出牺牲去建立、全体人民倾尽心力去捍卫。

民主中国应是包容和谐的国度，而非政治恶斗与利益冲突的角斗场。中国的几千年的政治史上，缺乏妥协共存的传统，而多有胜者全得（败者一无所有乃至家破人亡）的前例。而近现代也一样，国共内战的血腥、中共以激进手段推动公有制/集体化和工业化造成的灾难、文化大革命和六四事件的悲剧，都在告诉我们，政治立场与行为的排他性、极端化、暴力化，是中国迟迟难以实现民主、国民蒙受重大损害的重要原因。苏联解体后俄罗斯的衰败、"阿拉伯之春"后中东各国的纷乱乃至内战，以及近年来美国两党政治的极化、国民的撕裂、国家的动荡不安，也都反映了互不妥协、零和博弈的恶性政治斗争的危害。

因此，民主中国无论从政治制度的设计，还是未来各种政策的酝酿和推行，都要坚持折中妥协、循序渐进的原则，调和不同机构、不同身份群体、不同意识形态的立场与矛盾，尽可能包容各方，共同参与政治、共享经济社会发展成果。我所设计的"半总统制"，在立法（决策）、行政、司法三权分立制衡的基础上，又拆分行政权，并设计利于容纳多个党派共同参与政治的议会选举制度和内阁推选方式，皆是出于促进民主中国政治的多元包容的目的。在中央地方关系上，我主张在汉族聚居区实行单一制，但在少数民族自治区和港澳台实行联邦制和赋予较大自治权，也是出于团结各民族和特殊区域民众的考虑。而在具体政策建议上，我也认为应该折中妥协。例如涉及到前中共政权的遗留问题、触及旧的权贵集团利益时，不要"赶狗入穷巷"，而要像韩国、台湾地区那样，给旧势力一席之地，然后再逐步促进"转型正义"。

民主中国应充分保障人民的自治权利、促进公民社会的成长发育。自从秦代以来，中国历史上大多数时候都是实行的高度中央集权的体制，皇权至上+编户齐民的体制，让社会原子化，加之商鞅式驭民之术的加持，每个个体都成为政权奴役的对象、权贵予取予求的黔首、各种政治运动和权力斗争的炮灰。但另一方面，中国古代的中央集权和国家管制，也定立了国家社会运转的基本法度仪轨、促进了全国各地的经济发展和文化交流、实现了国家整体的强盛与相对均衡的繁荣，还抵御了外敌入侵、经营了文教工商、维护了公共治安、打击了豪猾大族，并在救济灾民、兴修大型工程、组织科举考试等需要国家干预和集中资源的事务上有着难以替代的作用。

就像很多人指责汉武帝刘彻为征伐匈奴穷兵黩武、民不聊生，而如果没有汉武雄图下的"长城万里遍烽烟"，那蔡文姬哀叹的匈奴南下后"马边悬男头、马后载妇女"，就会早数百年出现在中原腹地。而后来"五胡乱华"、北朝混战、女真蒙元多次南下，对中原、江淮、江南、川蜀、岭南的残酷破坏甚至不可逆的损害（如对本属文明核心区、经济文化最繁荣的中原地区（以及繁荣不及当时中原，但也曾颇有特色风华的华北地区）的摧残，让这两地经济、人文、民风迄今都没能恢复繁荣和人道，连全国平均水平都达不到），则更证明了汉地团结抵御外侮的重要。同样，隋炀帝杨广兴修运河，也是"至今千里赖通波"，即便有"水殿龙舟事"，也和大禹治水一样利在千秋。

当今许多国人对"宏大叙事"不是完全肯定就是完全否定。其实这都是错误的，一分为二对待才是合理的态度。而我在前面也谈了"小国寡民"乌托邦的虚幻性和现实里小国之间相互冲突兼并的残酷性，并举了许多实例，说明国家的统一十分重要。虽然今日似乎是和平与发展的年代，但是国家之间的对抗冲突仍普遍存在，且近年来各国民族民粹势力大兴，国际秩序完全可能重返丛林，民主中国必须有所预备。

所以，对民主中国而言，国家的统一（主要是汉地核心区的统一）和中央集权，不仅是必要的，也是有益的。虽然统一和集权也会有些弊端，但是瑕不掩瑜。我们完全可以扬其长避其短，合理利用体制优势并对集权弊害有所反思和改进。

因此，民主中国一方面应该赋予并保护人民的自治权，另一方面又要发挥中央集权和强大政府的优势。前述的我主张的在汉族聚居区弱化省权强化市县权力、发展基于市县两级行政单位的地方自治，以及发展乡村两级的另一层自治，即是出于这样的目的。这样的自治可称为"小域自治"。顾名思义，"小域"域内人口和面积规模小，所以人与人关系紧密、沟通交流便利，各种民权民生事务涉及切身利益，即便缺乏政治知识和意识形态热情的民众也能积极有效参与。所以，"小域"中的公民更易组织起来，更有热情参与自治，对于切身事务也能更加有针对性的提出自身诉求和关切。"小域自治"下的民主和自治都非常真实可靠，还可以促成公民组织的形成发展与公民社会的发育壮大。而另一方面，"小域自治"也很难出现唐代"节度使"和民国军阀割据的情形，也不会像南亚、东南亚、中东、非洲许多国家那样各地方割据混战、暴力泛滥，市县的某些势力再强大，也不至于挑战中央权力，各种"地头蛇"也很难一手遮天横行无忌。如果一些地方发生恶性的侵害人权、倒行逆施、无法无天的行为和状况，那就可以集全国之力歼灭恶徒、救民倒悬。

民主中国的中央集权，是"小域自治"的助力而非枷锁。一方面，中央应利用调配全国资源的能力、掌控全局情况的优势，促进各贫困、落后、弱势的区域的发展，包括帮助当地自治事业的建设、引入先进理念和人才、促使社会风气与发达开放地区看齐等；另一方面，中央要成为地方遵纪守法公民和弱势群体的保护神，对内打击各种利益集团和强横恶徒破坏人民利益和阻挠公民运动的行为，对外捍卫国家利益和安全，成为保卫中国各地方自治的屏障。国家和全民这个"大共同体"，应与各市县乡村及家庭学校单位等分别组成的"小共同体"，优势互补、各展所长、共同壮大，以维护和发展国家利益与公民权利。还有，在推行中央政策和处理地方关系时，要一碗水端平，并基于人道、公正、进步、和谐的原则进行利益分配和处置纠纷，保护发达富裕之地同时适当扶助弱势之地，并压制损人利己的地域势力。

　　总之，我所设计的未来民主中国政治制度与政策建议，都围绕着人民主权、科学理性、扶弱平权、折中调和、小域自治这五个原则和方向而思考建构。上述五个原则是宏观（追求目的）理念，而我对于民主中国政治制度设计的微观（具体运行）理念，则是本文开头所述的充分代表性、公平合理性、运转高效性、决策科学性、长期稳定性这五个原则。关于这五个微观理念及其在政治制度设计中的体现，前面已有阐述，在此不再重复。

　　而我设计的民主中国政治制度的理念与具体内容的来源，既建立在我所了解的政治、历史、国际关系的知识与相关信息的基础上，也有我自己对相关知识和信息的选择、糅合、加工；既有一些是他国和中国历史上曾经实行或正在实行的制度政策，也有许多我的独创、改良、再造。在设计中，我既强调理性与逻辑建构的重要性，但也会考虑到历史经验与现实国情、倾向于因势利导而非构建"空中楼阁"，还包括一些感性认知基础上的设想。相对而言，我更多借鉴了法国和德国为代表的欧陆模式的政治理念、制度架构、价值取向、历史传统，并在一些领域借用了新加坡、韩国的政策措施，也部分吸收了中国传统政治的一些特性，汲取了中国近现代政治历史经济社会的各种经验教训。我的制度设计与政策构想，也非常强调整全性、系统性、细密性，尽可能考虑全局及方方面面，并关注与优化各方之间的联系与互动。

　　我的设计从理论和逻辑上并不算十全十美，而其若能投入实践后影响如何，我就更难以准确预料。任何制度在真正实行之前，各种构思和期望都是假想，现实往往与理想颇有距离。例如对中华民国的政治设计，孙中山、黄兴、梁启超、章太炎、杨度等先行者皆有筹划，但现实却非常不尽人意。而马克思、恩格斯、列宁、托洛茨基、陈独秀等人曾对"无产阶级专政/共产主义政权"的政治经济体制和社会形态有美好的设想，可后来苏联、中国、东欧的各"社会主义政权"的实际政治经济运作与之大相径庭甚至完全相悖。还有从形式上几乎完全效仿美国政治制度的非洲国家利比里亚、部分效仿美国制度的菲律宾，不仅没有复制美国三权分立式民主政治的成功，其政治的专制与官员的腐败反而甚于世界上大多数国家，说明了政治制度往往也是"橘生淮北则为枳"，简单照搬很难复制他国的成功。而被作为世界民主灯塔和标杆的美国自身，其一些政治制度的弊端在近年来也越发明显，并多次造成不良后果，说明了曾经先进的制度如不与时俱进，反而成了阻碍社会进步与人权拓展的沉重枷锁。

以上这些政治制度失败例子，其失败都与复杂严酷的政治环境、尔虞我诈的势力竞争、参差不齐的国民素养、沧海桑田的时代变迁、云诡波谲的国际形势有关。在残酷而多变的现实面前，各种精妙的设计、美好的期望，经常会化作失败的泡影残梦，成为供人讥刺的谈资笑料。因此，不能指望依靠某种制度就能实现民主、巩固民主，更不能把某种制度当成不可更易的谕言教条。

就我所设计的体制与制度而言，相对于倾向于中央集权、"大政府""整体主义"理念下的政策框架。我这样设计的原因和对影响的预计，也都在前面详细说明，且我认为这样是利大于弊的。但许多相对右倾的自由派对这些制度政策担忧和反对，也有些道理。

中国这些年来一些集权和管制性的制度政策，虽然并不是中共恶政的决定性因素，但起码加剧了各种自然和人为悲剧。如最近两年多中国高强度封城隔离政策中，从政府高官到基层社区干部的种种贪婪、自私、愚昧、残忍行径，的确反映了中国式集权与社会管制的巨大弊害，尤其权力的滥用和对个人自由的剥夺。

虽然民主化之后的中国，其集权和管制会有根本区别，但由于经济社会条件、国民素质、人文环境、历史遗留因素影响，尤其官僚阶层和基层执行者品行和能力问题，不仅难以起到西北欧及其他发达国家那样的促进公正与繁荣的作用，反而可能在一定程度上再现中共专制下集权与管制的种种弊害。如果民主后的"大政府"给人民造成的损害仍然是大于益处，那经过政界学界理性研讨、以民调或公投方式获得民众授权后，大幅修改制度和政策，改为"小政府"倾向的体制、实行自由放任倾向的经济社会政策，或起码略微右倾一些，也都未尝不可。

正如学者秦晖所说的，相对于左右之争，民主自由、普世人权的底线更为重要。虽然相对而言左翼较为追求平等公正，右翼倾向于效率和格差化，但即便是民主派中的右翼执政、制度和政策相对右倾，只要不是原教旨化的宗教势力、极端自由放任主义者当权，制度不是专制而是民主，那也比名义上以"社会主义/共产主义"自居的列宁斯大林式独裁政权更加重视公正与民生。

例如 2018-2022 年的巴西，由极右翼政治人物博索纳罗及其政治势力执政，其虽远不如左翼的卢拉和罗塞夫执政时那样注重社会公正和对弱势群体的扶助，但为获取支持及履行政府义务，也保障贫民窟居民享有作为巴西公民的教育医疗等公共福利保障，且福利供给仍然保持向弱势群体倾斜（而非像中国那样将福利分成三六九等，且越是有权有势福利越优厚，最需要帮助的平民大众的社会保障所得反而最稀薄，即所谓"负福利"）、对老年人发放足够其日常生活的养老金（而非中国大多数非体制内、也非私营机构正式职员和退休人员的老年人，每年只有 200 元人民币左右的象征性养老金）。而中共中国宪法里虽写着中国是"工人阶级领导、工农联盟为基础的、人民民主专政的社会主义国家"，但社会保障还不如极右翼势力掌权的巴西。

因此，对于当今乃至未来许多年的中国，无论左翼右翼，都应当反对专制极权及对人权的践踏、对国民的控制、对大众的洗脑，追求和捍卫民主政治、普世价值、人道主义。

而且具体到微观事务上，相较于国家干预，个人自由选择也的确有独特优势。人的幸福与不幸，往往都是"冷暖自知"，就如衣服是否合身、鞋子是否合脚一样，他人不能替代，也无法完全感同身受。因此，让每个人在不侵害他人和公共利益前提下，自由选择和发展，不仅是重要的，也是必要的。政府不能以"为你好"为名将各种其厌恶的东西强加予之。何况，凡是有了管制，必然存在权力滥用与寻租，在遏制非制度性侵害的同时，也会增添各种新的来源于制度的对人自由的伤损。

即便一些已通过科学方式验证、有利于当事人的安排，如在疫苗接种问题上要求公民接种疫苗，其实也不必采取强制或半强制方式，而是让公民自己决定是否接种。有句难听但却非常实在的谚语"良言难劝要死的鬼"，就可准确的评价执意拒绝接种可靠疫苗的人们。

同理，在关于医疗方式（如中医/传统医学/替代医学）的选择、对宗教信仰的态度、在气候危机的立场等方面，听凭个体据其价值观的自愿决定，而非强制其根据道理是非对待，也未尝不是一种选项。人有选择相信谬误、做出不利于己决定的权利。只是，他们个人选择不能影响他人和公共利益，在基于其价值观做出各种言行时，需要承担必要的义务、自行付出相应代价，且不能通过各种方式裹挟他人乃至主流社会，让他者与其一同陷入灾殃。

总之，对经济和社会事务的相对自由放任，也是未来民主中国的一个可选项。它至少去除了中共这个"利维坦"给人民套上的巨大枷锁，让人们可以自谋生路。虽然这样并不能真的带给大多数人自由，这些人只不过会被各种类似于黑帮的"小共同体"利用和控制，但也有"用脚投票"的选择权（虽然并不是每个人每时每刻都有能力"跑路"，相反处处都是锁链与荆棘）。

而如果中央集权不仅没有起到促进均衡发展、普惠全国人民的作用，也未像大革命后的法国、1848 年革命后的欧洲乃至今日的欧盟那样，促进世界文明乃至缔造人类新纪元，反而又像中共中国这样成为加剧地域不平等和助长地域霸权的工具、阻遏先进地区发展的障碍，对世界文明进步、人道科学也无贡献甚至是阻挠者和破坏者，那改成联邦制乃至各地分离独立，也并不是不可接受。

革命先驱谭嗣同曾在他的思想集注《仁学》中，对满清政权统治的中国如此评价："幸而中国之兵不强也，向使海军如英法，陆军如俄德，恃以逞其残贼，岂直君主之祸愈不可思议，而彼白人焉，红人焉，黑人焉，棕色人焉，将为准噶尔，欲尚存噍类焉得乎？"这位参与戊戌改良变法、但实际却倾心革命并主动赴死的湖湘英杰如此评价满清政权统治的"中国"，认为其强盛反为国人和世界弊害的犀利言辞，超越了狭隘的领土至上、为强大不择手段的野蛮国家史观，是基于文明进步角度和人道和平立场的醒世箴言。这样的观点过了一个多世纪仍然熠熠生辉，且在当今社会达尔文主义和军国帝国崇拜盛行的今日中国，显得愈加稀有而可贵，值得国人世人用心拜读、理解、实践。

国家的统一与强盛，是为了维护民权、促进民生，以及为世界文明进步、全人类的解放与永续发展做出贡献。如果它的强大和缺乏约束，反而让各地区人民如生活于"大监狱"和"集中营"，乃至输出其邪恶模式、对整个人类文明起到的是负面作用（乃至让人类沉沦、世界毁灭），那还不如分离与衰亡。

但是，制度的修改尤其大幅乃至根本的改动，国家各地区的离合，不可意气用事，不能因短期的困境放弃长远的考量，民众不应情绪化的选择国家制度和发展方向。而执政者和社会精英，也不能为摆脱压力和责任，顺从民粹、饮鸩止渴、为短期利益不顾民族兴衰和人民长久的幸福与不幸。

何况，新生事物一开始必然不是尽善尽美的，革新进步的制度政策相对陈规旧习的不足与弱小，也会成为旧势力反扑和撕咬的借口与缝隙。这时既要承认进步性制度政策的不足并适当修正，也要明白革新进步的必要性和对长远的益处，尤其对缺乏话语权和关注度的弱势群体的支持保护作用，不能因为一点风吹草动或"多数暴政"式民粹主张，就对根本理念和方向产生动摇、不加细思的仓促随意改变。

因此，若要将已确立的进步主义导向的制度政策进行更改，各方必须从价值取向到现实利益，尤其着眼于整体、立足长远，深彻思考、充分讨论，最终决定修改的方向和具体内容，经过专家学者普遍同意和大多数民众公投通过，再以合适的方式和频速，对制度和政策从形式到实践进行改易。

总之，制度和政策的设计，归根结底是为了人民的幸福，且要符合客观实际，根据实情调整修正，因地制宜、因时而变，而不能为意识形态立场、个人好恶、某些狭隘的目的，而无视现实与民情一意孤行。但同时，又要对理想和正义有强烈坚持，寻求、调整、护卫既符合实际又兼顾理想的制度和政策及其具体运行实践。这才是制度设计的初衷和历史进程的真谛。

不过，对当今中国而言，主要还是要如何去实现民主化，实现之后政治设计才有意义。而即便实现民主，制度设计也只是巩固民主的一个方面，甚至在很长时间内将是非常次要的方面。各政治势力的作为、人民大众的素养、军人集团的态度、国际社会的立场、一些关键政治人物的决定，乃至一些意外事件和机缘巧合，在转型期和民主初创期都比政治制度和宪法法律更加能决定民主的存亡、方向、质量。只有到了民主稳定和成熟期，政治制度本身的结构与特性才能起到重要的乃至决定性的作用，早前的政治制度设计的价值（及缺陷）才能显现。

（需要补充一点，我虽然在制度设计中充分考虑到了人性之恶、社会复杂、国际局势严峻的现实，设想了各种可能的政治悲剧乃至诸多极端情况，尽可能通过复杂的程式和细密的规则避免发生专制、暴力、阴谋、分赃等祸乱与丑恶，但也不能完全杜绝祸乱与丑恶的发生。如果从精英到庶民、从国内人士到境外力量（尤其非常关键的政治核心人物和军人势力）一定要为私利等原因作恶，那无论怎样的设计都无法完全避免。没有任何制度完全没有漏洞、没有哪种制度不会被扭曲、没有什么制度能够在缺乏外部有利条件情况下抵御住破坏和以恶为目的的利用。就像法治根本上还是一种人治一样，所有制度和机制的运转，也都是既受制于客观环境，也依赖于人的主观能动性，而非制度本身设计良好就能实际运转良好。

而中国经历中共几十年专制独裁，文化衰微、道德堕落、人心败坏，各种弊政和麻烦积重难返（当然也可以延伸到满清数百年的丑恶、秦制两千年的残酷，更加积重难返、路漫修远）。民主化也已耽误百年，积累的历史欠账尤其公民参与民主经验的缺失，不可能在短期补回。欧美的民主进程经历数百年才日臻完善（即便如此也面临各种挑战），大多数发展中民主国家也已进行了数十年民主政治的调适，而中国在清末和民国有限的民主实验早已毁损，未来必须从零开始且要克服专制遗留的障碍（虽然可汲取他者的经验，但只有自己在民主进程中亲历的教训才真的刻骨铭心，才能有足够的体验、反思、改变）。在这样的环境和条件下，即便再好的制度，实际运行起来也很难有优良成效，民主法治在相当长时间内都会是低质和虚浮的，不公不义仍然会普遍发生。这几乎是必然的，也是无奈的）

中国实现民主化、建立民主体制后，制度、法律、政策应根据现实情况与时代变化而及时调整。当然，各种政治制度不能随意改易导致国体不稳政治动荡，但也不能拘泥因循、一成不变。在民主中国的基本政治框架确立后，具体的制度和法律是应该根据那时的情况有所调整、不断修正的。

关于本文和我个人，我才疏学浅，且缺乏系统性政治学教育，更没有政治实践，因此本文多有粗疏浅陋之处，还请诸位评委和读者不吝批评指正。文中还有部分内容有一定的个人情感和偏见，我已做了一些修正，但可能还有残留，但因与上下文有关，不便直接删除，还请谅解。

我希望我所书写的这篇关于民主中国的制度设计文章，能够对中国的民主事业有所助益。现今中国的当务之急，还是如何去实现民主化，而非民主化之后怎么办。只有有了实现民主的前提，基于民主政治的制度设计才能付诸实践。

中华共和国万岁！

人民万岁！

民主主义万岁！

理性主义万岁！

王庆民

2022 年 9 月 8 日
共和历 230 年菓月榛子日（初稿）
2022 年 9 月 29 日
共和历 231 年霞月苋日（修订）

附录：《人民宪章》政策建议部分、《关于中国各领域现状及未来民主转型的个人看法》

附录 1

《人民宪章》政策建议部分（根据《零八宪章》加以改写而成。写于 2018 年，后又有所增删，少数观点现在已有改变，但整体上仍然和原来一致）

三、我的基本主张

藉此，我以建设性的公民态度对未来的国家政制、公民权利、文化革新、社会进步诸方面提出如下具体主张：

1. 主权在民：建立民主共和国，国家一切权力属于人民。坚持世俗主义的原则，实行半总统半议会制政体，颁布新宪法和建立国家机构，保障人民各项权利，约束和规范政府权力。

2. 代议民主：建立三大代议机构，分别为代表全国各地区各民族各少数群体的联合院、普选产生的代表人民意志的权力重心人民议会、代表专家学者等知识分子的社会自然科学院（专家院）。其中人民议会拥有立法修法、重大事项决策、人事任免、监督政府等权力；专家院拥有具体法律和政策的制定权、监督权、关键性和专业性事务的否决权、实行紧急状态等权力；联合院对涉及区域、民族、其他少数群体、弱势群体的事务有适当的权力。

3. 分权制衡：构建分权制衡的现代政府，保证立法、司法、行政三权分立。包括国家元首在内的政府应在法治框架内运作，权责统一，防止行政权力过分扩张；政府应对纳税人负责；建立阳光透明的政府和政治运作机制，保障来自包括人民和舆论在内各方面的有效监督。坚持中央集权与地方分权的结合，地方根据情况实行不同程度的自治。

4. 依法治国：实现立法民主，各级立法机构成员以直选和从德才兼备的进步人士中选拔相结合的方式产生，立法秉持公平正义原则，实行立法民主。司法应超越党派、不受任何非法干预，实行司法独立，保障司法公正；依宪治国，使宪法真正成为人权的保证书和公共权力的许可状，为中国民主化奠定法权基础。设立宪法法院，建立违宪审查制度。践行"公民在法律面前一律平等"的原则，严格执法，执法透明化，接受各方监督，让法律真正成为人民的保护神。

5. 公器公用：实现军队国家化，军人应效忠于宪法，效忠于国家，不允许任何政党组织、宗教势力渗透于军队，提高军人人文与科学素养。包括警察在内的所有公务员应保持政治、宗教中立。公务员录用应不分党派平等录用。军公警人员不享有任何特权、不得参与任何商业活动。

6. 人权保障：切实保障人权，维护人的尊严。设立对三大代议机构和对人民负责的、相对独立的人权委员会，纠察一切严重侵犯人权的暴行，防止政府滥用公权侵犯人权，保障公民的人身自由与基本安全，伸张正义，保护处于相对弱势地位者的权益，保障弱势者话语权。

7. 公职选举：全面推行民主选举制度，落实一人一票的平等选举权。各级行政首长和代议机构的直接选举应制度化地逐步推行。定期自由竞争选举和公民参选法定公共职务是不可剥夺的基本人权。

8. 地域平等：废除户籍制度在内的一切不平等制度，结束城乡二元体制，落实公民一律平等的宪法权利，保障公民的自由迁徙权。以工业化促进城市化，以城市化促进地域平等和个人平等。

9. 结社自由：保障公民的结社自由权，以宪法和法律规范政党行为，确立政党活动自由和公平竞争的原则，实现政党政治正常化和法制化。打击、取缔反普世价值、制造社会仇恨、煽动和发起针对特定人群实施暴力的组织。

10. 集会自由：和平集会、游行、示威和表达自由，是宪法规定的公民基本自由，不应受到执政党和政府的非法干预与违宪限制。国家机器应该保护一切合法的集会、游行示威、表达诉求的行为，保障每一个人都有平等的表达权利，保护参与者的安全与权利不受任何人以任何形式威胁、阻挠。

11. 言论自由：落实言论自由、出版自由和学术自由，保障公民的知情权和监督权。制订《新闻法》和《出版法》。政府应积极配合新闻媒体的监督，为媒体调查报道提供一切必要的便利；对揭黑批恶、为人民发声、理性公允、新闻价值高的媒体，应提供经济补助与安全保护；保证各领域各阶层都有充分的话语权，避免相对弱势者因社会地位低、相对贫困等种种障碍而话语权不足。也就是说，不仅要保障任何人都有权发声，也要让每个人的声音都有机会被社会听到，保障人与人、阶层与阶层之间话语权的不失衡，避免"声高即有理"。对发生在现实与互联网上的危害公民权利和社会安全的违法犯罪言论，应依法惩办，保护遵纪守法公民的言论自由不受他人或组织干扰和威胁。

12. 宗教自由：在坚持世俗主义原则和政教分离的前提下，保障宗教自由与信仰自由，无排他性与危害性的宗教活动不受政府干预。

13. 专家治国：在中央和地方设立社会自然科学院（专家院），专家院应有来自教育、传媒、科技、法律、经济、外交、社会运动、宗教、环境保护、医疗、文学、社会学与哲学、心理学、历史学、文化学等各界学者组成，负责涉及以上领域宏观和微观事务的政策制定、建设参与，全面推动和实现经济政治文化社会建设的科学化、专业化、理性化。专家治国也是抗拒民粹主义和官僚主义必不可少的手段。社会科学和自然科学界的学者，是与反智反科学、歧视、暴力、短视、仇恨与偏见、对弱势者的欺压，以及根深蒂固的愚昧与不平等做斗争的中流砥柱。

14. 教育改革：推广以普世价值和公民权利为本的公民教育，坚持人文科学与自然科学并重的教育方针，推动教育确立公民意识，倡导服务社会的公民美德。改革教育的内容与形式，改革高考，要加强人文教育、法治教育，增强人文教育的实用性、批判性、多元性，提高公民分辨是非的能力，培养具有平等、自由、博爱、公正、法治理念的现代公民。改革大中小学校的教育制度，在大学推行去行政化和"教授治校"，保障学术自由。促进城乡、不同区域、不同家庭条件下的教育公平，努力促进起点平等。在教育改革的基础上提高人才选拔的公平性与优质性。在各行各业普遍推行文字与实践结合的考试形式，在人才选拔上尽可能做到量才录用，提高各行业工作人员基本素养、工作质量、工作效率。

15. 文化政策：坚持"法无禁止即自由"的原则，"百花齐放、百家争鸣"；废除文艺政审，让文学艺术创作摆脱政治束缚；对反映社会黑暗面作品的创作和发布不应有任何阻止，且应对优秀且有重大现实意义的此类作品创作者发放补贴和提供便利；对于反普世价值如鼓吹专制复辟、挑动族群对立、鼓吹歧视与仇恨等类型的作品（不包括为反映历史和现实真实，包含以上残酷事实的作品），应依法惩处。

16. 科技立国：把推动科学技术发展与科技实用化作为基本国策，以科学理念为纲、科技手段为目，推动经济建设、社会治理的科学化、现代化、信息化。培养德才兼备的科技人才，建立以高新科技产业为轴的制造业、以智能化人性化公平化为特征的服务业；利用科学技术提高教育、医疗、养老、行政、司法、治安等各领域的发展水平、服务质量、透明度。

17. 环境保护：保护生态环境，提倡可持续发展，为子孙后代和全人类负责；兼顾经济发展与资源节约、环境保护，不极端和偏废；明确落实国家、各级官员、企业和个人各自须承担的相应责任，坚持谁破坏谁补偿的原则；发挥民间组织在环境保护中的参与和监督作用；推动环境保护的法治化和系统化。

18. 军事改革：军队国家化，将军队由"人民解放军"改名为共和国军。军人应忠于人民，遵从人民议会与专家院的决策与调遣，在日常保持中立。依托科技提高军队战斗力，提高装备水平和质量以代替人海战术，大幅裁军的同时大幅增添武器装备，扩充核武力量至适当水平，建成与国力及国际地位相匹配的军事力量，逐步建设为第一军事强国。在裁军基础上极大提高军人尤其各级军官人文素养，加强军内普世价值教育，改造军人因特殊身份和环境而特有的丑恶习性，促使军人树立进步主义价值观、养成文明友爱的言行方式。加强军队内部人权问题纠察，打击个人忠诚行为，允许包括媒体在内的外部对非军事机密领域进行全面监督，保护军人权利和军人之间的平等，打击一切形式的军中暴力、欺凌和虐待行为。军队两大核心任务：对内保卫共和国的国家安全与世俗主义，对外维护国家利益与世界人权、公正与自由，成为捍卫人类文明的灯塔，做好随时向全球出击的准备。

19. 经济运行：实行社会市场经济政策，在保障市场自由的前提下，国家通过适当的干预和调节，如打击不正当竞争、遏制垄断、保护劳工权利、扶植高新科技产业、提供经济信息指导与危机预警等方式，使经济运转更加稳定、经济发展过程中人与人的关系更为人道和谐、经济收益更具普惠性。在产业结构上坚持以制造业为本的实业兴国原则，通过政策引导和国家强制力遏制投机活动，尤其严控房地产业和金融业，防止产业畸形下泡沫经济的泛滥。

20. 分配政策：实行以创造价值与劳动强度为主标尺、多种分配方式并存的收入分配政策。坚持公平与效率兼顾的原则；以减少剥削、遏制贫富分化为重要目标；再分配更加重视公平，并与社会保障体制衔接起来。

21.财产保护：保护合法的私有财产不受侵犯，保障创业自由，打击官商勾结、利益输送行为；设立代议机构负责的国有资产管理委员会，合法有序地展开产权改革，明晰产权归属和责任者，保障资产公平合理的分配，提高使用效率；开展新土地运动，推进土地分配公平和集约使用，切实保障公民尤其农民的土地所有权。

22.财税改革：确立民主财政和保障纳税人的权利。建立权责明确的公共财政制度架构和运行机制，建立各级政府合理有效的财政分权体系；对赋税制度进行重大改革，使税收征收和使用更具公平性、透明性、定向性；税法修订和税的征收须经代议机构认可。增强税收在促进收入分配公平中的作用；建立细密而完善的收入申报与税收稽查系统。通过产权改革，引进多元市场主体和竞争机制，服务为主管理为辅，为发展民间金融创造条件，使金融体系充分发挥活力。

23.社会保障：建立覆盖全体国民的社会保障体制，提高社会保障的水平和质量，向福利国家迈进，使国民在教育、医疗、养老和就业等方面得到充分的保障，让每一个国民都有条件选择有尊严和自由的生活。废除一切不平等的福利制度，追缴原统治集团特权所得，推动社会保障的均等化。

24.劳工权利：以法律和制度保障广义的工人阶级的权利，覆盖各性质各行业的工人、职员；支持工人组建独立工会、推动工人自治和职工民主化、保障工人罢工权利；建立中立、高效、有实权的劳动仲裁机构，职权与法院相辅相成；设立细致的各行业最低工资标准；打击各种各样的职场歧视和欺凌行为；旧农民工、农业工人一律与城市产业工人、第三产业职工享有同等权利和基本保障；在代议机构、舆论界，要保障工人有充分的话语权。

25.扶弱平权：国家对女性、LGBT 群体、身心障碍者、少数族群、其他弱势群体的权利应积极保护，尊重相应群体合法范围内的平权运动，细致、认真倾听弱势者的诉求，为弱势者提供必要的法律、物质、就业、教育、舆论、生活等方面的支持、援助、保护、救济，保护弱势者不因其相对弱势而受剥削、歧视、虐待等不法侵害，能够融入社会正常生活、安度人生。在对待弱势群体时，要充分尊重弱势者本人的意愿与选择。除人权外，动物保护也应纳入公民运动议程。在推动平权政策时，应采用大众易接受的温和方式，如重视反歧视教育、慎用配额制。保护弱势群体的措施，要和国家经济政治发展水平相适应、与整体社会治理体系相融合、与文化教育和人权维护相承接。

26. 社会革命：人类的发展史，就是不断革命的历史。社会革命既是政治革命的补充，更是走向伟大社会的必然要求。人民政权应该支持人民在政治革命胜利后，继续与社会的黑暗与人性的丑恶做斗争，对行政、司法、家庭、社区、教育、青少年、医疗、养老、科技、互联网、就业、环境、军务、宗教、黑帮与私会等各领域、各群体、各社会单位存在的本质性、结构性、微观性丑陋黑幕，进行调查、分析、批判、改造，破除各种精致利己甚至因私为恶的利益集团的帐幕，铲除恶势力，保护人民尤其处于相对弱势一方人民的权利、自由和尊严，最大限度减少人类受到的伤害和痛苦，使每个个人得到更实质的平等，实现和发展人民的幸福。

27. 地方治理：采用单一制的国家结构，实行中央集权与地方分权相结合的方针，根据各地域不同情况适当放权，在不同民族的聚居地区实行不同程度的自治，坚持各民族一律平等的原则，以制度性和系统性措施反对和防范民族歧视、民族压迫，同时有效和公平的处理各民族及民族间的历史遗留问题。对于发生大规模骚乱、系统性侵犯人权、政治垄断、压迫、动荡、腐败的区域，中央可收回下放的权力，由中央直辖并派专员保护受害民众、动员人民重建地区。将香港、澳门建设成远比现在民主、平等、公正、法治的城市。以和平谈判为主的方式解决台湾问题，并将更加自由开放的制度和文化带给台湾人民。致力于将中国全境置于民主宪政、文明进步的覆盖之下，并普照四方。

28. 国际责任：与世界各国一道，构建公平合理的国际秩序；以"人权高于主权"的原则为基准，平等公正的态度，积极主动参与国际事务；以实际行动支援世界各国被压迫人民的正义斗争，联合各进步国家使用各种手段捍卫世界人权与文明，为全人类的解放事业做出充分的努力与牺牲；共同和积极应对包括气候灾变在内的各种全球性问题；促进世界各国各区域协调发展，推动世界各国在合作与融合中迈向"世界联邦（性质类似欧盟）"。

29. 转型正义：为历次政治运动中遭受政治迫害的人士及其家属恢复名誉、授予荣誉，并给予充分合理的补偿；释放一切在新政权法律下原行为不构成犯罪的政治犯；成立真相调查委员会，查清历史事件的真相，厘清责任，一方面，根据具体情况宽宥、赦免、轻罚愿意改过自新者（应占现体制内人员的大部分），让旧体制中本质善良、没有重大且或主动犯下大罪者参与新政权，重新服务人民，共同建设新国家；另一方面，严惩旧政权中对人民和国家犯下重大罪行的领导人及爪牙，对恶贯满盈的统治集团高层人物和直接执行者（尤其是黑恶势力骨干），处以极刑；没收旧政权统治集团中特别凶残恶佞者及同类性质爪牙的一切非法所得（留下其部分财产作为未犯罪家人的生活资金），包括固定资产和无形资产，并补偿受害者、用于广大人民尤其弱势群体的救助及福利保障；向全世界发布通缉名单和派遣人员，追缉那些占比极低、但对人民犯下特别不可饶恕罪行的罪犯。在此基础上寻求社会和解。

附录 2

《关于中国各领域现状及未来民主转型的个人看法》（本文写于2019 年，是根据当时的中国与国际形势，以及那时我的观点立场而写，现在已有所改变（例如关于国家统一与分离问题），但整体上仍然和原来的看法和意见相同）

（本文是 2019 年 10 月举办的"如何认识当代中国及未来民主宪制结构安排"学术研讨会时，我所写的对应研讨会各选题的议论性、建议性文章。该研讨会旨在"集海内外学者之力，为中国民主转型和未来宪制结构寻求可能的共同认可的路径和方案，廓清一些基本原则，以减少转型阻力和代价。"）

本次研讨会的三个单元 13 个主题中，有若干主题我曾经做过一些个人评析，写于拙作《强人洪森治下的柬埔寨：专制的回归与"中国模式"的复制》《人民宪章》《十论民运》等文章和短评结集中。我对于已经提及过的，而且暂时没有新的想法、创新性观点的，就只将我的部分主要论点摘录于本文，不再重新评述。而对此前我没有充分提及的问题，我会在本文中谈谈我的个人意见。

当然，由于每个课题都很大，如果完整阐述必须有巨大篇幅、结合实例，全面论证，这需要很长时间。由于我个人条件所限，短期也难以完成，所以只以很简略的方式，讲我大致的、方向性的、某些部分具体细节性的内容，而不是完整、全面、事无巨细皆包含的。此外，因摘录了我在其他文章和短评的内容，因此文章衔接方面不够顺畅。这样书写，难免挂一漏万，阐述不够系统完善，还有些散乱，还请谅解。

讨论会议题的第一单元"对当下中国若干基本问题的辨析"，事关对中国现实的认识，而其他如变革、转型、理论导向实践，均需要建立在正确的认识基础上，因此该单元课题的设置是很必要的，也是需要优先研究的问题。

一、探析当今中国在"崛起"还是"衰退"：迷雾中巨龙变幻的阴影

关于第一个问题，"中国是仍在崛起还是正处于衰退中"，是中外学者长期争论的焦点。虽然中国的经济、政治、社会、意识形态的发展变化，世界都在瞩目着，它巨大的难以遮掩，也有无数人在审视、探析，但却鲜有人能够对它有全面、客观、具前瞻性的认识和判断。打个比方，这个问题如同"迷雾中的巨龙"，我们可以看到许多迹象，但是就是难以把握它的全貌，也不知道它奔向何方。不同的人出于主观立场和客观环境，对它的认识大相径庭。

我当然也不例外。因此，我所讲的亦为一孔之见，粗疏浅陋，仅供参考（我对于中国现状的认识，以间接的书报网等形式为主，个人直接体会为辅，且已离境一年有余，中国则在不断变化）。

"中国仍在崛起还是衰退中"，这是对中国总体状况的概括视角。我个人更愿意把它拆分分析，然后再组合判断。拆分，可以拆分为经济、制度与政府治理、社会、意识形态和思想文化、军事、国际影响力等方面。当然，如经济还可再拆分为"质""量"，乃至科技、产业结构……等次级领域。而其余方面也可类比拆分；同样，对中国崛起/衰退，还可以从国家/政权、人民/各阶层来拆分分析。笼统的讲"中国崛起还是衰退"，是容易偏颇、陷于大而无当的。除"社会"领域过于阔大、涉及内容庞杂，无法在本文中简单讲明外，我在此对其他各方面一一做出简评，然后综合分析当今中国的兴衰。

首先讲经济。如果根据中国官方和国际主流的统计，中国经济每年仍保持略高于6%的增长，虽较以前放缓，但增速仍旧让大多数国家艳羡。但如果根据包括经济学人智库在内的非政府机构估算，中国经济实际只有4%左右增速。甚至还有如人大向松祚教授讲另有测算途径得出 GDP 仅增长 1.67%甚至可能为负的论调。

鉴于中国中央和地方统计机构有过多次已被证明造假、篡改数据的"前科"，以及专制下经济的不透明性，官方的统计"注水"几乎是必然的。那么中国经济增速究竟如何？至少我无法知道确切乃至大致确实的数据。从中国近几年经济社会状况看，我认为经济仍处于正增长状态。但是，这个增长是不均衡的（如不同区域、不同行业发展的不平衡；不同阶层从经济增长中收益的巨大差异），不稳定的（如政治环境恶化、贸易战带来的冲击和不确定性），中国经济是处于下行、存在很大风险的。

而且，虽然中国经济总量为世界第二，但人均 GDP 仍低于世界平均（据 IMF 数据，2018 年世界人均 GDP 为 11355 美元，而中国当年人均 GDP 为 9608 美元）。而中国的人均收入中位数更低，即便官方的统计，人均收入中位数也只是人均收入的 86.2%。而中国的基尼系数则有 0.45、0.55、0.61 等多个知名机构的不同口径的数据。即便按照中国官方的统计，中国的人均收入也是不高的、贫富差距较大的。而事实上，由于中国国民尤其中上阶层收入的不透明、收入稽核机制的不完善，实际的收入差距只会更大。如果排除统计中的作假部分，低于中位数的占总数 50%的国民，收入更低。按照 0.55左右的基尼系数，中国贫富差距也很惊人。

因此，中国在经济总量巨大、经济增速较高的背后，则是人均收入的相对低下和收入的严重不均。这不仅意味着中国实际的经济发展水平并不高（只是总量大），还很容易掉进"中等收入陷阱"，以及因中下层居民收入不足导致消费动力弱，让拉动经济的"三驾马车"中最重要的那辆马失前蹄、陷入泥沼，不利于经济转型升级，加剧中国经济社会的不稳定。

但这些意味着中国经济的衰落吗？如果我们看到"金砖国家"中另外四个的表现，以及其他发展中经济体，就会发现，中国并不处于更为恶劣的情形下，相反仍处于中上游。

而从经济结构、创新能力看，中国同样是发展中国家中表现较好的。例如在制造业领域，无论从规模、质量、国产化程度（工业独立性），中国就都明显强于被国际上寄予厚望的"世界最大民主国家"印度。而在自主创新方面，中国近些年投入巨大，例如在互联网等高新科技产业领域有明显进展。

但同时，中国经济结构的变化趋势是不好的。"加快转变经济发展方式，促进产业结构优化升级"，是多年以来中国经济教材和文宣中经常提到的经济纲领之一。但如今的情形是，由于执政权贵的私人利益、执政集团缺乏经济管理经验、被政治目的打乱经济政策方向，以及腐败、官僚主义和为政绩讨好等原因，经济结构并没有更好甚至呈恶化趋势，作为国家根本的制造业在总体上被不稳定的第三产业挤向次要位置，国家政策和资源也更倾向于第三产业而非制造业，二者此消彼长之势明显。尤其是第三产业中房地产和金融业的畸形发展，导致经济泡沫化，经济运行也因之更趋不稳。

至于科技和经济技术创新，更是呈现严重不平衡的状态。对于因政治需要之类的战略工程，以及与核心权贵利益相关的领域，就会集中资源、不惜巨本的攻坚，自然可以取得重大突破。但这就导致其余的重要领域被忽视、所得的研究经费等资源严重不足。这与改革开放之前中国集中于"两弹一星"及各种献礼工程（其实改革开放之后也大量存在）、"斯大林模式"下的苏联工农业发展情况多有类似。而习近平上台后，这种情形再度明显化。此外，创新"量"压过"质"，例如专利申报中国超过美国，但是转化实践率却很低。其实这又是"面子工程""斯大林模式"的余毒。

上述问题使中国的经济结构趋向恶化、创新能力良莠不齐。也就是说，从"质"的角度讲，中国的经济同样不容乐观。

总体而言，从纵向看，中国经济无论从"量（增速和人均）"还是"质（结构与创新）"，都存在很大问题，并且趋向不好的方向；但从横向看，中国经济的"质""量"依旧是发展中国家较好的。在无特殊突发事件（如大规模战争）情况下，近十年内不会崩溃或急速衰退，而是呈不稳定的慢速增长、经济结构的"非优化状态（未来可能变成'劣化状态'）"、创新领域的"十高百低"情形。

此外，中国经济还与"中国模式"密切相关。在我写的柬埔寨与"中国模式"那篇文章中，我具体讲了"中国模式"的特征和影响，其中"低人权优势"和"稳定压倒一切"是最基本的两大特征。而这两个特征恰恰可以冲淡经济下行、结构不良、创新乏力等问题及其衍生的问题，不会发生如南非、埃及、乌克兰、阿根廷等国那种经济动荡，也不会发生连锁的政治危机、社会激变，更难触发思想文化尤其意识形态方面的正向变革。这也间接让"中国衰落"有了一层坚硬的阻力。关于"中国模式"对中国经济兴衰的影响、相互关系，展开说会篇幅过长，我在关于"中国模式"的议题中再论述。

而从制度与政府治理方面分析中国崛起还是衰落，要从中短期和长期两方面看待，以及对"崛起"的诠释。

如今统治中国的政权是专制政权，它的制度和政策根本上都是为了维护专制统治，这是大前提。从法理和道义上讲，中国的制度及治理是应该从根本上否定的。

但如果从它对经济发展、社会稳定（哪怕是高压下的稳定）、行政效率、科教文卫建设的客观效果看，它又是复杂的。如果把"崛起"等同于"强大""安定"，那中国现行的制度和政策是具有两面性的。

一方面，专制政权下的政府机构（广义）腐败、没有法治、缺乏监督、官僚主义、消耗纳税人巨额财富、整体行政效率低下……但另一方面，依托于巨量可调配的资源（尤其通过高税收低福利得到的大量收入盈余）和不受约束的权力，中国的行政机构及其成员、政府的政策与实践，至少在改革开放以来的许多年，也的确促进了经济发展（尤其基础设施建设成就斐然），以及通过包括侵犯人权的制度和手段（如户籍制度、公检法的滥权和刑讯逼供、"劳教"和"收容"、强制收治"精神病人"、信息化时代"大数据"下的全面管控）维持了社会的稳定、相对的低犯罪率，以及建立了较完善的文教卫生体系（哪怕教育医疗等资源的阶级、城乡、区域分配是极为失衡的）。而和南亚、东南亚、南锥体以外的拉美、非洲等区域的大多数发展中国家相比，中国政府在以上领域的成就更为突出。而这些在习近平时代没有明显的倒退。当然还要强调一遍，这一切是建立在许多非法的、侵犯人权的、不平衡的、畸形化的制度和政策之上的。但又要说，如果将"崛起"等同于"强大""安定""完善"，那中国如今即便不是继续"崛起"，也肯定不是在衰落。

而关于意识形态和思想文化，毫无疑问中国如今处于社会达尔文化、犬儒化、精致利己化的溃烂之中。同时，推动人民觉醒、揭露历史真相和反映现实黑暗、追求光明与正义、呼唤人道和文明、促进社会变革、科学理性的进步主义思想，却饱受压制乃至被全面灭杀。这种思想文化领域的溃烂、对人文与思想的禁锢，并不直接导致中国在"硬实力"上衰落，但对中华民族及中国人民的伤害是无可估量的，也让中国在国际"软实力"上趋向自我堕落。这些伤害的体现是复杂的、多样的、长久的。它会让一代乃至许多代国人的正义感与同情心被抹杀、科学与理性思维的缺失、对历史与现实认知的错位、创新与独立思考能力的低下……而在海外，与经贸的热络相反，中国大陆在思想文化领域的对外影响力很低、话语权不增反降。例如对于在最近的香港一系列冲突中，哪怕是非并非那么简单，国际上却一边倒倾向于香港而非大陆，就是典型。另外，"防火长城"也阻碍了中国对外"软实力"的扩展、削弱了中华文化的影响力、严重降低了中国大陆民众在海外的话语权。而那些为中共涂脂抹粉、官僚主义盛行的"孔子学院"，对中国"软实力"起到的更多是负面作用。因此，在意识形态、思想文化领域，中国处于溃烂、压抑、混乱、衰落、"劣币驱逐良币""金玉其外败絮其中"的状态。自中共建政以来，多数时候都处于这种甚至更糟的状态（只有 1978-1989 年中的大多数年份，还有 2000 年代及前后，相对较好（当然只是相对而已）），只是习近平时代相对于邓江胡温时代，明显更糟且越发恶化（当然，不是中共执政的古代近代也不好，只是不是同一时代，比较意义不大。而且即便西方，启蒙运动之前绝大多数时候也和中国一样是黑暗为主的（文艺复兴也只是黑暗中的星光））。

至于中国的军事实力，我从不看好。与动辄谈论"中国威胁论"的学者相反，我觉得如今中国的军事实力其实很孱弱。由于腐败无能、形式主义与官僚主义，以及发自内心的爱国主义的缺乏，军事科技领域的虚浮，尤其中国军队极度不透明化为腐化堕落留下的巨大"发展空间"，让中国表面上的军事发展在实质上大打折扣。而中国军队从军事训练到武器装备，普遍好看胜于实用，花架子和面子工程普遍，也严重削弱了其实质战斗力。而且，我始终认为，中共政权只会自保、对内（大陆）镇压，而不可能对外用兵，即便对台湾也不太可能用兵。哪怕台湾独立，中共只会继续以此增加民族悲愤以维持人心，以及军事上虚声恫吓，而不会真正出兵。因此，中共根本就没有打仗的准备，也没有着力培养军队打赢战争的能力。但是军事方面倒谈不上"衰落"，因为它从未强大过。

（特别需要说明的是，我是主张未来民主中国，乃至任何抵抗外敌入侵的政权，都应该有强大的军事实力的。我所担心的，恰恰是中共指挥下的军队不能担负起维护中国国家利益的任务。例如对日本扩军缺乏反应、在藏南和拉达克地区的退却政策、对美俄两个军事霸权缺乏反制力和行动、南海地区的欺软怕硬，我都很是反感、认为要改变的。我个人是倾向于既要民主，也要富国强兵，以维护国家利益与国际正义的）

至于国际地位、国际影响力，在前面这几个分项，我其中的一些对比和分析已有涉及。中国的国际形象是复杂的，影响力更多是因利益交换、受经济和人口体量影响、以及因"狼狈为奸"的需要而产生的。这种影响力，以及这些方式得到的国际地位，不仅不稳固，更失道义的正当性。而为了维系这个不合法的政权，中共在国际上不惜妥协、出卖国家利益，以及"大撒币"，来赢取一些支持

（或者至少不反对）。

这一切当然不是崛起的象征，而是危机的表现。同样，中国这种国际处境也不是一时半刻，而是六四以来长久的状态。

但同时，由于中国巨大的经济体量、中共控制的巨量资源，它不像种族隔离时代的南非、军政府时的缅甸、萨达姆执政下的伊拉克，即便中国国际处境不好，甚至经常吃亏，但却并不能促成中共政权的倒台。相反，中共利用十多亿人口及其衍生的庞大"量"的资源产出和影响，出卖人民劳动的血汗和民族尊严、国民权益，讨好、收买从美俄到亚非拉在内的世界各国，"量中华之物力，结与国之欢心（偶尔制造'不欢心'，如制裁挪威、抓捕瑞典、加拿大人）"，以维系其统治。国家利益被中共窃夺，国际影响力被中共挪用，中国在国际上没有得到理所应当的尊重和权利，但中共却通过倒卖国家的尊严、责任、利益，让政权更加稳固。

综上所述，中国处于不平衡的发展、总体不算崛起也不算衰落的状态。孙立平教授说的"中国不会崩溃，但社会在加速走向溃败"（当然我不赞同孙教授许多观点，但这句话我赞同），是最接近中国现状的大体描述。它处处都像处于危机（或者的确处于危机），但细究并无崩溃的可能；它到处都有溃烂的疮疤，但没有一处足以致命。中共统治集团强大的社会控制力（尤其信息化下"大数据时代"对管控能力的极大加持）、庞大的既得利益集团的基底、政策的高度实用主义与灵活性，让政权一直得以存续。同时，中国大陆内部生存环境的残酷、法治与正义的毁坏、平等与公正的消失、民主与自由的剥夺，都在持续的发生、存在，侵蚀着人道、人权、人性，变成十足的"残酷人民共和国"。

二、塑造中国与影响世界的"中国模式"：基本要素、特点、作用与影响

关于第二个问题"有没有中国模式，构成中国模式的基本要素"，我在《强人洪森治下的柬埔寨：专制的回归与"中国模式"

的复制》一文中已有详细论述。我在此仅摘录我的主要观点。

首先，"中国模式"当然是存在的，虽然它在不同时期有所变化，且内容复杂多样，但其本质和基本框架是确定而明晰的。

所谓"中国模式"，即政治专制与经济开放并行，压制包括劳工运动、维权抗争、女权运动在内的各种争取和维护权利的社会运动，禁止罢工、游行、组党结社等带有政治反抗色彩的行为；依靠军队、武警、公检法人员及机构等国家暴力机器，并纵容、雇佣、扶植黑恶势力，采用武力威吓与镇压、剥夺或限制人身自由（如户籍制度、留置、"被精神病"、社区矫正、其他"强迫失踪"手段等，及已被取消的劳教、收容、"双规"）、监视、恐吓、骚扰、拘禁、殴打及其他酷刑等暴力手段维持社会稳定；以低工资、低福利、低社会保障压低劳动力成本和民生支出，在此基础上逼迫国民参与生产建设、以高效率拼命劳作以维持生计，而将这些工人、农民、普通职员等劳动者创造的财富的绝大多数掠走，用以为特权阶层分肥和投入再生产。此外，该模式还有集中人力物力财力并不惜代价达成关键目标、以纵容腐败和潜规则来激励官商民较高效工作、政府机构、国企和事业单位有严格的科层等级制等特征。

整个模式以"低人权优势"和"稳定压倒一切"为两大基本点，牺牲占人口大多数的平民人权、压制相对弱势者对正当权利的追求以换取经济快速发展；维持社会不平等状态、塑造"弱肉强食、适者生存"的制度和文化环境，鼓励人们放弃权利维护而转向自我实力增强（且倾向于暗示和纵容不择手段），以刺激国民奋斗积极性和维护特权阶层利益；以损害中下阶层、女性、身心残障者、社会少数群体、边缘化人群等相对弱势、异质群体的权利为代价，导致贫富差距不断扩大和阶层固化加深，"损不足以补有余"赢取既得利益阶层的欢心；有意营造和放任社会不安全感的滋生蔓延，为强化社会控制制造借口，也以此转移国民注意力、刺激劳动积极性，作为"饥饿政治"的一部分；透支资源、环境、人的身心潜能和忍耐力，实现国家整体实力的增强、经济的繁荣及一部分人（包括大量尸位素餐甚至从不工作的食利者）的高度富裕。然后以上政策不断循环下去，以维持统治存续和社会运转。

1980 年代改革开放伊始，"中国模式"即初露端倪。而 1989 年六四事件和 1992 年邓小平南巡后，"中国模式"实现了"标准配置"，即政权采用"形左实右"的理念和政策，人民争取政治权利的抗争被极大压缩，"闷声发大财"成为国民主动或被动接受的现实。该模式此后又被冠以"中国特色社会主义道路"之名，逐步稳固和"升级"。且它也在吸收、借鉴西方的经济学说和发展模式，例如 90 年代借鉴了芝加哥学派米尔顿·弗里德曼的学说推动国企改革和货币改革（伴随着悲惨的下岗潮、物价大涨和教育医疗的市场化，以及贫富分化的迅速加剧）；而如今以哈耶克为代表的奥地利学派的主张又得到中国既得利益阶层的青睐。而这两套西方经济学说均主张较低的社会福利、忽视劳工保障，倾向于弱肉强食的发展模式。中共摒弃这两个学派关于政治经济自由的主张，但吸收了其低社会保障、强调效率无视公平的经济理念。这些西方右翼经济理论在中共暴力机器下，将其野蛮残酷一面发挥的淋漓尽致，成为"中国模式"中保障经济发展的关键部件。40 年来，"中国模式"的确刺激了中国大陆经济的急速发展并使一部分人富裕起来，但同时也极大的侵害和压制了人权与自由，而经济与社会发展的最大贡献者劳工阶层的权利受损至为严重。

而随着中国国力的强大，对外影响力也日益增强。中国的商品、文化乃至国家发展模式纷纷"走出去"，有意无意的向他国输出。而以西方国家为样板的现代民主制度又存在各种不足且在发展中国家其弊端表现的更为明显，于是"中国模式"逐渐受到一些发展中国家的欢迎。许多专制、威权国家的统治者，出于维护自身利益和对抗欧美对其人权不佳的制裁，更对"中国模式"青睐有加。柬埔寨的洪森政权就是典型。而塞西的埃及、杜特尔特的菲律宾、穆塞韦尼的乌干达、彼得·奥尼尔及其后继者的巴布亚新几内亚、多斯桑托斯的安哥拉等国，以及倒台不久的苏丹巴希尔政权、体制民主却敌视人权的匈牙利欧尔班政权等，也都受中国经贸和政治影响，并对"中国模式"多有借鉴。而除此之外，如印度的莫迪政权、越南自开启"革新开放"以来的越共政权、土耳其的埃尔多安政权和巴西的博索纳罗政权等，虽未公开和直接学习"中国模式"，但其蔑视乃至践踏人权、强调经济发展、无视社会不公等特点，亦与"中国模式"相合。

三、中共不等于中国：中共与中国/中国人民在根本上的矛盾、部分领域二者关系的微妙性

第三个问题"中共和中国的关系"，同样是巨大的课题，我只简短节说。

首先，中共不等于中国，而且有着明确的差别。许多极端反共人士乃至反华人士将"中共"与"中国"等同，是完全错误的。而将之等同，主观上将中国及中国人民视为"敌国""敌人"，客观上将中国乃至中国人民污名化，无论从是非、情感、对改变中国的作用上，全都是极为错误、负面，乃至居心不良、用心险恶的。

其次，中共政权（准确说是中共内部的核心特权阶层组成的统治集团）在对内领域，实质上是管制者，哪怕是非法的；在对外领域，它客观上是中国的代表，在很大程度、许多情形下的确代表着中国、承担着维护国家利益的责任和义务。

第三，中共既不等于中国，但在内外某些场合、情形下，它又的确一定程度代表了中国政府，代表着这个国家实体，乃至有时还代表着中国人民。

同时，中共又与中华民族、中国人民及人民构成的国家，有着根本性的矛盾。它为了自身利益，对内专制压迫，荼毒中华儿女；对外以政权生存为外交目的，不惜出卖国家利益，例如自建国起就没有积极甚至主动放弃对日本侵华暴行追责、默认俄国侵占中国领土等。中共与中国及中国人民的矛盾，是明确且根本的。

总之，我认为绝不能将中共与中国混为一谈，而是将其区分开

来。此外，当中共在某些时候既为了自身统治、又符合国家利益时做出的政策，不应该"逢共必反"，而应该将中共的具体政策与其本身的非法、恶劣区分开、分别对待。就像当年邓尼金在纳粹德国入侵苏联时，他号召俄罗斯人团结起来捍卫祖国；霍布斯鲍姆等西方学者在批判苏东专制的同时，也肯定了苏东国家在男女平等、经济和科技等方面的成就。而同样的，如弗朗西斯·福山等学者同样称赞了中共治下中国经济的迅猛增长，欧美及联合国也对中国脱贫的速度颇多赞赏，这些赞同并不是赞誉中共独裁统治，而是就事论事。

而中国民主和社会运动人士，更应该客观理性评价中国包括中共治下的成败得失，正确对待中共与中国的复杂关系。对中共的批判，应该基于事实，全面而非片面评价。而且只有如此，才能抓住中共真正的罪行和执政缺陷，有的放矢，博得中国人民和国际社会对民主运动及政治反对派人士的信任、尊重和支持。

四、国家统一与民主政治：国家统一的必要性、分裂的不必要性乃至危害性；"大一统"与"民主"二者并不矛盾

关于"大一统与未来民主宪制关系"，我曾经在推特上做过很多次发言，评述二者并不矛盾，以及领土、人口、主权作为国家的核心利益，对于国家和人民的重要性。除例如新疆部分地区等特殊情况外，我反对任何地区的独立，主张国家的统一、失地的收复、领土的完整。在此只选择我在推特上评论统独问题、民主与统一问题的一些系列推文，略做修改，摘录于此：

我并不赞同那些支持独立的民运人士的看法和言论。如果某位民运人士是印度人，然后他要求莫迪让克什米尔公投、把军队撤出旁遮普和孟加拉以及印度东北七邦，看看莫迪会不会同意？会不会以危害国家安全拘捕了他？

同样，印尼、菲律宾、尼日利亚这些民主体制国家，也都对试图独立的区域进行武力镇压，如印尼的亚齐、西巴布亚地区（而东帝汶的独立则付出了 10 万至 30 万人即总人口十分之一至四分之一的惨重代价），菲律宾的棉兰老岛穆斯林聚居区，尼日利亚的比夫拉地区。而欧美一方面承认了捷克和斯洛伐克的"天鹅绒分离"，但对同样为民主政体的乌克兰，克里米亚即便通过公投"回归"俄罗斯，顿巴斯地区也有两州脱离基辅的管辖，建立了两个"共和国"，西方国家全都拒绝承认。格鲁吉亚的南奥塞梯和阿布哈兹也是同样的情况。而发达国家中，虽然有苏格兰独立公投，但更多发达国家则是想方设法对分裂和独立运动加以阻挠和镇压。如加拿大对于魁北克独立问题，就设置了《清晰法案》加以法治上的限制，本质上当然是为了阻止魁北克独立。而西班牙中央政府，无论在佛朗哥独裁时代，还是 1980 年代至今的民主时代，对加泰罗尼亚独立运动的压制也都是很强力的。而在加泰罗尼亚公投后，欧盟和美英法德日韩等几乎所有西方国家，全部声称尊重西班牙的主权和领土完整，不承认加泰罗尼亚独立。而日本对于阿依努人民族意识觉醒后的"民族自立"运动，以及琉球自治乃至独立运动，也都采取了软硬兼施的手段打压，并坚决反对琉球独立。美国的"加州独立""德州独立"等运动也被美国联邦政府压制，当年林肯武力捍卫美国统一的南北战争更是血腥残酷。

民主和专制国家，都要维护领土完整。以捍卫主权来维护统治或增加支持率，是一个现实原因。但更重要的，也是最根本的，是为了维护国家核心利益。自从 1648 年《威斯特伐利亚和约》签订和"威斯特伐利亚体系"的建立，就确立了主权国家的概念和权利，并成为至今国际秩序的基石。而这与民主与专制无关。在没有更好的替代体系，且世界依旧由各主权国家为单位进行竞合的情况下，这套秩序依旧有存在的重要性和必要性。

此外，每个地区的人民都需要考虑全体人民的利益、每个个体人民的利益。如果独立出去变成人权更糟的国家，对当地国民不利、对其少数族群不利。而且独立出去也会对原属国家造成军事、经济各领域的潜在或明显威胁，危害国家战略利益。王力雄先生在《天葬——西藏的命运》一书中对西藏问题就做过相关论述。

而且，独立、自决有复杂性、虚伪性。就像台湾有 2300 万人（有投票权的约 1900 万人），即便过半同意独立，那不过半的人怎么办？他们的权利不应该得到保障？表面上看，支持通过公投独立是尊重占原国家少数人的民意。但这少数人中的多数人又剥夺了区域内反对独立的少数人的利益。例如台独者认为，10 多亿人的意见不能阻挠 2300 万人的民意，那 2300 万人有没有尊重至少几百万反对独立的台湾人的民意？

南周有一篇文章《民族自决权的贫困》就对这种情况分析的很透彻："倘若苏格兰真的独立了（一阶独立），那支持留在英国的人聚在一起，只要过半是否可以再从苏格兰独立出去（二阶独立）？这个地区再……聚集到更小的地方……独立出去（三阶独立）……如此没完没了……"

这样的案例并不是空想，苏格兰旁边的北爱尔兰地区，在爱尔兰独立后，就是因为民众有六成支持留在英国，四成主张独立或并入爱尔兰共和国，然后打了几十年仗。难道 40%就要服从 60%？还有像乌克兰的克里米亚和东部三州、格鲁吉亚的南奥塞梯和阿布哈兹、塞尔维亚的科索沃和伏伊伏丁那、克罗地亚的克洛伊那、波黑的塞族共和国、马其顿的阿族自治区、摩尔多瓦的德左地区、巴基斯坦的西北边境省……还有印巴分治和苏联解体后印度和俄罗斯一大串想独立的……都是次阶独立。

虽然以上案例都没有无限分裂下去，但是造成了更多冲突和混乱。最重要的是，他们大多数没有独立，这本身就是对自决、民族自决的讽刺，说明决定能否实现自决的是权力、力量、国际局势，而非自决的法理基础。例如，从法理上来说，既然国际上允许乌克兰脱离苏联，那乌克兰东部自然也有权利脱离乌克兰；台湾的亲大陆和反台独的当然也有权在聚居区脱离台湾独立后的国家再组成个国家；假如新疆独立，新疆的汉族、哈萨克族，同样也有权从那个国家独立出去。如果不允许，那又是为什么？也就是说，支持与参与自决的人普遍使用双重标准、逻辑不自恰，这就等于摧毁了自决的合理性。

以上所述那些地区现在所属或名义所属的国家通过民族自决独立了，但这些地区自己却没有独立，或者不被普遍承认，哪怕它们有和它们名义所属国家自决时同样的理由，难道这不是对自决的最大讽刺吗？这样的例子简直不胜枚举。如果都这么下去，那就真的"巴尔干化""高加索化"，打成一团了。

所以，不要把"独立""自决"当成理所当然的事。而且，也不是独立就什么都好了，人权状况甚至更糟。车臣实际独立那些年，极端宗教分子和分离主义者不仅不断制造恐怖袭击，还和地方军阀、乃至有权势有武装的家族，到处劫掠、绑票、杀人。伊朗和伊拉克都支持对方境内库尔德人的独立运动，却都反对己方境内的库尔德人独立建国。

李伟东先生曾经发过关于七七事变 82 周年的推文："我在想，日本当年为何敢蛇吞象？因为在日本眼中，中国是分裂成很多快儿的，不同地区有不同的实际统治者和军队，他们可以逐步分而取之（先收买勾兑然后武力取之）。为何 1937 年扩大了武力征服，因为蒋公基本统一了中国并开始现代化并不与日本妥协，如果不趁着中国尚弱，就没机会了。"

这也是我坚持国家统一的原因。领土和人口是国家的基本要素、国力的核心部分，没有国家肯主动放弃这些比黄金还珍贵的社稷砥柱。印度自诩"世界最大民主国家"，可它为了国土完整和战略利益，多次使用武力，对海德拉巴、果阿、克什米尔、锡金和东北七邦都曾用兵。可许多国人反而怂恿、鼓吹国家分裂。他们不明白或者根本不在乎国家安全与利益，这种短视、无知和狭隘是非常可怕的。如果美国分裂为五十一个国家，它还有现在引领世界的能力吗？如果现在的美国只有 1776 年独立时的十三州，其国力恐怕还不如英法德。如果南北战争时双方都难以胜利，美国分成两块，它如今也不可能成为世界最强大的国家，也不会对世界有如此影响力。因此，领土、人口的重要性及附着于二者的巨大发展潜力，是任何一个国家出于国家利益都不应该放弃的。

除了外国的例子，直接看中国民主化与国家统一的关系，二者也没有矛盾。以两岸问题为例，我们为什么不能换个角度考虑呢？假如有一天，大陆实行比台湾更好的政治制度，为什么不可以统一呢？如果大陆新政权既有民主又防民粹、既要发展更有公正的体制，在制度优越性上超越台湾，统一有什么不可以呢？为什么"中国人失去自信力"了呢？看看韩国几十年巨变，大陆怎么就一定做不到？

世界上有许许多多民族国家，这个能够理解。但是并没有看到有同民族自愿分裂为两个国家的案例。相反，如朝鲜、越南、德国，人们都有强烈的统一意愿，后两者已由分裂走向统一。只有中国，两岸许多人都吵闹着要分离，甚至大陆内部各汉民族也要独立。如果政治制度差异可以理解，但是民主之后还要分裂，难道不是一件荒唐的事吗？我是很赞同马英九的"新三不"原则即"不排斥统一、不支持台独、不使用武力"的看法的，他还在任上多次提及"六四不平反，统一不可谈（言下之意即大陆民主化和平反六四后，统一就可谈了）"。这才是台湾真正理性、有远见和家国情怀的政治家。政治制度和人权状况的巨大差异，的确是阻碍统一的鸿沟，可以维持现状。但未来民主化后，一定是要统一的。而且，台湾有着民主自由的人权和道义优势，为什么不能反过来以此推动大陆民主化呢？一个民主的中国大陆，对台湾也是更安全、经济文化交流更融洽的。

当然对我个人来说，不止是反对国家分裂，我对联邦制也不赞同，只赞同部分地区自治。我个人一直认为中国应该实行统一的、单一制的、中央集权的制度，这样能够促进全国向最先进区域看齐、破除户籍壁垒、互相交流、举国之力做超级工程、集约调配和使用全国资源，合力参与国际竞争。至于许多人批评"中央集权"的弊端，我觉得集权也分"好的集权"和"坏的集权"，集权本身并没错。中国的问题是，在需要集权的事情上放任、纵容、不负责，而需要保证自由的方面却加以限制和打压。

当然，我主张中国统一，也是希望为世界联合打下基础。我是爱国主义者，更是国际主义者。如果想达成世界联合，必须先实现区域联合，区域联合的前提又是民族内统一。分离主义导致的更多是对立和发展差距拉大（除非像欧洲小分离同时大联合），长远看不利于人类发展，只会增加交易成本和族群对立。而如果世界联合不能实现，例如如今国际民粹主义民族主义复兴，中国更需要积极维护国家利益，采取适当的反制和自保。

目前的国际社会，还是相对丛林化的，虽然二战后国际秩序开始向"道理"而非"拳头"倾斜，但根本上国际关系还是由各国和地区的实力决定的。而随着特朗普、莫迪的上台，习近平、普京、博索纳罗等人的得势，民族主义和丛林秩序又卷土重来。即便我们为反对民族主义，也首先要有一个强大的国家，抵御住他国民族主义的侵凌，在国际上站稳脚跟，然后再利用自身影响力促进反对大国沙文主义、扩张主义，推动更加公平合理的国际秩序的建立。如果在外部民族主义泛滥、对中国进行经济、军事、地缘战略攻击时，单方面抛弃爱国主义和民族凝聚力，等于是自毁长城，自我削弱，还谈什么国际合作呢？那时候说话，有哪个国家肯听呢？

关于第二单元"未来中国民主宪制结构设计"中的大部分问题，我都在拙作《人民宪章》中做过清晰、系统、完整的设计、阐述，在此就不全部搬过来了，而如果只摘取一部分，阐述的又会不系统，因此就不摘录了。但是有些在《人民宪章》中未涉及到、没有针对性提及的，我在此补充些个人看法。

五、对于中国未来司法结构设计的建议：坚持分立原则、赋予适度权力

关于第三点"司法结构：立法机构与司法机构的关系，行政权和司法权的关系"的问题，顺承我在政体（行政结构）上的观点，我主张实行半总统半议会制（典型如法国现有模式（即法兰西第五共和国政治架构）），议会为权力重心，但总统拥有近乎同等权重权力。而司法则应该成为立法和行政机构的监督、制衡力量，但权力不宜过大，更不需要与立法机构、行政机构平齐，且如果设置专家院，可以替代司法机构的部分职责。因此，应该将司法机构定位为监督、制衡、执行宪法与法律的机构，而不必如美英那样大法官拥有极大权力，更不应实行终身制。

六、政党制度与代议制度：兼顾多元与秩序、博采各国之长

关于第五点"政党政治：宪政架构内的一党主导还是两党制或多党制"，我当然认为应该实行两党或多党制，而不应该一党主导。

至于是两党还是多党，我个人倾向于多党制，因为这样更能让不同团体都有自己表达权利的机会，而不是被大党裹挟和垄断。但同时，也应该对政党、议会设置门槛，如得票 5% 以上才可以进议会、在全国各省级行政区均有（或三分之二有）支部才能参与全国选举等，以避免出现党派过于细碎、政坛一盘散沙缺乏效率的情形。

在具体的党派权力分配上，不仅议会是多党，政府也应该避免清一色单一执政党执政。我认为德国的议会选举和政府组成很值得借鉴，即联立制选举（一种倾向于比例代表制且利于中小政党的选举模式）+大联合政府（基民盟与社民党组成的联合政府），以促进立法、行政机构组成的多元性、包容性。而英国的"影子内阁"也是一个值得效仿的制度，在野力量可以对执政集团进行具有针对性和建设性的监督。如果实行半总统制而非内阁制，在野联盟同样可以组建"影子政府"监督政府施政。这是我认为相对最为理想的政治架构和权力分配状态。

第三单元"民主转型（过渡时期）的制度安排和路线图"是为未来中国变革提供理论基础。虽然我个人对于中国还有多久会出现变革的机遇、在实践上能够实现变革都持悲观态度，但毫无疑问，理论可以为实践指明方向，也让实践有了目标和动力。

七、未来转型节点与道路：充满不确定性且前路艰险

关于第一点"转型方式：渐进与突变，各自的根据与前提"。其实，"渐进"和"突变"还应分为手段/方式和内容/实质两方面。冒昧揣测，本次研讨会议程设计者应该更多是侧重于中国转型的方式（如是政权逐步改革还是突然垮台；是官民互动改良还是突发性革命）是渐进还是突变，而非实质（即政治、经济、文化、社会的彻底变革）方面的渐进与突变。那么我就以前者而非后者为主要讨论方向。

首先，以如今中国的政治情势看，渐进还是突变，很难由外力刻意塑造，而是由内源性原因和偶然性因素主导的。众所周知，习近平上台后，中共专制空前强化，民间政治性组织、公民社会被摧毁殆尽，国内带有政治抗争色彩的人士纷纷被关押或软禁，还有的主动放弃了抗争，转向犬儒或空谈杂谈。因此，无论是从中共统治阶层内部，还是民间政治参与（准确说是无参与）现状，都表明至少在如今至未来十年内（甚至更久），已无渐进改良、逐步实现民主化的可能。

那么这一定会导致"突变"吗？我认为不一定。有人认为，改良的失败恰恰可以刺激革命的兴起。但事实上，无论是中共政权对国内的控制力，还是如今各国各地区均"自扫门前雪"、逆联合化的国际情势对中共政权的影响，都导向不利于中国正向"突变（或者说'革命'）"。相反，如无特殊突发事件，中共的统治还会在中短期维持下去。

此外，"突变"一定是变好吗？并非如此。典型如前苏联，解体之后不仅未能实现真正的民主化，革命果实反而被政治野心家（叶利钦、普京）窃取，而国家和人民的财产、利益，也被各政治集团、权贵、寡头瓜分。当然，在"突变"中失去的，还有那个版图巨大、可与美国分庭抗礼的强大国家。而分离出去的国家除波罗的海三国和乌、格之外，其余各国均未实现真正的民主化，经济政治社会情

形与俄罗斯没有二致甚至更差。这种"突变"，中国不要也罢。

就我个人而言，我当然希望中国通过手段上的温和、和平、渐进，以及目的、本质上的彻底变革，以最小代价取得最大成果，让中国早日变成民主、平等、自由、进步、文明的国家。但可惜这些只是理想，而非现实。我们能做的，就是尽可能努力，让中国以好的方式向好的方向改变。但效果如何，我是很悲观的。

八、"民主化的体制内资源"与"党内民主"：如今不是"多"和"少"之争，而是"有"和"无"之辨

关于"如何看民主化的体制内资源？如何看'党内民主'？"这一问题，虽然我对"体制内"这一政治黑洞不够了解，但还是略做评论。我认为至少在目前乃至未来十年内，中国体制内不会有什么"民主化资源"，或者说即便有、某种程度为数还不少，也都处于"冻结""休克"状态。2013年以来中共专制空前强化下，连民间政治、公民力量都被残酷打击，党内只有更甚。"定于一尊""习核心""严禁妄议中央"……这些还不够说明问题吗？在这样的情况下，"民主化的体制内资源"还有多少意义呢？即便外部（包括我个人）认为开明的名义上的二号人物李克强，现在也只能管管话费涨价、猪肉供应之类细碎问题，以及"给人民一个交代"之类的场面话、习近平不愿意"屈尊纡贵"讲的话。连他都如此，何况其他体制内人士、内心倾向于民主的人士了。

最根本的，是由于中共统治集团、权贵阶层与习近平利益一致，民主化毫无疑问会剥夺或至少削减其特权，因此出于利益（而非仅仅是因畏惧习近平的淫威），也会普遍支持习近平的强化专制之举。而且，习近平执政以来，实行明显的社会达尔文主义政策，让贵者更贵、"贱民"更"贱"，越是接近统治中心、越是掌握权力、金钱、人脉、技术等资源的，得到的分配越多，他们自然会坚定的支持习近平。我们看习近平加强专制、鱼肉人民，是灾难；但从权贵的角度，这恰恰巩固和"发展"了他们的特权和利益。这就是"民

主化的体制内资源"根本就没什么用的根本原因。

至于"党内民主"，既然根本没有"民主化体制内资源"或这种资源已经"冻结""休克"，又哪里有"民主"呢？当然，权力斗争和政治博弈是有的，但是和"党内民主"完全是两码事。我个人是不相信那些"中南海占星术"的，指望政治斗争改变中国、把权斗当成"党内民主"，我认为是很不现实的。前面已经说了，习近平的统治手段和内容，是符合权贵阶层主流的利益的，是有强大的"权贵群众基础"的，其他倾向于民主、改革的政治势力即便想打倒他，也不可能。习近平的政策在国际社会、民间有识之士那里看是"失道寡助"，但其实他在体制内、在权贵阶层内部，恰恰是"得'道'多助"的。如果说前几年反腐败还得罪了一些人，现在习的政治对手和追随者都被清洗或转而效忠习了，还有谁冒着丧命的风险去对抗他呢？如今中共高层，还有这样的"义士"吗？只要能够听从习的指挥、会媚上逢迎、表示忠诚，就可以分得绝大多数国人眼馋的巨大利益，他们为什么要反对习呢？

九、高度分化的中国"民间力量"："民间力量"的复杂性、多样性、激烈的内部矛盾，及多数政治反对派的错误选择

关于"如何看民间力量在未来民主转型中的作用"和"中国民主化与国际民主力量间的合作"，我在推特上做过一个系列短评，并结集为《十论民运》，对这两个问题有不少涉及。不过内容较长，只选择部分内容摘录。在此我重点论述中国"民间力量"的复杂与矛盾，及中国政治反对派/自由派道路选择的误区。

事实上，中国"民间力量"内部是有深刻的矛盾的，有些甚至是不可调和的、大于与中共专制的矛盾的。不同阶层、不同区域、不同利益集团，有着巨大的利益分歧、意识形态差异。例如许志永先生的公盟在未解散时，推动教育平权，反对最强烈的，并不是中共政权，而是京沪等地户籍居民。京沪户籍居民和外地务工者都是"民间力量"，但是却有着近乎生死攸关的矛盾。

从改革开放到邓小平南巡，再到中国融入全球化进程，数十年间中国已经培育了一批"先富起来"的既得利益阶层，并且正在或已经实现了代际传承，利益逐渐巩固，身份地位越趋清晰，其阶层所属也已稳定下来，形成了庞大的求稳苟安、仰上俯下的精致利己主义群体。

对于这些处于相对有利地位的中产阶级中上层、京沪等特大城市户籍居民、部分国企央企及事业单位（如三桶油、医疗、烟草、铁路等行业群体）成员，高知理工"工业党"成员（以上群体部分重合）……他们宁可选择与中共合作，也不愿意放弃相对的特权；他们宁可一边没有民主和政治自由、被上层剥削，一边剥夺比他们更弱势者，保持相对于平民大众更优越的地位和特权，也不要人人平等。这既是这些精致利己、因私为恶者习惯了弱肉强食的社会达尔文主义价值观，也是由他们精密的算计决定的。至少从他们角度，成为次于核心特权阶层的"二等人（或称为'优势集团'）"，以压迫下面"三等人""四等人"……也比人人平等更有利于他们（至少从经济上和他们的价值判断上）。

因此，在"民间力量"内部就极度分化、阶层固化且这种分化、固化日益加剧的情况下，谈"如何看民间力量在民主转型中的作用"，必须考虑不同阶级、不同利益集团的差异、矛盾，以及选择侧重于与哪些"民间力量"合作。关于这些，我在《十论民运》和《人民宪章》中都做了阐述，我是倾向于维护广义的工人阶级（产业工人、工薪阶层、普通职员）、农民与农民工、及各相对弱势群体的权利为优先的。当然，这更多是基于正当性、急迫性方面的考量。而从实用角度考量，究竟是侧重于动员我前面说的那些"二等人""优势集团"，还是相对弱势的工农大众，就各有利弊了。

首先，那些"优势集团"成员掌握着巨量的财富、知识、人脉、话语权等资源，远比工农大众有更强的推动变革的能力。但既然他/她们如今在习近平统治下，享受着较为优越的生活，又缺乏对自由民主的向往（专制独裁、反自由民主的洗脑教育是其次，更重要是利益。某种程度上甚至可以说，他们在非民主环境下有额外的"自由"，例如在专制而非法治下，这些既得利益者更容易搞潜规则获利、胡作非为乃至违法犯罪更易于免责和"疏通"。相对于弱势者，荫庇于鼓励弱肉强食体制下的"优势集团"成员，在日常工作和生活中更便于攫取财富，公共资源配置也更倾斜于他们，更能不择手段的拓展生存和发展空间……），他们有什么动力去选择变革呢？

这些"优势集团"与工农大众的关系，很大程度就像种族隔离时代南非的白人与黑人的关系那样。如前所述，他们甚至在专制下过得更好，可以享受廉价劳动力、户籍特权、相对良好的治安、相对优良的公共服务（教育、医疗、住房、养老），他们为何要选择失去相对特权、甚至面临战乱和财产再分配的风险，去推动中国的改变呢？尤其在如今渐变不可能的情形下，他们更不会赞同革命、"打倒旧社会（如今的社会）"了。对相对弱势者，习近平时代是尊严和权利上相对的"最坏的时代"，但对这些"优势集团"，恰恰是"最好的时代"。（而且，这些"优势集团"中的许多人是有能力移民到发达国家或在国外长期生活的，可以既在中国大陆争权夺利、聚敛钱财，又可以去享受西方的民主自由法治，至于中国是否民主，其他国人是否自由，他们并不关心）

还有，中共也在巩固与"优势集团"的关系，也会继续拉拢这些既得利益群体。即便将中国国内外反现行体制的力量结成合力计算，无论从金钱、人脉、舆论影响力，都与中共统治集团差了十万八千里，又如何有能力与中共争夺既得利益群体的支持呢？当然，我们有道义的正当性。但对于这些精致利己者来说，道义值几个钱呢？能买房换车、享受良好教育医疗服务吗？能在和他们眼中的下等人发生纠纷时"私了"、占便宜吗？能保住阶级、职业、地位、户籍这些带来的特权吗？不能。而这些中共则反而可以给他们。如此一来，道义不仅不是我们争取"优势集团"的长处，而是缺点。当然，我们也可以选择为这些"优势集团"许诺比中共更多的特权、利益，但那我们改变中国意义在哪呢？那不仅没有道义，而是丧心病狂了。哪怕一些自由派、政治反对派已经在思想上倾向于如此了。

而工农阶层及弱势群体，在改革开放以来尤其习近平执政后，无论物质利益、个人权利乃至尊严、地位上，都是被侮辱与被损害者。但他/她们（我这里要着重提到代表女性的"她们"）恰恰缺乏能够促进变革的金钱、知识、人脉、话语权，也缺乏起码的革命觉悟、组织力，内部还呈一盘散沙、难于团结。

无论侧重于和既得利益阶层合作，还是召唤中下层民众，都是极具挑战性的。而调和二者诉求、利益，让两大群体协作改变中国，更是困难重重。即便短时期组成某种一致的反体制联合阵线，也会在"革命"或其他方式推翻现体制后，重新陷入分化和对立，很难就新国家的发展方向、制度和社会建设达成一致。

还有一点很值得提及的，中国国内外的大多数自由派，包括许多民运人士，难道不是在本质上已背弃工农阶层及弱势群体了吗？中国的自由派人士、民运人士，大多数都是里根、哈耶克的信徒，甚至是特朗普的支持者，难道会支持左倾的、类似于 1970-1980 年代西班牙、希腊、拉美诸国、韩国那样的民主革命？说的更直白一些，中国的自由派本身就是"优势集团"的成员，大多数人考虑问题与那些精致利己、主张弱肉强食、自由放任的"一等之下，百等之上"的相对特权者、处境优越者没有区别。或者再直白一些，这些自由派只是反感头顶上有中共的控制压迫，但根本不在乎平等、公正、平权这些，甚至坚决反对之，不是主张完全自由放任、实质丛林化，就是想"彼可取而代之"的"在野共"，甚至兼而有之，把两种恶叠加。

这些人德智皆乏，论才智，除了在个别领域有成就，视野普遍狭隘，基本的通识性人文社科常识缺失，认知水平和理性思维能力差；论道德，前面讲的他们的主张已经证明其卑劣了。这些人最多有肤浅的、选择性的同情心（而对异质群体则不仅不同情而是袖手旁观，甚至落井下石了），同理心和悲悯心就完全没有影子了。这些话不好听，但是难道不是事实吗？我曾经多次分析过支持特朗普的中国自由派人士的心态，他们对中国受苦难的百姓，尤其底层民众的内心想法大抵是：1.我同情你，但那都是共产党干的，与资本主义无关，相反资本主义非常好；2.我虽然同情你，但我们尊卑不同，我是贵族和社会精英，你是底层老百姓；3.即便共党亡了，自由民主了，我还是精英，你还是底层，可以让你不受专制迫害，但平等别想。当然，其他的群体，无论是体制内权贵和其他既得利益者，还是平民大众，价值观同样乃至更加差劣。但是，作为希望改变中国的力量，就应该对自身有更高要求，而不是去"比烂"。我们要做开拓者、变革者，而不是"取共而代之"者。

我在《十论民运》中对此也有所评论，摘录于此：

中国民运，几乎完全是右翼分子的天下。绝大多数民运分子，都是哈耶克、里根的信徒，乃至是麦卡锡、特朗普的拥趸。而左翼极为微弱，聊胜于无。如此左右失衡的民运结构，既造成中国工人、农民、学生、少数群体等较弱势者在民主运动中失声、失"利"；也导致中国民运丢失了可资动员的庞大根基，是目前民运衰败的关键因素。

反观其他国家的民主运动，左翼往往是中流砥柱。韩国的民主党系、南非的非国大、西班牙的社会民主系、巴西的劳工社民系、波兰的团结工会（当然它和它的继承者后来变成右翼，但至少在1990年代之前，它的诉求很多是左倾的）、缅甸的民盟……都是强调平民利益和社会公正的左翼扛起民运的大旗，把民主与平等作为首要的政治目标，以工人、学生为基干，以被压迫的平民为基础。

如果是已故美国参议员、前总统候选人麦凯恩式的右翼，即便政策主张不一定好，但品质值得尊敬。可中国民运的右翼多为特朗普式的，从他们的人品到政治主张，还有对特朗普的态度，都让人感觉极为不安。正如秦晖教授所说，无论左右，都要坚守"共同的底线"。而这些特式右翼的主张和行为，则在不断的穿透底线，置人民利益于不顾。

民主运动，应以革新、进步、民主、重建为基调，实现人民为国家主人的目标。而右翼价值观，则多强调守成、稳妥，倾向于精英主义、利己反智的保守基调，这就注定使其缺乏左翼改变现实的意志，更没有左翼唤醒受压迫平民的动员能力。不为人民争权利，只为自己要自由，民运必然狭隘化。

以上摘录的，因推特字数所限，文字不够严谨系统，还请谅解。

说到"民间力量"，特别值得一提的是，国内外有识之士一定要为中国未来培养和动员起更多既有丰富知识和广阔视野，更有良心、同情心和责任感、心系人民的新一代学者、社会活动家，要让中国民主和科学事业后继有人，生生不息。

"少年智则国智，少年自由则国自由"，中国未来是怎样的，很大程度取决于中国青年一代，新的"民间力量"是怎样的。如今中国青年普遍沉沦，高知青年群体也绝大多数为精致利己、明哲保身之徒，乃至有些就是新一代的统治阶层、压迫者。这令人心痛。正是如此，进步人士才更需向逆而逆，通过各种途径，努力培养和动员有家国天下意识、正义感与知识素养兼具的男女青年。

如果中国"民间力量"有了这样的新生力量，哪怕只有少数先驱者，就会如同对封建皇权致命一击的吴樾、彭家珍，如同于专制暴政中点亮反抗星火的林昭、张志新，在万马齐喑的中国投下振聋发聩的变革之声；如同为茹毛饮血的人类带来火种的普罗米修斯，让中国荡涤裹在现代化表象下的蒙昧与野蛮，重新探寻并走上民主与科学、法治与平等的道路。（当然，这很难，不仅需要耗费巨大的人力物力财力，仅仅找"突破口"，撬动青年启蒙的支点，都非常困难。而且我们还要避免培养出"在野共"和走向另一个极端的"人才"，如逆向民族主义者和宗教狂热分子。但我们一定要做、要培养和启蒙"新青年"，即便这需要多方努力、巨大投入和长久的坚持不懈）

十、中国民主化与国际合作：整体上"合作"方向的错误、为数不多方向正确的却"质""量"皆乏

关于"中国民主化与国际民主力量间的合作"，其实与上一个问题（即"如何看民间力量在未来民主转型中的作用）异曲同工，一个是对内一个是对外，但本质都是选择走怎样的道路、和怎样的人或者群体联合。许多话在上个问题的评论中已经讲过了。此外我同样在《十论民运》及其他文章（如纪念六四三十周年的文章）中提到过。因此我先摘录一些我在别文的评论，然后再针对"国际合作"的总体上方向的错误和不良的现状做些简要评析。

首先摘录一段我在《十论民运》中相关的评论：

中国民运，没有融入国际民主、民权运动之中。海外民运也没有积极参与所在国的政治、国际事务。30 年来，中国民运在国际上日益边缘化，既因中共政权的壮大、民运实力的衰落，也因民运本身缺乏对国际事务的关注、对他国民主和民权运动的帮助、声援、介入。

世界上爱好和平与民主的人们，需要团结合作，才能以最大的声势和力量，打击独裁政权。而在各国经济政治联系日益紧密的 21 世纪，更需要以国际合作的方式推动民主化。各国民主运动、民权运动人士，应深化互助和合作，发挥各自优势，同声共气。对中国民运来说，面对强势的中共政权，争取国际社会的同情和支持，摆脱孤立、弱势的局面，是当务之急。可是，中国民运，却鲜少与从欧美到亚非拉的民主运动力量和民权与人权活动人士等优先要争取的组织和个人建立稳固而持久的联系，更缺乏实质性的交流与互助，使中国的民主运动越发缺乏国际的关注与声援。

人权高于主权，自由民主无国界。作为与强权暴政抗争的弱势者，团结联合是天经地义的事。但是，中国民运，却没有国际战友。甚至，同为华人的港台，都日益淡化"中国"属性，只顾自己一亩三分地，哪管大陆瓦上霜。国族与自决话语下，"建设民主中国"

这个八九以来的口号日益暗淡。其实。没有民主的中国大陆，港台人民就不可能真正自立自主自治，必会受中共的威胁与压制；没有港台的协助，中国大陆也失去民主之光照入的窗口，成为更加闭锁的专制王朝。但许多港台人士与中国政治反对派，依旧在鼓吹分裂和各自为战。

除了以前评论的这些，我在此就这个问题再做些分析和简评。

中国民主化究竟要借助哪些国际力量？中国民运人士、自由派、政治反对派、维权人士、公民运动人士……究竟要和怎样的"国际民主力量"联合？

我所看到听到了解到的是，中国国内外的大多数乃至绝大多数政治反对派，都选择了和保守主义、宗教势力（主要是基督教福音派等保守派别）、民粹主义、对华强硬派（甚至反华势力（实实在在的"反华势力"而不仅是反共势力，甚至是反华不反共势力）和种族主义者）合作，和主张自由放任、低人权低福利、弱肉强食的力量合作，和反进步主义、反人本、反理性、反科学的势力合作……总之和各种反动势力合作，而非选择和真正进步的、民主的、革命的、促进平等与社会公正的国际力量合作。

中国政治反对派在与国际合作上如此的方向、如此的"主流"，原因、恶果、性质，与上一个问题的答案几乎一样。我直言不讳的说，如果中国民运、自由派，乃至整个政治反对派主流，依旧如此"国际合作"，那不是将中国变好，而是和如今中共的政策内质一样，甚至"引狼入室"，再多一重甚至多重外来的危害，让中国社会的腐烂、人心的败坏雪上加霜、蛊内添毒。

而和国际进步力量的联系，不仅很少，而且没有形成实质的、紧密的、有充分联动性的联盟与合作关系。例如一部分中国学者与西方进步学者乃至国会议员、国家领导人有些联络，但并未将关于中国人权的诉求清晰、有力的传达，得到的支持明显不足、不力，双方的沟通并不顺畅，甚至有些浮于表面。当然，我对于具体沟通过程不了解，但就从公开的信息和后续的效果看，足以看出实际作用极为有限。例如中国民运人士与奥巴马、南希·佩洛西都有过会晤，但有多少作用？究竟是美方能力有限、无法做更多的事，还是民运人士缺乏沟通能力和正确的交流方式，以及请求力度不够，导致效果不彰？

例如基数仅数百万的藏人，其流亡于海外的藏人在人权呼吁上的影响，就多于（或至少不弱于）代表十几亿中国大陆人民的民运人士。同样，如南非的曼德拉和他的同仁、缅甸的昂山素季与民盟、韩国与葡西及拉美专制期间的民主人士，与西方民主国家的沟通和联系都更强，得到的国际支援都更多，哪怕他/她们所代表的国家和人口规模都远不如中国（例如缅甸、南非人口都不足中国二十分之一）。有些反对派领袖还常年处于被软禁状态，但依旧得到国际广泛关注和支援。相比之下，中国的呢？十多亿国人尤其汉族人中，有多少参与推动整个中国大陆民主运动的人？其中德才兼备、思想进步的又占多少？愿意付诸实践、付出巨大牺牲的呢？三扣两扣还剩几个人？

当然，这一切和中国高度犬儒化和社会达尔文化的大环境有关。十多亿国人中，绝大多数都是鲁迅说的"做惯了奴隶"的普罗大众（中下层的麻木的民众，如《药》中的华老栓、康大叔、红眼阿义之流）和"一阔脸就变"的社会精英（以上流权势阶层和中产阶级为主的精致利己主义者）。而已参与政治反对和民主运动的人们又是怎样的？前面我已经评论过其中大多数是怎样的人、做了什么事了。

至于中国民运乃至国内反对派，与明显比美国更重视人权、更可能帮助中国民主化和人权事业的欧盟和西北欧各国，如法德荷及北欧三国，更是鲜少接触（当然这主要是因为如上段所说的，中国政治反对派根本就不愿意与进步力量联合）。而为数不多的接触，成果有多少？相对理性和进步的那些中国学者和政治反对派人士，有没有竭尽全力，去和马克龙、默克尔这些领导人积极会晤和请求呢？而和学界的联系，虽然相对较多（就例如这次研讨会），但是接触仍然明显不足，接触的国外知名进步、正派、有责任心的学者，人数太少、频次太低、联系太疏。当然，即便没有成果，也比前面提及的心术不正，且与外国保守顽固势力勾兑的要好的多，最起码接触的对象是好的。

说到这里，也到了尾声。我有些话说的是激烈了些，但我认为是有必要讲的。其余的话，在我的《人民宪章》等其他文章中。当然，还有百倍千倍字数乃至更多的话，还没来得及说，或者永远都说不完。

总之，如今的中国是复杂的，经济社会各领域是繁荣与腐烂交织的；而民间力量是多样性的、高度分化的。选择走怎样的变革之路，关系着十多亿人民的权利与自由，决定着中华民族未来的兴衰，乃至影响着世界未来的走向。

相对于在国内身陷囹圄以致饱受摧残的抗争者、世界各处受难挣扎的人民，我是幸运的、相对自由的。而相对更幸福、更自由、更有物质基础和知识条件的人们，难道不该更加将心比心，为那些失声者发声、利用相对优越的条件努力行动、做更多实事和开拓性的事吗？我经历过失去自由、尊严被践踏，也体会了民生疾苦，耳闻目睹乃至亲历了社会的黑暗。因此，我希望远比弱势者有条件和能力的有识之士，珍惜现有的条件，尤其宝贵的自由和发声的机会，为不能发声者发出呐喊，替缺乏知识与表达能力的受难者说出心声，为被侮辱被损害者争取尊严。而我虽人微言轻，但也会略尽绵薄，死而后已。

我们要把光与热送进黑暗的地方，让饥寒交迫的人们得到温暖与饱餐，唤起被剥削压迫的劳动者站起来争取权利和平等，带领被权贵践踏的弱者挣脱锁链。锦上不需添花，雪中亟待送炭。期望法治与公正的新制度早日建立，愿世间生灵不再为苦难悲叹。而这一切，绝不能只停留在言论，而要用更具建设性和实践性的行动去改变。

当然，在如今的中国国内和国际大环境下，行动本身就是很难的，至于成效则更不容乐观。但我们总要做些事，不能干等着"天下有变"之类的"好事"。我们或许可以等待，但是那些在基本生存上挣扎、饱受屈辱的工农大众，尤其弱势群体，则每天都在煎熬，或逐渐麻木而绝望，沉沦的活着与死去。何况，等到的"有变"并不一定是好的，我前面已经讲过，如果是祖国和民族恶性的"改变"/"突变"，那不要也罢。当然，如发生这种"恶变"，我们也不能袖手旁观，而应该选择做更多建设性的事乃至必要的妥协、降温，以维护国家和人民利益，保住民族复兴的物质基础和思想之魂，而不是幸灾乐祸、火上浇油、趁火打劫。

同样，我们推动的改变，应是让祖国走向民主和繁荣、使人民得到平等与自由的改变，而不是不惜摧毁祖国、让民族再受内乱外侵荼毒的"改变"。例如，我们要对劳工运动、农民维权运动、女权运动、教育平等运动、民间反腐败运动、反官商勾结与反垄断运动、要求公开政府和企事业单位收支运动、各类分散和弱势的受害者维权运动、身心障碍者等弱势群体平权运动等促进平等公正和社会进步的运动进行更多实质的帮助，如对相关运动提供合理合情也合国际法例的资金支持、人力援助、物资补给等物质保障；建立与之相关的系统性的知识、智力、学术支持；提供平台、帮助建设组织、为他/她们与国际先驱/前辈人士和组织牵线搭桥；深度理性的挖掘真相、客观求实的揭露黑暗，发起务实而又打动人心的舆论呼吁、为人微言轻的弱势者提供话语权的支援……并让这些支持系统化、细密化、常态化、固定化（当然，更具体的行动方案非常复杂，不是一个人、一篇文章可以说清（几部书的篇幅恐怕也不够），在此就不展开讲了）。

至于这些实际行动必需的人力、智力（知识）、物力、财力、信息等各种物质与非物质资源，则需要多方筹措、参与、贡献（当然，具体如何筹措、使用，也需要大家共同思考和开拓），尤其国际进步力量的援助，还要对资源的使用（尤其是涉及金钱方面）进行稽核与监督。国际进步力量应优势互补、平窠扶弱，受助者也要在不助恶不偏帮的原则下在未来反哺援助者，构建起国际政治与社会变革的互助与良性循环机制。

最后，我希望中外善良而有正义感的进步人士，思国之忧、晓民之苦，集思广益，并早日将思想付诸实践、将理论转化为行动，共同挽救多灾多难的中华民族，改变不公不义的现状，让中国人民得到真正的解放，让祖国和世界迎来崭新的时代。

个人看法，仅供参考。

王庆民

2019 年 9 月 8 日
共和历 227 年菓月榛日（初稿）
2019 年 10 月 27 日
共和历 228 年雾月芥日（修订）

9 7 9 8 8 6 9 1 8 5 9 6 9